普通高等教育车辆工程专业"新工科"建设系列教材
国家级一流本科课程配套教材

Qiche Sheji
汽车设计

张炳力　主　编

高　洪　童宝宏　刘立超　副主编

席军强　主　审

人民交通出版社股份有限公司

北　京

内 容 提 要

本书是"普通高等教育车辆工程专业'新工科'建设系列教材"之一。书中全面系统地介绍了汽车设计理论与方法，内容主要包括汽车总体设计和离合器、机械式变速器、万向传动轴、驱动桥、悬架、转向系统及制动系统等各总成设计应满足的设计要求、结构方案分析、主要参数选择及零部件载荷确定、强度计算、主要结构元件分析、最新设计方法及其在汽车设计中的应用等，每章还给出了设计实例。

本书具有良好的系统性、实用性与先进性，内容符合高等院校车辆工程专业及相关专业汽车设计课程的教学要求。本书既可作为普通高等院校车辆工程等相关专业的教材使用，同时对汽车行业及相关行业工程技术人员也有一定的参考价值。

图书在版编目(CIP)数据

汽车设计/张炳力主编. —北京：人民交通出版社股份有限公司,2023.3
ISBN 978-7-114-18492-5

Ⅰ.①汽… Ⅱ.①张… Ⅲ.①汽车—设计 Ⅳ.①U462

中国版本图书馆 CIP 数据核字(2022)第 256222 号

书　　名	汽车设计
著 作 者	张炳力
责任编辑	钟　伟　李佳蔚
责任校对	孙国靖　宋佳时
责任印制	张　凯
出版发行	人民交通出版社股份有限公司
地　　址	(100011)北京市朝阳区安定门外外馆斜街 3 号
网　　址	http://www.ccpcl.com.cn
销售电话	(010)59757973
总 经 销	人民交通出版社股份有限公司发行部
经　　销	各地新华书店
印　　刷	北京市密东印刷有限公司
开　　本	787×1092　1/16
印　　张	16.25
字　　数	381 千
版　　次	2023 年 3 月　第 1 版
印　　次	2023 年 3 月　第 1 次印刷
书　　号	ISBN 978-7-114-18492-5
定　　价	49.00 元

(有印刷、装订质量问题的图书,由本公司负责调换)

普通高等教育车辆工程专业"新工科"建设系列教材

编 委 会

主 任

赵祥模(长安大学)

副主任(按姓名拼音顺序)

陈　南(东南大学)	高振海(吉林大学)	郭应时(长安大学)
黄　彪(北京理工大学)	刘　杰(湖南大学)	吴光强(同济大学)

委 员(按姓名拼音顺序)

曹立波(湖南大学)	冯崇毅(东南大学)	龚金科(湖南大学)
郭伟伟(北方工业大学)	韩英淳(吉林大学)	胡兴军(吉林大学)
黄　江(重庆理工大学)	黄韶炯(中国农业大学)	李　凡(湖南大学)
李志恒(清华大学)	刘晶郁(长安大学)	鲁植雄(南京农业大学)
栾志强(中国农业大学)	史文库(吉林大学)	谭继锦(合肥工业大学)
谭垫元(北方工业大学)	汪贵平(长安大学)	王　方(长沙理工大学)
吴志成(北京理工大学)	谢小平(湖南大学)	杨　林(北京理工大学)
姚为民(吉林大学)	于海洋(北京航空航天大学)	张炳力(合肥工业大学)
张　凯(清华大学)	张志沛(长沙理工大学)	周淑渊(泛亚汽车技术中心)
左曙光(同济大学)		

当今世界,新一轮科技革命和产业变革方兴未艾,作为我国国民经济重要支柱产业的汽车工业也正发生巨大变化。汽车"新四化"——电动化、智能化、网联化、共享化浪潮已经开启,新能源汽车成为全球汽车产业发展的战略方向,汽车电子电控技术大量应用,传统燃油汽车设计的内容已不能满足教学要求。为顺应时代发展和汽车技术进步,本书在传统燃油汽车设计的基础上增加了部分新能源汽车设计等内容,以满足读者对汽车设计知识的需求。

由本书主编担任课程负责人的《汽车设计总论》于2020年11月被教育部评为国家级一流本科课程,本书依托该课程编写,指导思想和追求的目标是:力求使其内容既有理论意义,又有实用价值;既保留传统的设计方法,又体现当代的研究成果;既可用作普通高等院校"汽车设计"课程的教材,又可作为完成汽车设计实践的参考书和工具书。

本书共分八章,第一章介绍汽车总体设计,第二章至第八章依次介绍离合器设计、机械式变速器设计、万向传动轴设计、驱动桥设计、悬架设计、转向系统设计和制动系统设计。各章的主要内容一般包括设计应满足的要求、结构方案分析、主要参数的确定原则、主要零部件的强度计算和结构元件分析等。各章不仅给出了传统汽车设计计算方法,还增加了部分新能源汽车设计计算方法,并且给出了设计参考数据、设计实例和尽量多的设计用图表供设计人员参考,附有需学生独立完成的思考题与练习题。

本书由合肥工业大学张炳力教授担任主编,安徽工程大学高洪教授、安徽工业大学童宝宏教授、安徽农业大学刘立超博士担任副主编。编写人员及分工如下:合肥工业大学张炳力教授和张冰战副教授编写第一章;安徽工业大学童宝宏教授和贾丰源博士编写第二章、第四章;安徽工程大学高洪教授和高吟讲师编写第三章;安徽农业大学刘立超博士编写第五章;合肥工业大学魏道高教授编写第六章;合肥工业大学姜武华副教授编写第七章;合肥工业大学刘俊副教授编写第八章。本书由北京理工大学席军强教授主审。

在本书编写过程中,得到许多同行的指导与支持,在此我们深表感谢。同时,对参考资料被引用的原著作者以及对本书的编写提供过帮助的同事和研究生表示深深的谢意。

由于编者水平所限,特别是对新内容、新知识的理解和掌握有限,书中难免有错误与疏漏之处,欢迎广大读者批评指正。

编　者

2022 年 12 月

目录 Contents

第一章　汽车总体设计 … 1
- 第一节　引言 … 1
- 第二节　现代汽车设计方法 … 2
- 第三节　现代汽车产品开发流程 … 8
- 第四节　汽车车身形式的选择 … 10
- 第五节　汽车结构形式的选择 … 15
- 第六节　汽车主要参数的选择 … 20
- 第七节　发动机、驱动电机和动力蓄电池的选型 … 28
- 第八节　轮胎的选择 … 34
- 第九节　汽车总布置设计 … 37
- 第十节　运动校核 … 46
- 第十一节　设计实例 … 47
- 本章小结 … 48
- 思考与练习 … 48

第二章　离合器设计 … 50
- 第一节　引言 … 50
- 第二节　离合器结构方案设计 … 51
- 第三节　离合器基本参数的设计计算 … 55
- 第四节　膜片弹簧的设计 … 58
- 第五节　扭转减振器的设计 … 62
- 第六节　离合器操纵机构的设计 … 64
- 第七节　设计实例 … 66
- 本章小结 … 67
- 思考与练习 … 68

第三章　机械式变速器设计 … 69
- 第一节　引言 … 69
- 第二节　变速传动机构布置方案分析 … 69
- 第三节　变速器主要参数选择与计算 … 72
- 第四节　同步器设计 … 80
- 第五节　变速器操纵机构 … 88

第六节　自动变速器机械变速传动机构设计 ································ 91
　　第七节　设计实例 ·· 100
　　本章小结 ·· 106
　　思考与练习 ·· 107

第四章　万向传动轴设计 ·· 108
　　第一节　引言 ··· 108
　　第二节　万向传动轴结构方案分析 ······································· 108
　　第三节　十字轴式万向传动轴设计 ······································· 113
　　第四节　中间支承结构分析与设计 ······································· 121
　　第五节　设计实例 ·· 122
　　本章小结 ·· 124
　　思考与练习 ·· 124

第五章　驱动桥设计 ·· 126
　　第一节　引言 ··· 126
　　第二节　驱动桥的结构形式分析 ·· 126
　　第三节　主减速器设计 ·· 128
　　第四节　差速器设计 ·· 143
　　第五节　车轮传动装置设计 ·· 150
　　第六节　驱动桥壳设计 ·· 152
　　第七节　轮边电机桥设计 ··· 155
　　第八节　设计实例 ·· 159
　　本章小结 ·· 162
　　思考与练习 ·· 162

第六章　悬架设计 ·· 164
　　第一节　引言 ··· 164
　　第二节　悬架结构形式分析 ·· 164
　　第三节　悬架主要参数确定 ·· 167
　　第四节　弹性元件计算 ·· 169
　　第五节　独立悬架导向机构设计 ·· 180
　　第六节　减振器 ··· 185
　　第七节　设计实例 ·· 187
　　本章小结 ·· 191
　　思考与练习 ·· 191

第七章　转向系统设计 ··· 193
　　第一节　引言 ··· 193
　　第二节　转向系统运动理论分析和主要性能参数 ··················· 194
　　第三节　机械转向器布置方案分析 ······································· 199
　　第四节　机械式转向器设计与计算 ······································· 203
　　第五节　动力转向机构 ·· 209

第六节　转向梯形机构的设计与优化计算 ………………………………………… 214
　　第七节　转向系统其他结构形式及选择 …………………………………………… 219
　　第八节　设计实例 …………………………………………………………………… 221
　　本章小结 ……………………………………………………………………………… 224
　　思考与练习 …………………………………………………………………………… 225
第八章　制动系统设计 …………………………………………………………………… 226
　　第一节　引言 ………………………………………………………………………… 226
　　第二节　制动器的性能计算 ………………………………………………………… 227
　　第三节　制动器结构方案设计 ……………………………………………………… 229
　　第四节　制动器的设计计算 ………………………………………………………… 234
　　第五节　制动驱动机构形式及设计计算 …………………………………………… 239
　　第六节　新能源汽车制动系统 ……………………………………………………… 242
　　第七节　设计实例 …………………………………………………………………… 246
　　本章小结 ……………………………………………………………………………… 246
　　思考与练习 …………………………………………………………………………… 247
参考文献 ……………………………………………………………………………………… 248

第一章　汽车总体设计

【内容提要】　本章主要介绍了汽车的设计特点,现代汽车设计方法、设计流程,汽车车身的结构形式选择,汽车主要参数选择,发动机、驱动电机、动力蓄电池以及轮胎的选择,汽车总体布置,汽车运动校核等。

【目标要求】　通过本章学习,要求学生能够了解现代汽车设计方法、设计流程;能对汽车主要参数进行选择;了解各类发动机、驱动电机和动力蓄电池的主要性能特点并作出选择;了解轮胎的分类、特点及应用;掌握汽车总布置设计的要求及各部件的布置方案;了解汽车运动校核。

第一节　引　　言

自1886年世界上第一辆汽车诞生,汽车为人类的文明和发展作出了巨大贡献,现已深入到社会各领域,并成为现代社会的一个重要组成部分。当代科学技术的迅猛发展和现代技术在汽车上的广泛应用,使汽车进入一个崭新的时代,正朝着"新四化"——电动化、智能化、网联化、共享化方向发展。

汽车是综合性能很高的产品,同时现代技术大量应用在汽车中,这使得人们对汽车设计提出了新的要求:①在设计中要协调众多要求并按不同层次进行处理,根据整车设计的总目标,明确各种要求的主次地位,使它们和谐地组合在一起,形成既先进又合理的方案,达到预期的效果;②将现代设计技术、开发手段和方法应用于汽车设计中,从而缩短设计周期、降低设计成本、提高汽车性能。

汽车设计的第一步是汽车总体设计,其与汽车的使用性能、艺术造型及制造成本有着密切的联系,在很大程度上决定着汽车在市场上的销售前景。因此,在汽车设计的开始阶段,应十分重视总体设计,以为汽车进入市场打下良好的基础。

一、汽车总体设计的特点和要求

汽车是用来运载货物和人员的运输工具,主要由动力装置、底盘、车身、电气及仪表等部件组成。

汽车通常高速行驶在道路上,而自行车、摩托车等运载工具也行驶在同一道路上,因此存在着安全隐患。为了提高道路的车流量、减少交通事故以及从汽车造型和减轻质量等方面来考虑,需对汽车的外形尺寸给予限制,对汽车制动等安全性能提出要求。

石油是不可再生资源,且汽车排放的尾气会对环境造成污染,汽车保有量的不断增加已对能源和环境构成威胁。为了可持续发展,保护人类的生存环境,各国政府制定了严格限制汽车尾气排放的法规并推广新能源汽车的使用。

由于各地的气候条件、海拔高度、路面环境、地形特征等差异较大,同时自然环境的变化因素多且大多无规律,汽车适应复杂环境的前提是必须符合相关法规的要求,如我国要求汽车必须进行"三高试验"(高温、高原、高寒),部分还要求进行高湿试验等。

汽车的造型和色彩有着极深的地域文化和社会阶层背景,极大地影响着销售水平,所以设计者要具有较高的文化素养,才能设计出具有良好人机工程特性、优美外部造型和色彩协调的高质量汽车。

因此,汽车总体设计工作应满足以下要求:

(1)汽车各项性能、成本要求达到企业在产品规划时确定的指标;
(2)严格遵守有关法规、标准,同时注意不要侵犯知识产权;
(3)积极贯彻三化,即标准化、通用化和系列化;
(4)汽车造型和色彩应满足不同消费者的需求;
(5)进行相关运动学校核,以保证汽车能正确地运动并避免发生运动干涉;
(6)保证拆装和维修方便;
(7)汽车报废时,应方便回收利用。

二、汽车总体设计任务

汽车设计的任务包括整车总体设计、总成设计和零件设计。汽车整车总体设计又称汽车的总布置设计,其任务是结合目标产品的用途、销售对象、成本及工艺等方面因素,提出整体设计方案,使设计的产品达到设计任务书规定的整车参数和性能指标要求,并将这些整车参数和性能指标分解为有关总成的参数和功能,为部件设计提供依据。其主要包括以下几个方面:

(1)正确选择性能指标和质量参数,提出总体设计方案;
(2)对各部件进行合理布置,并进行运动校核;
(3)对汽车性能进行精确控制和计算,保证主要性能指标的实现;
(4)考虑制造中的工艺、成本和使用中的维修问题,并结合设计要求对设计方案进行完善。

第二节 现代汽车设计方法

在130多年的汽车发展史中,汽车设计技术发生了很大变化,经历了由经验设计阶段发展到以科学实验和技术分析为基础的设计阶段。20世纪中后期,在设计中引入电子计算机后,又形成了计算机辅助设计(Computer Aided Design,CAD)等新方法,使设计逐步实现半自动化和自动化。

经验设计是一种以已有产品的经验数据为依据,运用一些带有经验常数或安全系数的经验公式进行设计计算的传统设计方法。由于缺乏精确的设计数据和科学的计算方法,使其设计的产品存在过于笨重或可靠性差的缺点。一种新车型的开发,往往要经过设计—试制—试验—改进设计—试制—试验等二次或多次循环。由于需要经过反复修改图纸,在完善设计后才能定型,因而设计周期长、消耗大、质量差。

随着测试技术的发展与完善,在汽车设计过程中引进新测试技术和专用试验设备,从各方面对产品的结构、性能和零部件的强度、寿命进行测试。同时广泛采用近现代数学物理分析方法,对整车及其总成和零部件进行全面的技术分析研究,这使汽车设计发展到以科学实验和技术分析为基础的阶段。

电子计算机的出现及其在工程设计中的推广应用,使汽车设计技术飞跃发展,设计过程完全改观。汽车结构参数及性能参数等的优化选择与匹配、零部件的强度核算与寿命预测、产品的模拟计算或仿真分析都在计算机上进行。这种利用计算机及其外部设备进行产品设计的方法统称为计算机辅助设计(CAD)。

随着计算机在汽车设计中的推广应用,一些近现代的数学物理方法和基础理论新成就在汽车设计中得到广泛应用。除传统的方法和计算机辅助设计方法外,现代汽车设计不仅引入最优化设计、可靠性设计、有限元分析、计算机仿真计算分析、模态分析等现代设计方法与分析手段,还引进了视觉识别、雷达防撞、卫星导航、语音识别、触摸屏显等新技术。

在产品开发的整个过程中,产品先天质量取决于设计以及产品的原材料、制造、使用、维修等各方面的花费,即广义成本的70%由设计阶段决定。因此,现代设计技术的应用使修改设计方案在产品开发的前期进行,产品设计得以一次成功,以避免在产品开发后期因改变设计而造成的巨大浪费。

一、计算机辅助设计(CAD)

CAD 是设计者在图形工作站(或计算机)上,通过输入装置交互式完成工作站图形的设计、分析、计算、优化,在计算机屏幕上绘出图形,经增删、修改、编辑后,通过输出装置输出设计图和有关文件。从而提高产品的设计质量、缩短设计周期。

自1963年麻省理工学院的研究小组在美国计算机联合会会议上发表了关于计算机辅助设计的论文起,CAD 技术已有40多年的发展,其日趋成熟,经历了三个历史阶段、四次技术变革。

三个历史阶段包括:①二维绘图阶段;②简单线框模型的三维造型阶段;③三维造型阶段。

四次技术变革包括:①法国的达索飞机制造公司在二维绘图系统的基础上,开发出以表面模型为特点的自由曲面建模方法,推出了三维曲面造型系统 CATIA,实现了第一次 CAD 技术革命;②实体造型技术能够准确表达零件的大部分属性(尚不能表达零件的材料信息),从 CAD 系统获得的设计数据可以用于 CAM、CAE 等系统,给设计、分析、制造带来了方便,实现了第二次 CAD 技术革命;③到了20世纪90年代,参数化技术,如 Pro/E(Pro-Engineer)的参数化软件,开始逐步走向成熟,充分体现出其在许多通用件、零部件设计上简便易行的优势,从而实现了第三次 CAD 技术革命;④参数化技术并没有完全解决所有问题,而变量化技术既保持了参数化技术原有的优点,又克服了它的许多不利之处,从而实现了 CAD 第四次技术革命。

总之,现今的 CAD(如 CATIA、UG—Unigraphics、Pro/E 等)不仅采用了统一的数据结构和公用数据库,还采用了实体造型技术、参数化技术和特征造型技术,给设计人员带来了前所未有的便利。

目前,CAD 在汽车设计上主要用于以下几个方面。

1. **计算机辅助绘图**

计算机辅助绘图使用计算机进行二维工程图纸的绘制,这也是 CAD 中基本的应用领域。计算机辅助绘图可以取代传统的手工绘图,提高工程图纸的绘制质量和速度。计算机辅助绘图也是我国目前 CAD 技术中应用最广的领域,已在很多企业中得到普及和推广应用。

2. 几何造型

几何造型指三维的形体或产品在计算机中的表示和处理。几何造型描绘物体有几种不同的方法:线框造型、曲面造型、实体造型以及特征造型。

3. 数据管理

数据管理指在设计工作中对涉及的数据(包括图形数据等)进行管理和处理等,目前较常见的方法是利用通用的数据库管理系统。随着研究工作的不断深入,现已实现完整、统一的支持制造全过程的产品模型 CAD 数据库,如基于车身的 PDM(Product Data Management)就是 CAD 数据管理在车身开发中的应用。

汽车总布置是汽车设计中重要的一环,总体布局采用模块化设计,模块之间互相联系,彼此可以交换数据。汽车总布置 CAD 以数据库、图形库为基础,设计过程中产生的一系列数据对今后工作有很大帮助,并节省工作量。总成图形库存储的是与整车总布置密切相关的零部件,其数据包含了对总成特征结构和尺寸的描述。总布置数据库包含设计中一些中间参数和数学模型运行结果,具有动态性。

4. 评价分析

CAD 中的分析计算,可以用于在设计工作的初期或在尽可能早的阶段了解设计方案中存在的不足并加以改进,提前发现和解决设计人员不易察觉的问题,并利于开发产品的优化:在三维空间内对零部件进行位置干涉检查和运动干涉检查,对简单结构进行力学分析计算,对复杂结构进行有限元分析,对动态特性进行动态分析,对具有明显优化效益的部分进行优化设计,对可靠性要求严格的部分进行可靠性分析与设计;并根据设计目标,用反馈的制造和使用信息,综合评价设计对象,为进一步改进设计做好原始信息及数据的准备。如汽车中机构的运动学/动力学仿真以及整车瞬态工况模拟,应用有限元方法等对重要的零部件以及整车的强度与刚度、振动与噪声、可靠性及寿命等的分析计算等。

此外,也包括常规的计算工作。如根据几何模型计算相应物体的体积、质量、表面积、重心、转动惯量、回转半径等几何特性,为工程分析提供必要数据。

二、计算机辅助工程(CAE)

计算机辅助工程(Computer Aided Engineering,CAE)是用计算机辅助求解复杂工程和产品结构强度、刚度、屈曲稳定性、动力响应、热传导、三维多体接触、弹塑性等力学性能的分析计算,以及结构性能的优化设计等问题的一种近似数值分析方法。

汽车行业是一个高速发展的行业,其竞争也日趋激烈,在这种情况下,新产品推出的速度也越来越快,应用 CAE 技术可以大大缩短产品开发周期、提高开发技术质量、降低开发费用,从而为汽车行业的高速发展提供了技术保障,为企业带来巨大的技术经济效益。统计结果表明,汽车行业应用 CAE 技术后,新车开发期的费用占开发成本的比例由 80% ~ 90% 下降到 8% ~ 12%。如美国福特汽车公司于 2000 年应用 CAE 后,其新车型开发周期从 36 个月降低到 12 ~ 18 个月,开发后期设计修改率减少 50%,原型车制造和试验成本减少 50%,投资收益提高 50%。

CAE 在汽车上应用的软件大体可以分为专用和通用两类。

(1) 专用软件。即针对特定类型的对象开发的用于性能分析、预测和优化的软件。从广义上说，设计人员使用的一些小计算程序都可以认为是专用 CAE 软件。

(2) 通用软件。即可以对多种类型对象的物理、力学性能进行分析、模拟、预测、评价和优化，以实现产品技术创新的软件。其主要指大型通用商业化软件，如 NASTRAN、ADAMS、ANSYS、LS-DYNA、ADINA 和 ABAQUS 等。

CAE 在汽车上应用范围极其广泛，从整车到每一个零部件都可以做 CAE 分析，主要包括整车、总成系统和零部件三大部分。

(1) 整车。对于整车来说，主要是利用已确定的汽车参数和相关软件作运动学、动力学仿真，模拟分析车辆行驶的平顺性、舒适性和通过性。如从事前利用实车试验分析汽车的操纵稳定性、运动性能，现在通过在设计布置阶段进行车身分析模拟，就能够将性能要素反映到设计中，从而缩短开发周期，提高设计准确性。但完成该项任务需要建立整车的虚拟样机模型以确定整车参数。通常要确定的整车参数有：动力性，操纵稳定性，振动、噪声和舒适性，轮胎、悬架的配备，车身的动静刚度、强度、寿命评价和车身固有频率，驾驶室（乘员室）通风、隔热、噪声，车身外流场特性，发动机舱的气流和热交换，主动安全性与被动安全性水平等。

(2) 总成系统。从总成系统来看，汽车分为发动机、底盘、车身、电气系统四大部分。整车分析确定的参数分解到各个总成后，对各总成进行 CAE 分析，以确定这些参数可以在各总成中实现。如振动、噪声(NVH)分析，根据 CAE 分析清楚各部分振动对车厢的影响程度，由此判断出改进哪些部件的振动参数能够创造出乘坐的最佳舒适感。

(3) 零部件。对零部件做 CAE 分析，如通过对车门、汽缸、曲轴、悬架弹簧、减振筒等零部件做 CAE 仿真分析，以确定它们的力学特性是否满足总体设计要求，从而在设计初始阶段就掌握产品各方面性能，排除问题或优化以进一步改进初始设计。这对于汽车制造来说极为重要，因为问题发现得越早，解决问题的成本就越少。CAE 技术的关键是数据库，也是各个汽车制造企业最核心的技术资源，丰富和健全相关数据库是提高我国汽车自主开发能力的重要步骤。

三、汽车优化设计

最优化设计是在现代计算机广泛应用的基础上发展而来的一项新技术，其根据最优化理论和方法，综合各方面的因数，以人机配合或自动探索方式，在计算机上进行半自动或自动设计，最后选出在现有工程条件下的最佳设计方案。其设计手段是电子计算机及计算程序，设计方法是最优化数学方法。

实践证明，最优化设计是保证产品性能优良，减轻产品质量或体积，降低工程造价的一种有效的设计方法。同时，也可使设计者从大量烦琐、重复的计算工作中解脱，使之有更多精力从事创造性设计，从而提高设计效率。

概括起来，最优化设计工作包括以下两部分内容。

(1) 将设计问题的物理模型转化为数学模型。建立数学模型时，要选取设计变量，列出目标函数，给出约束条件。设计变量指在设计过程中需要进行选择且最终必须确定的各项独立设计参数；目标函数是设计问题所要求的最优指标与设计变量之间的函数关系式；约束条件是对设计变量取值时的限制条件。

(2)采用适当的最优化方法求解数学模型,可归结为在给定的约束条件下求目标函数的极值或最优值问题。

汽车零部件的最优化方法求解数学模型,可归结为在给定约束条件下求目标函数的极值或最优值问题。

汽车零部件的最优化设计就是在给定的载荷或环境条件下,在零部件的形态、几何尺寸关系或其他因素的限制(约束)范围内选取设计变量,建立目标函数并使其获得最优值的一种新的设计方法。建立能反映客观工程实际、完善的数学模型是关键的一步。另外,如果该数学模型的数学表达式过于复杂、涉及的因素过多,那么在计算机上也会出现求解困难的现象。因此,建模时要抓住主要矛盾,适当忽略不重要因素,尽量使问题合理简化,这样不仅可以节省时间,还能改善优化结果。

在选择最优化方法时,要考虑到数学模型的规模和特点,目标函数及约束条件的性质(如函数的非线性程度及复杂程度等),要求的计算精度,该优化方法是否已有现成的程序可用,该方法的收敛速度、计算精度、稳定性、可靠性以及解题规模等。

计算后必须对计算机输出的优化计算结果进行仔细分析、比较,并检查其合理性,以得到一个符合工程实际的最优设计方案。对于计算结果给出的设计变量值,需要核查它们的可行性与合理性。

目标函数的最优值是对计算结果进行分析的重要依据,将它与原始方案的目标函数值做比较,便可看出最优化设计的效果。

四、汽车可靠性设计

有多项考核指标评价汽车产品质量,可靠性是重要指标之一。产品的可靠性,取决于产品设计和制造的固有可靠性。因而,将可靠性融入汽车产品的设计过程是保证产品可靠性的关键问题。如何使汽车产品在规定条件下、规定时间内完成规定功能,这是可靠性设计所要完成的任务。

可靠性设计又称概率设计,这种设计方法将各设计参数视为随机变量,即将作用于零部件的真实外载荷、零部件的真实承载能力以及零部件的实际尺寸等参数都看成是属于某种概率分布的统计量,设计时虽不可能予以精确的确定,但它服从一定的分布,以此为出发点应用概率论与数理统计及力学理论,考虑各种随机因素的影响,推导出在给定设计条件下零部件不产生破坏的概率(或可靠度)公式和设计公式,应用这些公式就可以在给定可靠度下求出零部件的尺寸,或给定其尺寸确定其安全寿命。这样就能够得到与客观实际情况更符合的零部件设计,用可靠度来确保结构的安全性,从而把失效控制在可接受的范围。概率设计法能够解决两方面的问题:根据设计进行分析计算确定产品的可靠度,根据任务提出的可靠性指标确定零部件的参数。

运用可靠性设计方法可以充分发挥零部件材料的固有性能,节省材料;找出各零部件中的薄弱环节或应力最高的危险点,从而采取相应措施,降低危险点的应力峰值,或采取强化措施使材料的强度提高,达到提高零部件可靠度的目的;量化每个零部件是否破坏或产生故障,使设计者和产品的使用者心中有数。当然,提高零部件的可靠度,必须综合考虑其经济效果,做到尽量合理。当今的大数据分析为提高汽车可靠性设计水平提供了有力支撑。

五、逆向工程

随着汽车技术的进步和经济的发展,消费者的要求越来越高,功能上的需求已不再是赢得市场的唯一条件。汽车产品不仅要具有先进的功能,还要有流畅、造型富有个性的产品外观以吸引消费者的注意。流畅、造型富有个性的产品外观要求必然会使得产品外观由复杂的自由曲面组成。但在设计和制造过程中,正向工程(基于产品或构件的功能和外形,由设计师在计算机辅助设计软件中构造)有时很难用严密、统一的数学语言来描述这些自由曲面。

此外,为适应现代先进制造技术的发展,需要将实物样件或手工模型转化为CAD数据,以便利用快速成型系统(Rapid Prototyping,RP)、计算机辅助制造(Computer Aided Manufacture,CAM)系统、产品数据管理(Product Data Management,PDM)等先进技术对其进行处理和管理,并进一步修改和再优化。因此,需要一体化的解决方案:样品—数据—产品。逆向工程可以提供一个全新、高效的重构手段,实现从实际物体到几何模型的直接转换。

逆向工程是将实物转变为CAD模型相关的数字化技术、几何模型重建技术和产品制造技术的总称,是将已有产品或实物模型转化为工程设计模型和概念模型,在此基础上对已有产品进行解剖、深化和再创造的过程。逆向工程的思想最初来自从油泥模型到产品实物的设计过程,但目前应用最广的基于实物的逆向工程是进行产品复制和仿制,尤其是外观设计产品,因不涉及复杂的动力学分析、材料、加工热处理等技术难题,相对较易实现。目前,基于CAD/CAM系统的数字扫描为实物逆向工程提供了有力支持,在进行数字化扫描、完成实物的3D重建后,通过CNC(数控)加工就能快速地制造出模型,最终注塑得到所需产品。

随着计算机辅助几何设计的理论和技术的发展与应用,以及CAD/CAE/CAM集成系统的开发和商业化,产品实物的逆向设计首先通过测量扫描以及各种先进的数据处理手段获得产品实物信息,然后充分利用成熟的CAD/CAM技术,快速、准确地建立实体几何模型,在工程分析的基础上,数控加工出产品模具,最后制成产品,实现从产品或模型—设计—产品的整个生产流程。逆向工程流程如图1-1所示。

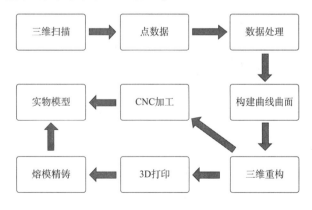

图1-1 逆向工程流程图

在发展汽车工业时,韩国现代汽车曾参考日本HONDA汽车,将它的各部件经由逆向工程还原成产品,进行包括安全测试在内的各类测试研究,协助现代的汽车设计师了解日系车设计原意、想法。基于逆向工程的设计过程包括:利用逆向工程技术直接在已有的国内外先进产品基础上,进行结构性能分析、设计模型重构、再设计优化与制造,吸收并改进国内外先进的产品和技术,极大地缩短产品开发周期,快速占领市场。

第三节 现代汽车产品开发流程

汽车产品的开发是企业根据市场的需求、技术的发展趋势以及自身的发展战略而制定。汽车产品的开发是由一个多部门互助协作的过程,其不是一个部门就可以完成的多元化任务。

汽车产品的开发概括起来有市场调研及决策阶段、总体设计阶段、试制试验阶段和生产阶段共四个阶段,如图1-2所示。

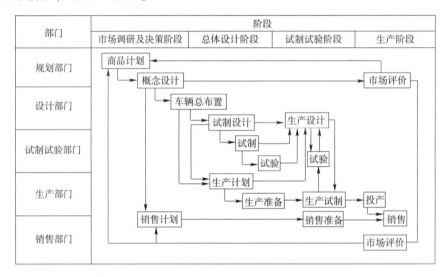

图1-2 汽车新产品开发流程

一、市场调研及决策阶段

在汽车新产品开发初期,需要对产品和市场进行调研,了解市场需求和新技术发展状况,同时结合企业自身特点、技术水平、设备状况、工艺水平、生产能力和公司实力等进行分析,制定产品设计工作方针及设计原则。调研的内容应包括:用户对使用老产品过程中表现出的意见;当前汽车行业与相关行业的技术发展,特别是竞争对手的新产品与新技术;材料、零部件、设备和工具等行业可能提供的条件;本企业在科研、开发及生产方面所取得的新成果等。

二、总体设计阶段

总体设计阶段主要是指通过市场调研和设计,确定总体方案、造型方案,进行设计计算,绘制设计图纸,编写设计文件,必要时还要进行试验和设计评审等。

(1)总体方案设计:其任务是根据领导决策所确定的开发目标以及针对开发目标制定的

工作方针、设计原则等主导思想提出整车设想,这个阶段又称为概念设计或构思设计,为此要绘制不同比例的总体方案图(如1:5)供选择。在总体方案图上进行初步布置和分析,画出主要总成的总体轮廓,从而突出各种方案间的主要差别,使方案对比简明清晰。设计的构思草图和彩色效果图如图1-3和图1-4所示。

图1-3　构思草图　　　　　　　　图1-4　彩色效果图

(2)绘制总体布置草图:确定整车主要尺寸、质量参数与性能指标以及各总成的基本形式。在总布置草图上需要绘出发动机、电动机及传动总成、底盘各部分总成、驾驶操作空间、乘员和货物的具体位置以及其边界形状;对轴荷分配和质心高度做计算与调整,以便较准确地确定汽车的轴距、轮距、总长、总宽、总高、离地间隙、货厢或车身地板高度等,并使之符合有关标准和法规;进行性能计算及参数匹配。

(3)制作缩小比例模型:缩小比例模型是在构架上涂敷造型泥雕塑而成。通常按照所绘制的不同外形、不同方向、不同色彩的车身外形图来制作相应的整车模型,一般而言,乘用车采用1:5的缩小模型;由于客车和货车比较大,通常采用1:10的缩小模型。从中选优后,再制作1:5或1:1的精确模型。经征求意见、工艺分析评审及风洞试验后,做进一步修改,审定后用三坐标测量仪测量车身模型坐标点,并用与之联机的CAD系统绘制车身图及相应的车身布置图。

随着计算机的使用,直接在计算机上构造车身的三维形态已成为可能,也可以根据用户的需求对车身造型进行快速修改,并且还能在计算机上生成不同方向的三维外形图。因此,要提高车身的设计质量、缩短设计周期,可以将车身造型的手工设计和绘制不同方向外形图的工作移到计算机上,在计算机上进行交互式设计,得到满意结果后再制作模型以及进行上述的其他后续工作。

(1)编写设计任务书:作为对以后的设计、试验及工艺准备的指导和依据,设计任务书包含了产品设计和开发项目的全部要求。如任务来源、设计原则和设计依据;产品的用途及使用条件;汽车型号、承载容量、布置形式及主要技术指标和参数;各总成及部件的结构形式和特性参数;产品系列化、标准化和零部件通用的情况说明;采用的新技术、新结构、新装备、新材料和新工艺;生产规划、设备条件及预期制造成本和技术经济预测等;提出综合要求和产品所遵循的法律法规,开发的新车必须提出明确的法规适应要求,各项性能指标应符合有关国家标准、法规要求。

(2)总体布置设计:其主要任务是根据汽车的总体布置及整车性能提出对各总成及部件的布置要求和特性参数等设计要求;协调整车与总成、总成与有关部件间的布置关系和参数匹配关系,使之组成一个在给定使用条件下使用性能达到最优并满足设计任务书所要求的

整车参数和性能指标的汽车。具体工作如下。

①技术设计:绘制汽车总布置图,它是在总布置草图和各总成、部件设计的基础上,用1:1或1:2的比例精确绘出,用于精确控制各部件尺寸和位置,为各总成和部件分配精确的布置空间,因此又称为尺寸控制图。在确定各部件总成的空间位置时,应从整车布置的技术和理性出发,充分考虑该总成或其上附件的拆装和维修的方便性和接近性,并保证部件之间或零件之间有足够的静止间隙和运动间隙。

②工作图设计:工作图设计是指在技术设计的基础上,完成在试制或生产过程中加工、装配、供销、生产管理及随机出厂使用的全部图样和技术文件。成套的产品图样由总图、简图、主要零部件图、部件装配图、总装配图、安装图、图样目录、明细表、汇总表等组成。零件图需要详细地标注出各部分尺寸。总成图应清楚地表达零件相互装配的关系,并标注出相关的装配尺寸及装配要求。图纸绘制成后,需要将部件和零件按照它们所属的装配关系编成"组"及其下属的"分组"号码。每个部件、零件及其图纸都给定一个编号,以便于对全部图纸进行管理。

三、试制试验阶段

设计完成后,为了验证产品的适用性、可靠性和安全性,必须安排有一定数量的零部件和总成进行台架试验,至少有3~4辆样车投入整车室内试验和道路试验,因为试验尤其是道路试验始终是考验汽车设计与制造工艺最重要且不可代替的手段。试制与试验中暴露的问题应及时解决并给予记录,注意了解制造和装配中的工艺问题以及质量控制情况,同时查明整车、总成及零部件的尺寸参数、质量参数、性能参数是否符合设计要求及问题所在。将以上问题作为依据,修改设计资料,并通过评审形成完整的产品文件。

四、生产阶段

生产阶段包括定型投产阶段和持续改进阶段。

(1)定型投产阶段是正式投产前的准备阶段,定型投产是在小批量试制的基础上进行,目的是进一步完善产品工艺文件,改进、完善并定型工艺装备,配置必要的生产和试验设备,确保达到正式生产的条件和具备持续稳定生产合格产品的批量生产能力。

(2)持续改进阶段是在产品生命周期内,对产品、过程或体系进行不断改进的过程。要提高客户的满意度,就必须不断地进行工艺改进,提高质量,同时对出现的问题及时采取措施;积极改进以消除隐患,提高产品的竞争力,不断地满足用户的要求。

第四节 汽车车身形式的选择

一、汽车分类

汽车有很多种分类方法,既可以按照发动机排量、乘客座位数、汽车总体质量、汽车总长、车身或驾驶室的特点等来分类,也可以取上述特征量中的两个指标作为分类依据。《机动车辆及挂车分类》(GB/T 15089—2001)对汽车做了分类(表1-1)。

第一章 汽车总体设计

关于汽车的分类(GB/T 15089—2001) 表1-1

汽车类型			乘员数座位数	最大设计总质量(kg)	说　　明		
M类 至少有4个车轮，并且用于载客的机动车辆	M1类		$\dfrac{-}{(<9)}$	—	包括驾驶人座位在内的座位数不超过9座的载客车辆		
	M2类	A级	$\dfrac{\leq 22}{(>9)}$	<5000	可载乘员数（不包括驾驶人）不多于22人	允许乘员站立	包括驾驶人座位在内，座位数超过9个，且最大设计总质量不超过5000kg的载客车辆
		B级				不允许乘员站立	
		Ⅰ级	$\dfrac{>22}{(>9)}$		可载乘员数（不包括驾驶人）多于22人	允许乘员站立，并且乘员可以自由走动	
		Ⅱ级				只允许乘员站立在过道或提供不超过相当于两个双人座位的站立面积	
		Ⅲ级				不允许乘员站立	
	M3类	A级	$\dfrac{\leq 22}{(>9)}$	>5000	可载乘员数（不包括驾驶人）不多于22人	允许乘员站立	包括驾驶人座位在内，座位数超过9个，且最大设计总质量超过5000kg的载客车辆
		B级				不允许乘员站立	
		Ⅰ级	$\dfrac{>22}{(>9)}$		可载乘员数（不包括驾驶人）多于22人	允许乘员站立，并且乘员可以自由走动	
		Ⅱ级				只允许乘员站立在过道或提供不超过相当于两个双人座位的站立面积	
		Ⅲ级				不允许乘员站立	
N类 至少有4个车轮，且用于载货的机动车辆	N1类		—	≤3500	最大设计总质量不超过3500kg的载货车辆		
	N2类		—	>3500 - 12000	最大设计总质量超过3500kg，但不超过12000kg的载货车辆		
	N3类		—	>12000	最大设计总质量超过12000kg的载货车辆		

《汽车和挂车类型的术语和定义》(GB/T 3730.1—2001)将汽车分为乘用车和商用车。乘用车是指在设计和技术特性上主要用于载运乘客及其随身行李或临时物品的汽车,包括驾驶人座位在内,其座位数最多不超过 9 个;它也可以牵引一辆挂车。商用车是指在设计和技术特性上用于运送人员和货物的汽车,并且可以牵引挂车。

二、新能源汽车的分类

新能源汽车是指采用新型动力系统,完全或主要依靠新型能源驱动的汽车,本书所指新能源汽车主要包括纯电动汽车、混合动力电动汽车及燃料电池电动汽车。

1. 纯电动汽车

纯电动汽车是指驱动能量完全由电能提供的、由电机驱动的汽车。电机的驱动电能来源于车载可充电储能系统或其他能量储存装置。其动力系统的基本结构如图 1-5 所示。

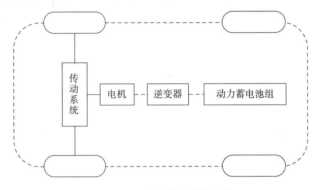

图 1-5 纯电动汽车的结构形式

2. 混合动力电动汽车

混合动力电动汽车是指能够至少从可消耗的燃料或可再充电能/能量储存装置中获得动力的汽车。按照动力系统结构形式,可分为串联式、并联式和混联式三类。

(1)串联式混合动力电动汽车。

串联式混合动力电动汽车(SHEV)的结构如图 1-6 所示,功率变换器控制从动力蓄电池组和发电机组到电动机的功率流,或反向控制从电动机到动力蓄电池组的功率流。

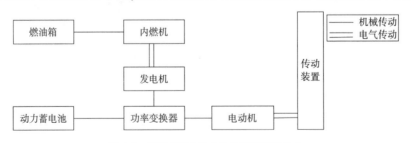

图 1-6 串联式混合动力电动汽车结构形式

(2)并联式混合动力电动汽车。

并联式混合动力电动汽车(PHEV)的结构如图 1-7 所示,内燃机和电动机发出的功率通过机械耦合器进行叠加。

(3)混联式混合动力电动汽车。

混联式混合动力电动汽车(CHEV)结构如图 1-8 所示,该结构采用机械和电气两个功率耦合器,是串联和并联结构的组合,具有两种结构的特性和功能,因此有更多的运行模式。同时,其结构也更为复杂,成本较高。

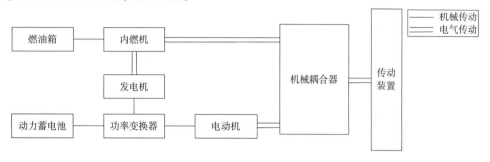

图1-7 并联式混合动力电动汽车结构形式

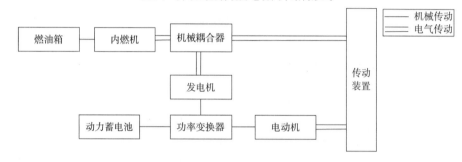

图1-8 混联式混合动力电动汽车结构形式

3.燃料电池电动汽车

燃料电池电动汽车(FCEV)结构如图1-9所示,利用搭载在车上的氢气与大气中的氧气发生氧化还原化学反应,生成物是水,同时将化学能转化为电能,带动电动机工作,从而驱动汽车行驶。燃料电池的能量转换效率比内燃机要高2~3倍,代表着清洁汽车的未来发展方向之一。

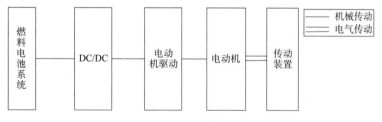

图1-9 燃料电池电动汽车结构形式

三、汽车车身形式

1.乘用车车身形式

乘用车的车身由发动机舱、客厢和行李舱三部分组成。乘用车车身的基本形式有折背式、直背式和舱背式三种,以上三种乘用车车身形式的主要区别表现在车身顶盖与车身后部形状间在关系上的差别。折背式车身有明显的发动机舱、客厢和行李舱,且车身顶盖与车身后部呈折线连接,如图1-10a)所示。直背式车身的特点是后风窗与行李舱连接,接近平直,如图1-10b)所示。直背式车身流线型好,有利于降低空气阻尼系数、增大行李舱容积。舱背式乘用车车身的顶盖比折背式长,同时后窗与行李舱盖形成一个整体的后部车门,如

图1-10c)所示,行李舱容积小。将折背式车身顶盖向后延伸到车尾,形成两厢式的变形乘用轿车车身,如图1-10d)所示。除此之外,目前市场上还有去除顶盖或带有活动顶棚的敞篷车等多种变形乘用车。

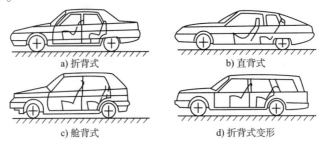

图1-10 乘用车车身形式

发动机排量越大的乘用车,采用折背式车身的比例越大。发动机排量在1.0L以下的乘用车,以舱背式车身为主;发动机排量在1.0~4.0L之间时,三种车身形式都有;发动机排量大于4.0L时,基本上都用折背式车身。

2. 客车车身形式

客车车身形式有单层和双层之分,按照车头形式又有平头式和短(长)头式。

图1-11a)所示为单层客车,当单层客车用来长途运送乘客时,具备以下两个特点:①乘客随身携带数量较多的货物或行李;②为提高长途旅行乘坐舒适性,需要安置空调机构。所以,设计单层客车时常将地板高度设计得高些,地板下部空间可用来容纳货物和空调等其他附设机构。

城市客车主要用于城市中运输乘客,具备以下的特点:乘客随身携带的物品不多,但上、下车频繁。因此,地板离地高度要尽可能设计得低些,并且为了满足乘客能迅速上、下车要求,不仅门数多,而且要求宽。城市客车有尺寸较大的侧窗以利于采光和改善视野。

双层客车有两排平行的裙部和车窗,如图1-11b)所示。双层客车的下层允许乘客乘坐或者站立,而上层只供乘坐距离较长的乘客乘坐,因此,下层占据的高度尺寸比上层高。设计时尽量以方便上层乘客欣赏周围风光为主。

部分座位数不多的客车前下部向前伸出,形成如图1-11c)所示的短头,其内部布置有发动机及其附件。这不仅有利于发动机维修,当汽车发生正面冲撞时,利用伸出部分的变形,可以吸收碰撞能量,保护前排乘员和满足有关国家法规的要求。这种汽车的车身高度较低,门数较少,有时在后部设有车门。

为了满足乘客行走和安装空调机构的要求,有些汽车将车顶抬高,如图1-11c)所示。

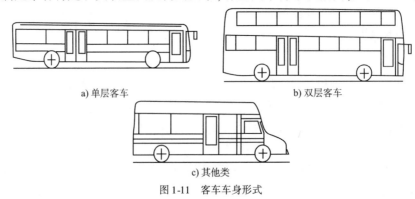

图1-11 客车车身形式

专用客车常根据使用条件和特殊要求进行设计。例如,用于机场内部迎送乘客上、下飞机的机场摆渡车,因不在公路上行驶,其车身外形尺寸不受法规限制,宽度尺寸常在3m以上,汽车地板可以设计得很低,乘客通过一级踏板便可进入车内。这既有利于携带较大物件的乘客上、下车,对行动不便的乘客也提供了方便。检票或下机瞬间,乘客十分集中且携带行李,这就要求车门数量多有足够宽度。

第五节 汽车结构形式的选择

目前市场上汽车结构形式有很多,汽车结构形式主要由轴数、驱动类型以及布置方式来加以区别,同时,汽车结构形式对整车的使用性能、整车质量、外形尺寸、轴荷分配和制造成本等方面会产生很大影响。

一、轴数

汽车轴又称为汽车桥,汽车可以为二轴、三轴、四轴甚至更多的轴数。影响选取轴数的因素主要有汽车的总质量、道路法规对轴载质量的限制和轮胎的负荷能力以及汽车的结构等。汽车及挂车单轴最大允许轴荷限值见表1-2。

汽车及挂车单轴的最大允许轴荷　　　　　　表1-2

车辆类型			最大允许轴荷限值(kg)
挂车及二轴货车	每侧单轮胎		6000①
	每侧双轮胎		10000②
客车、半挂牵引车及三轴以上(含三轴)货车	每侧双轮胎		7000①
	每侧双轮胎	非驱动轴	10000②
		驱动轴	11500

注:①安装名义断面宽度超过400mm(公制系统)或13.00英寸(英制系统)轮胎的车轴,其最大允许载荷不得超过各轮胎规定的负荷之和,其最大限制为10000kg;
　　②装备空气悬架时最大允许轴荷的最大限值为11500kg。

二、驱动形式

汽车的驱动形式有4×2、4×4、6×2、6×4、6×6、8×4、8×8等,其中前一位数字表示车轮总数,后一位数字表示驱动轮数,对于双轮胎车轮仍按1个车轮计。

总质量小于19t的公路用车(轿车和厂定汽车)广泛采用4×2布置的驱动形式,因为其结构相对简单,制造成本相对低;19~26t采用6×2或6×4的驱动形式;28~32t则采用8×4的驱动形式。

由于行驶场地较小,要求矿用自卸汽车有高机动性,因此,即使是重型矿用自卸汽车,其也多采用4×2的驱动形式且为短轴距,少数采用4×4和6×4的驱动形式。

对于特殊用车和越野车,要充分考虑其通过性能,一般采用全轮驱动形式。例如中小型越野车一般采用4×4形式,而大型越野车一般采用6×6或8×8的形式。超重型军用车采用的驱动轮数更多。

新能源汽车驱动形式和传统汽车一样,驱动形式有4×2、4×4等。

三、布置形式

汽车的布置形式是指发动机、驱动桥和车身(或驾驶室)的相互关系和布置特点。汽车的使用性能除取决于整车和各总成的有关参数外,其布置形式对使用性能也有重要影响。

1. 乘用车的布置形式

乘用车布置形式通常是指发动机和驱动桥的布置,大体上有发动机前置前轮驱动(FF)、发动机前置后轮驱动(FR)、发动机后置后轮驱动(RR)及四轮驱动等类型,如图1-12所示。

a) 发动机前置前轮驱动　　b) 发动机前置后轮驱动　　c) 发动机后置后轮驱动

图1-12　乘用车按发动机与驱动桥在汽车上的位置分类

(1) 发动机前置前轮驱动(FF)。

这种布置形式广泛用于微型、普通型和中级轿车。其最主要的优点是布置紧凑,发动机、离合器、变速器及主减速器等部件连成一体,无传动轴且降低车内地板高度,以增加内部空间,方便座椅布置,降低整车成本。有数据显示,FF可使车身轴距缩短10%,质量减小8%。FF使前轴轴荷加大,增加了行驶的方向稳定性,特别是在弯道加速时,前驱动力可减小汽车的侧滑,有利于提高汽车高速行驶的安全性;由于发动机前置,后部空间不受干扰,可以改造成多种用途的汽车。后部行李舱空间较大,方便备胎和其他大件行李的存放。

发动机前置前轮驱动的布置形式也有其固有的缺点:在上坡和泥泞道路行驶时,由于前轮附着力减小,驱动轮易打滑,使汽车失去操纵稳定性;制动时质心前移,后轮易发生制动抱死引起侧滑;由于布置紧凑,发动机舱布置较拥挤,维修方便性和接近性都有所降低。

图1-13为前置前驱的几种布置形式,图1-13a)为发动机横置于前轴前,此种布置最紧凑,尤其适合小排量发动机。图1-13b)为发动机纵置于前轴前,车身的前悬将明显增大,前轴轴荷增加,一般用于发动机长度较小时的布置,如V型发动机或水平对置型发动机。图1-13c)为发动机布置在前轴后,能够很好地分配轴荷,但会造成前围板及驾驶座椅后移,发动机维修不便。

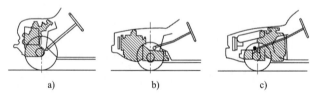

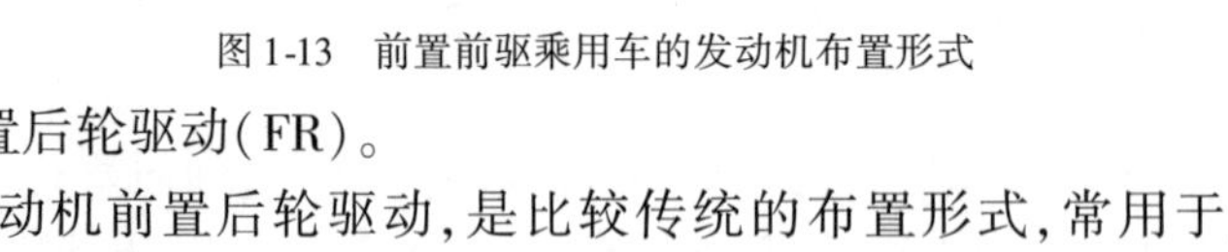

图1-13　前置前驱乘用车的发动机布置形式

(2) 发动机前置后轮驱动(FR)。

图1-12b)为发动机前置后轮驱动,是比较传统的布置形式,常用于发动机排量大于2.5L的乘用车。一般是将发动机、离合器、变速器装配成一体,位于汽车前部,通过万向传动轴将动力传至后桥的主减速器,实现后轮驱动。

①优点:汽车的轴荷分配均匀,具有中性转向特性或轻微不足转向特性,提高了车辆的操纵稳定性和行驶平顺性,增加了轮胎的使用寿命;发动机舱布置宽敞,便于发动机冷却和维修;爬坡能力较强。

②缺点:轴距一般较大;如果布置大排量发动机且位于前轴前时,轴距更大;汽车的总长和自身质量都较大,制造成本高;由于车身下部要通过传动轴,车厢中部凸起,影响了地板的

平整度和高度,座椅布置也受到一定的影响。

(3)发动机后置后轮驱动(RR)。

图1-12c)为发动机后置后轮驱动,是将发动机、离合器、变速器及主减速器等装配成一体位于后桥后,因此后悬架相对较大。

①优点:减小了整车长度、降低了质心、使地板平整。

②缺点:后轴轴荷过大,汽车的转向和操纵性能不佳;此外还存在着前轮附着力过小、高速行驶时转向不稳定、发动机冷却不良、变速操纵机构复杂等。

(4)四轮驱动。

四轮驱动乘用车对地面的适应性、通过性和安全性等方面都有较好的表现。但是其结构复杂,成本较高。目前,城市SUV高配车型搭载的大部分是适时四驱,即根据汽车行驶路况来决定是否使用四驱。大部分时候是前轮两驱,当遇到路面湿滑的情况时会适时转变成四驱。

2. 客车的布置形式

如图1-14所示,客车的布置形式一般分为发动机前置前轮驱动、发动机前置后轮驱动、发动机后置后轮驱动和发动机中置后轮驱动等几种方案。

(1)发动机前置前轮驱动。

图1-14a)所示为发动机前置前轮驱动布置形式,目前较少见,一般用于特种客车,如机场摆渡车等。此类客车一般轴距较大、车体较长,前面的驾驶区一般需单独隔离。

(2)发动机前置后轮驱动。

早期的客车大多数是用货车底盘改装而来,沿用图1-14b)所示的发动机前置后轮驱动形式,主要优点为:与货车通用部件多,便于由货车改装生产;便于发动机的冷却;动力和操纵机构相对简单等。

(3)发动机后置后轮驱动。

图1-14c)为发动机后置后轮驱动布置形式,将发动机放置于车辆尾部,一般用于大型客车。例如,长途客车可以在车身中部下方设置出足够的行李舱;驾驶室部位地板可以布置得较低,大大降低驾驶人的盲区;如是城市公交车,可以降低地板高度,提高乘坐舒适性等。但其发动机舱散热效果差,需要采用热管理技术;直线行驶性能变差,转弯时呈现明显的过度转向等。此外,也有少数汽车采用发动机中置后轮驱动(图1-14d)。

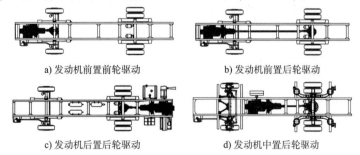

a) 发动机前置前轮驱动　　　　b) 发动机前置后轮驱动

c) 发动机后置后轮驱动　　　　d) 发动机中置后轮驱动

图1-14　客车的布置形式

3. 载货汽车驾驶室布置形式

(1)长头车。

如图1-15a)所示,长头车的发动机布置在驾驶室之前,使车头在风窗玻璃以下向前突出。

①优点:驾驶室相对靠后,正面碰撞时缓冲区长,安全系数高;发动机维修的接近性好;驾驶室离发动机较远,振动、噪声和热量对驾驶室的影响较小;发动机散热性能好;驾驶室的地板高度较低,上下车相对较方便,驾驶室布置容易;汽车的操纵机构简单,易于布置;轴荷分配比较合理。

②缺点:车身前部较长;转弯半径较大;由于车头部分体积较大,货箱相对整车的面积利用率较低;由于车头突出,前部视野较差。

(2)短头车。

如图1-15b)所示,短头车的发动机的一部分伸入到驾驶室内,一部分突出在驾驶室前。

①优点:相对于长头车,其视野显著提高;货箱的面积利用率提高;改善了长头车的机动性能和外形尺寸过大的问题。

②缺点:由于发动机后移,占用了部分驾驶空间,故须抬高驾驶室地板,影响驾乘人员出入的方便性;发动机维修方便性变差,发动机的振动、噪声和热量较容易传入驾驶室。

(3)平头车。

如图1-15c)、d)所示,平头车发动机完全伸入到驾驶室内,二者主要区别在于发动机位于前轴之上和之后。

①优点:可以获得最短的轴距和车长,从而可以降低整车整备质量;机动性和视野良好;前面驾驶区缩短,可以大大提高后货箱面积的利用率。

②缺点:驾驶室容易受到发动机的振动、噪声、热量等影响;发动机占用部分驾驶室空间,发动机舱盖突出于驾驶室内正副驾驶座之间,中间不易布设座位;大多数采用翻转式驾驶室,操纵机构相对复杂;驾驶室地板高,一般采用多级踏板,上下车不方便。

a) 发动机位于前轴上,驾驶室之前　　b) 发动机位于前轴上,部分深入驾驶室

c) 发动机位于前轴上,驾驶室的正下方　　d) 发动机位于前轴后,驾驶室的后下方

图1-15　货车的布置形式

4. 载货汽车的货箱布置形式

(1)栏板式货车。

如图1-16a)所示,栏板式货车可分为一般栏板式、高栏板式、三面开栏板式与单面开(后面)栏板式。

(2)自卸式货车。

如图1-16b)、c)所示,自卸式货车具有可翻倾卸货的车厢。通常车厢向后或侧翻倾。

(3)厢式货车。

厢式货车可按货箱形式进行分类,图1-16d)、e)为具有封闭的厢式货车。图1-16f)、g)、h)、i)分别为罐式、平台式、篷式和半挂式货车。

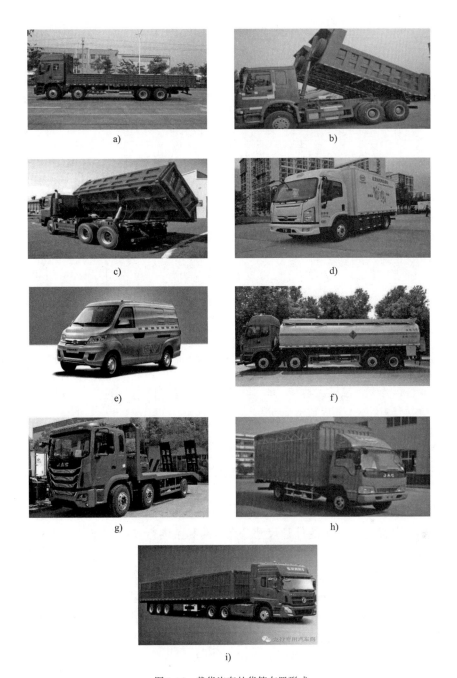

图1-16 载货汽车的货箱布置形式

5. 新能源汽车驱动系统布置形式

由于混合动力电动汽车驱动系统由发动机、电动机和发电机耦合而成,因而和传统汽车布置形式差别较小,而燃料电池电动汽车和纯电动汽车驱动系统基本一致,本章重点介绍纯电动汽车驱动系统布置形式。

纯电动汽车驱动系统布置形式是指驱动轮数量、位置以及驱动电机系统布置的形式。纯电动汽车驱动系统是其核心部分,动力性、经济性和续航里程等指标决定整车性能,根据其布置形式可分为前轮驱动、后轮驱动和四轮驱动等,如图1-17所示。

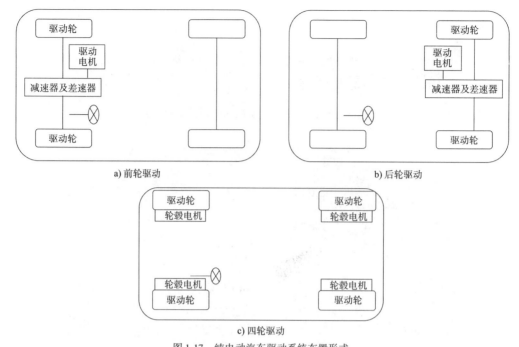

图 1-17 纯电动汽车驱动系统布置形式

第六节 汽车主要参数的选择

一、汽车尺寸参数的确定

汽车的主要尺寸参数包括外廓尺寸、轴距、轮距、前悬架、后悬架、货车车头长度和车厢尺寸等。

1. 外廓尺寸

汽车的长、宽、高称为汽车的外廓尺寸。在公路和市内行驶的汽车的最大外廓尺寸受到有关法规限制,不能随意确定。《汽车、挂车及汽车列车外廓尺寸、轴荷及质量限值》(GB 1589—2016)规定如下:乘用车及二轴客车不超过12m,货车及半挂牵引车总长不超过12m,单铰接式客车不超过18m,半挂车不超过13.75m,货车列车不超过20m;不包括后视镜,汽车宽不超过2.55m;在空载、顶窗关闭状态下,汽车高不超过4m;后视镜等单侧外伸量不得超过最大宽度处250mm;顶窗、换气装置开启时不得超出车高300mm。

乘用车的总长 L_a 是轴距 L、前悬架 L_F 和后悬架 L_R 之和。它与轴距有如下关系 $L_a = L/C$,式中,C 为比例系数,其值为 0.52~0.66。对前置前驱汽车,C 值为 0.62~0.66,对后置后驱汽车,C 值为 0.52~0.56。

乘用车宽度尺寸由乘员空间和车门等装置决定,同时必须保证发动机、车架、悬架、转向系统和车轮的布置。乘用车总宽度与车辆总长之间有如下关系:$B_a = (L_a/3) + 195 \pm 60 (mm)$。后座乘三人的乘用车,$B_a$ 不应小于 1410mm。

乘用车总高度 H_a 主要由轴间底部离地高度 h_m、地板及下部零件高度 h_p、室内高度 h_B 和车顶造型高度 h_t 等决定。轴间底部离地高度 h_m 应大于最小离地间隙 h_{min}。由座位高、乘员上身长和头部及头上部空间构成的室内高度 h_B 一般为 1120~1380mm。车顶造型高度 h_t

大约为 20~40mm。

2. 轴距 L

轴距(汽车前轮中心点到后轮中心点的距离) L 对整备质量、汽车总长、最小转弯直径、传动轴长度、纵向通过半径等都有影响。轴距选择必须在合适的范围,轴距过短会使车厢长度不足或后悬过长;上坡或制动时轴荷转移过大,汽车制动性能和操纵稳定性变差;车身纵向振动角增大,对平顺性不利;万向节传动轴的夹角增大。

一般来说,发动机排量大的乘用车以及装载量较大的货车或载客量较大的客车,轴距一般较长。对机动性能要求高的汽车轴距一般较短。为了满足市场需求,汽车厂商在标准轴距货车的基础上衍生出短轴距和长轴距的变形车,其轴距变化推荐为 0.4~0.6m。

表1-3 提供的数据可供初选轴距时参考。

各类汽车的轴距和轮距　　　　　　　　　　表1-3

车型	类 别		轴距 L(mm)	轮距 B(mm)
乘用车	发动机排量 V(L)	$V<1.0$	2000~2200	1100~1380
		$1.0<V\leq1.6$	2100~2540	1150~1500
		$1.6<V\leq2.5$	2500~2860	1300~1500
		$2.5<V\leq4.0$	2850~3400	1400~1580
		$V>4.0$	2900~3900	1560~1620
商用车	客车	城市客车(单车)	4500~5000	1740~2050
		长途客车(单车)	5000~6500	
	4×2货车总质量 m_a(t)	≤1.8	1700~2900	1150~1350
		1.8~6.0	2300~3600	1300~1650
		6.0~14.0	3600~5500	1700~2000
		>14.0	4500~5600	1840~2000

3. 前轮距 B_1 和后轮距 B_2

汽车轮距 B 的变化会影响车厢或驾驶室内宽、汽车总宽、总质量、侧倾刚度、最小转弯半径等因素的变化。轮距增大,车厢内宽也随之增加,这有利于侧倾刚度的增加,并且汽车横向稳定性变好;但是汽车的总宽、总质量及最小转弯半径等的增加会导致汽车的比功率、比转矩指标下降,机动性随之变差。

国家相关标准规定汽车总宽不得超过2.5m,这就要求轮距不宜过大。但在取定的前轮距 B_1 范围内,应能布置下发动机、车架、前悬架和前轮,并保证前轮有足够的转向空间,同时转向杆系统与车架、车轮之间有足够的运动间隙。在确定后轮距 B_2 时,应考虑两纵梁之间的宽度、悬架宽度和轮胎宽度及它们之间应留有必要的间隙。

各类汽车的轮距可参考表1-3提供的数据进行初选。

4. 前悬架 L_F 和后悬架 L_R

汽车的前悬架和后悬架尺寸是由总布置确定的。前悬架尺寸对汽车通过性、碰撞安全性、驾驶人视野、前钢板弹簧长度、上车和下车的方便性以及汽车造型等均有影响。因在前悬架处要布置保险杠、散热器、发动机、水箱、转向器、车身前部或驾驶室的前支点,故前悬架尺寸不宜过长,以免使汽车的接近角过小而影响通过性,使驾驶人视野变坏;而从撞车安全性考虑希望前悬架长些。长头货车前悬架一般为 1100~1300mm。

货车的后悬架长度主要与货箱长度、轴距及轴荷分配、汽车通过性、汽车追尾时的安全性、汽车造型等有关。后悬架长,则汽车离去角减小,通过性降低;而后悬架短的乘用车行李舱尺寸不够大。客车后悬架长度不得超过轴距的 65%,专用作业车后悬架可按客车后悬架要求核算,其他车辆后悬架应小于或等于轴距的 55%。汽车及挂车的后悬架均应小于或等于 3500mm(中置轴车辆运输挂车除外)。

5. 货车车头长度

货车车头长度系指从汽车的前保险杠到驾驶室后围的距离。车头长度尺寸对汽车外观效果、汽车面积利用率、驾驶室居住性和发动机的接近性等有影响。

一般来说,长头型货车车头长度尺寸一般为 2500~3000mm,平头型货车一般为 1400~1500mm。

6. 货车车厢尺寸

货车车厢的尺寸在运送集装箱、蔬菜等时,应能装足额定吨数。车厢边板高度对汽车装载货物后的质心高度以及货物装卸的方便性有很大的影响,一般在 450~650mm 范围内选取。我国对汽车的宽度有明确规定,在符合国家标准的前提下,可适当取宽些以利于缩短边板高度和车厢长度。货箱的尺寸过大过宽,不仅会增加汽车的迎风面积、空气阻力和油耗,还会增加整车的整备质量,带来行车安全性等问题,对于高速行驶的汽车影响更加明显。

二、汽车质量参数的确定

汽车的质量参数包括整车装备质量 m_0、装载量 m_G、整车装备质量利用系数 η_{m0}、汽车总质量 m_a、质量利用系数 η_{md}、轴荷分配等。

1. 汽车的整车装备质量 m_0

整车装备质量是汽车经整车装备后,在完备状态下的自身质量,即指汽车在加满燃料、润滑油、工作油液(如制动液等)及发动机冷却液和装备(随车工具及备胎等)齐全后但未载人、货时的质量。

整车装备质量在设计阶段估算确定。日常工作中,先根据收集的大量同类型汽车各总成、部件和整车的有关质量数据,再结合新车设计的结构特点、工艺水平等,进而初步估算各总成及部件的质量,最后累计构成整车装备质量。

减少整车装备质量是汽车设计工作中必须遵守的一项重要原则。其目的是通过减轻整备质量增加装载量;抵消因满足安全标准、排气净化标准和噪声标准所带来的整备质量的增加;节约燃料、减少整车装备质量的措施,主要采用强度足够的轻质材料(如塑料、铝合金等),新设计的车型应使其结果更合理。

乘用车和客车的整备质量也可按每人所占整车装备质量的统计平均值估计(表 1-4)。

乘用车和客车人均整备质量　　　　　　表 1-4

车　　型	人均整备质量值(t/人)	车　　型	人均整备质量值(t/人)
微型乘用车	0.15~0.16	中高级以上乘用车	0.29~0.34
普通级乘用车	0.17~0.24	中型以下客车	0.096~0.16
中级乘用车	0.21~0.29	大型客车	0.065~0.13

2. 汽车的装载量 m_G

各类汽车的装载量除了应满足汽车的用途、运输的经济效益和使用条件外,还应该符合行业产品规划中对装载量系列化的要求。

乘用车的装载量即为载客量,是指其最多乘坐人数,以座位数表示。微型和轻型轿车一般为2~4座;中级及以上的轿车为4~7座;长途和旅游大客车的载客量即为座位数;城市大客车的载客量应包括两部分:站立的乘客和座位数,站立乘客数一般为每平方米站立面积不超过8人。

载货汽车的装载量指该车在硬质良好路面上行驶时所允许的额定载货量,单位通常以t表示,它是由汽车制造厂商根据设计确定的。汽车在碎石路或其他非良好硬路面行驶时,装载量约为好路面的75%~85%。

越野汽车的装载量指该车在越野路段行驶或在土路段行驶的装载量。

货量大、运距长的公路运输采用大吨位货车,以利于降低运输成本、提高效率;而货量少、品种多、运距短的市内运输,则采用中、小吨位的货车较经济。

3. 汽车的整车装备质量的利用系数 η_{mo}

载货汽车的 η_{mo} 是载货汽车的装载量 m_G 与其整备质量 m_o 之比,即:

$$\eta_{mo} = \frac{m_G}{m_o} \tag{1-1}$$

它表明单位汽车整备质量所承受的汽车装载质量。该系数反映了汽车的设计水平和工艺水平,该值越大,表明该车型的材料利用率、设计与工艺水平越高。表1-5给出了不同类型载货汽车的整备质量利用系数的统计范围。

载货汽车的整备质量利用系数 η_{mo} 表1-5

汽车类型		η_{mo}	备 注
载货汽车	轻型	0.8~1.1	柴油车为0.8~1.0
	中型	1.2~1.35	
	重型	1.3~1.7	

4. 汽车的总质量 m_a

汽车的总质量指装备完全并按规定装满乘员和货物的整车质量。总质量可按表1-6给出的公式计算。

汽车总质量计算公式 表1-6

汽车类型	计算公式	附 注
货车	$m_a = m_o + m_G + m_p$	m_o:汽车整备质量; m_G:汽车装载质量; m_p:乘客和驾驶人质量,每人65kg; m_1:行李质量,乘用车每人5~10kg; 长途客车每人10~15kg,城市客车不计; m_f:附加设施质量
大型客车	$m_a = m_o + m_p + m_1 + m_f$	
乘用车	$m_a = m_o + m_p + m_1$	

5. 汽车的质量利用系数 η_{md}

载货汽车的装载量 m_G 与其干质量 m_d 之比称为载货汽车的干质量利用系数,简称为质

量利用系数 η_{md}。汽车的干质量是指未加燃料、润滑油、工作油液、发动机冷却液和附属设备时的汽车质量。该系数能更准确地反映汽车的金属和材料在货物运输中的贡献或利用率。

6. 汽车的轴荷分配

汽车的轴荷分配指汽车在空载或满载静止状态下,各车轴对支承平面的垂直负荷,也可以用占空载或满载总质量的百分比来表示。

轴荷分配是汽车的重要质量参数,它对汽车的牵引性、通过性、制动性、操纵稳定性等主要使用性能以及轮胎的使用寿命都有很大的影响。因此,在总体设计时,应根据汽车的布置形式、使用条件及性能要求合理选定其轴荷分配。

(1) 从各轮胎磨损均匀和寿命相近考虑,各个车轮的负荷应相差不大;

(2) 保证汽车有良好的动力性和通过性,驱动桥应有足够大的负荷,而从动轴上的负荷可以适当减小,以利于减小从动轮滚动阻力和提高坏路面上的通过性;

(3) 保证汽车有良好的操纵稳定性,要求转向轴的负荷不应过小;

(4) 汽车的驱动形式与发动机位置、汽车结构特点、车头形式等均对轴荷分配有显著影响,如发动机前置前驱乘用车和平头式商用货车前轴负荷较大,而长头式货车前轴负荷较小;

(5) 常在坏路面上行驶的越野汽车,前轴负荷应该小些。

当总体布置进行轴荷分配计算不能满足预定要求时,可通过重新布置某些总成、部件(如油箱、备胎、蓄电池等)的位置来调整。必要时,改变轴距也是可行的方法之一。

表1-7给出了各类汽车的轴荷分配范围。

各类汽车的轴荷分配范围　　　　　　　　　表1-7

车型		满 载		空 载	
		前轴	后轴	前轴	后轴
乘用车	发动机前置前轮驱动	47%~60%	40%~53%	56%~66%	34%~44%
	发动机前置后轮驱动	45%~50%	50%~55%	51%~56%	44%~49%
	发动机后置后轮驱动	40%~46%	54%~60%	38%~50%	50%~62%
商用货车	4×2 后轮单胎	32%~40%	60%~68%	50%~59%	41%~50%
	4×2 后轮双胎,长、短头式	25%~27%	73%~75%	44%~49%	51%~56%
	4×2 后轮双胎,平头式	30%~35%	65%~70%	48%~54%	46%~52%
	6×4 后轮双胎	19%~25%	75%~81%	31%~37%	63%~69%

三、汽车性能参数的确定

1. 动力性参数

汽车动力性参数主要有最高车速 $v_{a\,max}$、加速时间 t、爬坡能力、比功率和比转矩等。

(1) 最高车速 $v_{a\,max}$。

随着汽车性能特别是主被动安全性能的提高,以及各国公路路面的改善和高速公路的发展,汽车特别是中、高级乘用车的最高车速有逐渐提高的趋势。乘用车的最高车速大于商用货车和客车的最高车速;排量大的乘用车的最高车速大于排量小的乘用车的最高车速;总质量小的商用货车最高车速稍大于总质量大的商用货车的最高车速。表1-8给出了不同车

型的最高车速 $v_{a\,max}$ 的范围。国标《汽车最高车速试验方法》(GB/T 12544—2012)给出了汽车最高车速实验方法。

各类汽车动力性参数范围　　　　表1-8

汽车类别			最高车速 $v_{a\,max}$(km/h)	比功率 P_b(kW/t)	比转矩 T_b[(N·m)/t]
乘用车	发动机排量 V(L)	$V \leq 1.0$	110~150	30~60	50~110
		$1.0 < V \leq 1.6$	120~170	35~65	80~110
		$1.6 < V \leq 2.5$	130~190	40~70	90~130
		$2.5 < V \leq 4.0$	140~230	50~80	120~140
		$V > 4.0$	160~280	60~110	100~180
货车	最大总质量 m_a(t)	$m_a \leq 1.8$	80~135	16~28	30~44
		$1.8 < m_a \leq 6.0$		15~25	38~44
		$6.0 < m_a \leq 14.0$	75~120	10~20	33~47
		$m_a > 14.0$		6~20	29~50
客车	车辆总长 L_a(m)	$L_a \leq 3.5$	85~120	—	—
		$3.5 < L_a \leq 7.0$	100~160	—	—
		$7.0 < L_a \leq 10.0$	95~140	—	—
		$L_a > 10.0$	85~120	—	—

(2)爬坡能力。

汽车爬坡能力用汽车满载时在良好路面上能爬上的最大坡度阻力系数 i_{max} 表示。乘用车、货车、越野汽车的使用条件不同,所要求的爬坡能力也不一样。通常要求货车能克服30%坡度,越野汽车能克服60%坡度。

(3)加速时间 t。

在平直良好的路面上,汽车从原地起步开始以最大的加速度加速到一定车速所用的时间称为加速时间。对于最高车速 $v_{a\,max}$ 的汽车,常用加速到100km/h所需的时间来评价,对于 $v_{a\,max} < 100$km/h 的汽车,可用加速到0~60km/h的加速时间来评价。

国标《汽车加速性能试验方法》(GB/T 12543—2009)给出了汽车加速性能试验方法。

(4)比功率 P_b 和比转矩 T_b。

比功率是汽车所装发动机驱动电机的标定最大功率与汽车最大总质量之比。它可以综合反映汽车的动力性。乘用车的比功率大于货车和客车。发动机排量大的乘用车比功率大于排量小的乘用车,而货车的比功率随总质量的增大而减小。为保证路上行驶车辆的动力性不低于一定的水平,防止某些动力性能差的车辆阻碍交通,需对车辆的最小比功率作出规定。《机动车运行安全技术条件》(GB 7258—2017)作出相关规定,低速汽车及拖拉机运输机组的比功率 $P_b \geq 4.0$kW/t,除无轨电车、纯电动汽车外的其他机动车的比功率 $P_b \geq 5.0$kW/t。

比转矩是发动机的最大转矩与汽车总质量之比,反映了汽车的牵引能力。表1-8给出了不同车型的比功率和比转矩范围。

四、燃油经济性参数

汽车的燃油经济性用汽车在一定载荷(国家相关标准规定乘用车为半载,货车为满载)下,以最高挡在水平良好路面上等速行驶 100km 的燃油消耗量来评价,该值越大燃油经济性越差。发动机排量小的乘用车百公里燃油消耗量低于排量大的乘用车(表 1-9)。未来要求百公里燃油消耗量继续减少,现在世界各国正在研制新一代超经济性乘用车,其油耗指标接近于 3L/100km。

乘用车的百公里燃油消耗量　　　　表 1-9

发动机排量 $V(L)$	$V \leq 1.0$	$1.0 < V \leq 1.6$	$1.6 < V \leq 2.5$	$2.5 < V \leq 4.0$	$V > 4.0$
百公里燃油消耗量(L/100km)	4.4~7.5	7.0~12.0	10.0~16.0	14.0~20.0	18.0~23.5

货车有时用单位质量的百公里油耗量来评价(表 1-10)。

货车单位质量百公里燃油消耗量 $[L(100t \cdot km)^{-1}]$　　　　表 1-10

总质量 $m_a(t)$	汽油机	柴油机	总质量 $m_a(t)$	汽油机	柴油机
<4	3.00~4.00	2.00~2.80	6~12	2.68~2.82	1.55~1.86
4~6	2.80~3.20	1.90~2.10	>12①	2.50~2.60	1.43~1.53

注:①包括矿用自卸车。

五、机动性参数

汽车最小转弯半径 R_{min} 是汽车机动性的主要参数。最小转弯半径系指当转向盘转到极限位置、汽车以最低稳定车速转向行驶时,外侧转向轮的中心平面在支撑平面上滚过的轨迹圆半径。该值表征了汽车能够通过狭窄弯曲地带或绕过不可越过的障碍物的能力。其值与汽车的轴距、轮距及转向车轮的最大转角有关,并根据汽车的类型、用途、道路条件、结构特点等尺寸选取。对机动性要求高的汽车,R_{min} 应取小些。《机动车运行安全技术条件》对机动车最小转弯半径做了规定,表 1-11 给出了各类汽车的最小转弯半径值。

各类汽车的最小转弯半径 R_{min}　　　　表 1-11

车型	级别	$R_{min}(m)$	车型	级别	$R_{min}(m)$
乘用车	微型	3.5~5.0	货车	<3	4.0~10.0
	普通级	4.5~6.0		3~6	5.0~7.0
	中级	5.0~6.5	总质量 $m_a(t)$ 6~9	5.5~8.0
	中高级	5.0~7.0		9~12	6.0~9.0
	高级	5.5~7.5		>12	6.5~10.5
客车	微型	4.0~5.5	矿用自卸车	装载量 $m_G(t)$ <45	15.0~19.0
	轻型	5.0~6.5			
	中型	7.0~10.0		>45	18.0~24.0①
	大型	8.5~11.0			

注:①6×4 型自卸车的 R_{min} 接近上限。

六、通过性参数

最小转弯半径反映了汽车的通过性,对轻型车和乘用车而言,最小转弯半径应取得小一些。其他通过性参数(如最小离地间隙、接近角、离去角和纵向通过半径等)均可参考同类车型的指标并结合设计对象的实际加以选取。表1-12给出通过性指标的选取范围。

汽车的通过性指标 表1-12

汽车类型		最小转弯半径(m)	最小离地间隙(m)	接近角(°)	离去角(°)	纵向通过半径(m)
货车	轻型	10~19	0.18~0.22	25~60	25~45	2~4
	中、重型	11~21	0.22~0.30	25~60	25~45	4~7
乘用车	微、轻型	8~13	0.12~0.20	20~30	15~23	3~5
	中、高级	10~15	0.13~0.20	20~30	15~23	5~8
大型客车	小型	10~13	0.18~0.22	—	8~20	—
	中、大型	14~22	0.24~0.29	12~40	9~20	5~9

七、操纵稳定性参数

(1)转向特性参数。为了达到较好的操纵稳定性,汽车应具有一定的不足转向特性。通常,要在总体设计时做到前、后轮胎的侧偏角之差大于零。如果做乘用车总体设计,当整车转向向心加速度达到$0.4g$时,该差值应在1°~3°。

(2)车身侧倾角。为保证较好的侧向稳定性,当汽车以$0.4g$的向心加速度沿定圆等速行驶时,车身侧倾角控制在3°以内较好,最大不允许超过7°。

(3)制动前俯角。为使汽车具有良好的乘车舒适性,要求汽车以$0.4g$的减速度制动时,车身的前俯角不大于1.5°。

八、制动性参数

常以制动距离、制动减速度和制动踏板力作为汽车制动性能的主要设计指标和评价参数。《机动车运行安全条件》中规定的路试检验行车制动和应急制动性能要求,见表1-13。

路试检验行车制动和应急制动性能要求 表1-13

车辆类型		行车制动					应急制动			
		制动初车速(km/h)	制动距离(m)	FMDD[2] (m/s²)	试车道宽度(m)	踏板力(N)	制动初车速(km/h)	制动距离(m)	FMDD (m/s²)	操纵力(N)
座位数≤9的客车	满载	50	≤20	≥5.9	2.5	≤500	50	≤38	≥2.9	手400
	空载		≤19	≥6.2		≤400				脚500
其他总质量≤4.5t的汽车	满载	50	≤22	≥5.4	2.5[1]	≤700	30	≤18	≥2.6	手600
	空载		≤21	≥5.8		≤450				脚700

续上表

车辆类型		行车制动					应急制动			
		制动初车速(km/h)	制动距离(m)	FMDD② (m/s²)	试车道宽度(m)	踏板力(N)	制动初车速(km/h)	制动距离(m)	FMDD (m/s²)	操纵力(N)
其他汽车、汽车列车	满载	50	≤10	≥5.0	3.0	≤700	50	≤20	≥2.2	手600
	空载		≤9	≥5.4		≤450				脚700

注：①对总质量>3.5t且<4.5t的汽车为3.0m；
　　②FMDD是指制动减速度。

九、舒适性

舒适性指汽车应为乘员提供舒适的乘坐环境和方便的操作条件，包括平顺性、空气调节性能（温度、湿度等）、乘车环境（活动空间、车门及通道宽度等）、车内噪声以及驾驶人的操作性能等。

常用垂直振动参数来评价汽车行驶的平顺性，其中包括频率和振动加速度等。此外，悬架动挠度也可作为评价参数。表1-14给出各类汽车的悬架静挠度、动挠度和偏频。

悬架的静挠度f_c、动挠度f_d和偏频n　　　　　　表1-14

车　型	参　数		
	静挠度f_c(mm)	动挠度f_d(mm)	偏频n(Hz)
乘用车	100~300	70~90	0.9~1.6
客车	70~150	50~80	1.3~1.8
货车	50~110	60~90	1.5~2.2
越野车	60~130	70~130	1.4~2.0

第七节　发动机、驱动电机和动力蓄电池的选型

发动机、驱动电机和动力蓄电池选型的影响因素很多，如汽车的类型、用途、使用条件、总布置形式、总质量及动力性指标、经济性要求、排气污染和噪声方面的法规限制；已有的发动机、电机和动力蓄电池及其技术指标水平、技术发展趋势、生产条件与制造成本、市场预测情况以及将来的配件供应及维修条件等，通常需经过多种方案比较后甚至通过先行的试验研究才能选出最优方案。

一、发动机、驱动电机和动力蓄电池类型的选择

在汽车发动机基本形式的选择中首先应确定是采用汽油机还是柴油机，其次是汽缸的排列形式和发动机的冷却方式。

绝大多数汽车都采用往复活塞式内燃机，其中大部分乘用车采用汽油机，而几乎全部重型货车、大部分中型货车和相当一部分轻型货车则采用柴油机。

发动机汽缸排列形式有直列、水平对置和V型等。直列式发动机在中型及以下的货车上和排量不大的乘用车上广泛应用。中、高级以上的乘用车、重型载货汽车和重型越野汽车

上,采用V型发动机的日益增多。

发动机有水冷和风冷两种冷却方式。水冷发动机冷却均匀、散热良好,同时方便解决车内取暖问题,应用广泛。风冷发动机较少使用。

近年来,我国新能源汽车发展迅速,纯电动汽车、混合动力电动汽车得到广泛应用,燃料电池电动汽车开始示范推广,纯电动汽车和燃料电池电动汽车都是用驱动电机进行驱动,混合动力电动汽车采用发动机和驱动电机联合驱动,常用永磁同步电机和交流异步电机。

动力蓄电池系统是电动汽车的能量源,为整车提供驱动电能。蓄电池系统的体积、形状和技术参数影响电动汽车的行驶性能。目前,电动汽车常用三元锂蓄电池和磷酸铁锂蓄电池,电动客车常用磷酸铁锂蓄电池。

二、发动机主要性能指标的确定

除了根据设计需要选择发动机的形式外,对发动机的主要性能指标也应提出具体的选择要求。

1. 发动机最大功率 $P_{e\,max}$ 和相应转速 n_p

发动机功率越大,则汽车的动力性越好,但功率过大会使发动机功率利用率降低,燃料经济性下降,质量增大。选择发动机最大功率可以有两种方法:一是大致估计的方法,可参考同级汽车的比功率统计值来选择设计对象的比功率值,再乘以设计对象的总质量,就可得到所需的最大功率值;另一种是计算的方法,根据新车设计所要求的最高车速即可求得发动机最大功率。

$$P_{e\,max} = \frac{1}{\eta_T}\left(\frac{m_a g f_r}{3600}v_{a\,max} + \frac{C_D A}{76140}v_{a\,max}^3\right) \quad (1-2)$$

式中:$P_{e\,max}$——最大功率,kW;

η_T——传动系统效率,对单级主减速器驱动桥 4×2 汽车可取 0.9;

g——重力加速度,m/s^2;

f_r——滚动阻力系数,对货车取 0.02,矿用自卸车取 0.03,乘用车考虑车速的影响,取 $f_r = 0.0165 + 0.01(v_a - 50)$;

C_D——空气阻力系数,乘用车取 0.30~0.35,货车取 0.80~1.00,客车取 0.60~0.70;

A——汽车正面投影面积,货车 $A = B_1 H$,B_1 为前轮距,H 为汽车总高,m^2;

$v_{a\,max}$——最高车速,km/h;

m_a——汽车总质量,kg。

最大功率对应的转速范围见表 1-15。

最大功率车型转速 n_p 的范围 表 1-15

发动机类型	功率范围(kW)	车 型	转速范围(r/min)
汽油机	3000~7000	乘用车	4000~7000
		轻、微型货车	4000~5000
		中型货车	4000 以下
柴油机	1800~4000	乘用车、轻、微型货车	3200~4000
		大货车	1800~2600

2. 发动机最大转矩 $T_{e\,max}$ 及相应转速 n_T

发动机最大转矩 $T_{e\,max}$ 及相应转速 n_T 对汽车的动力因数、加速性能及爬坡性能等动力特性都有直接影响。而其转矩适应系数 $\alpha = T_{e\,max}/T_p$,即发动机最大转矩与最大功率下的转矩之比,标志着汽车行驶阻力增加时发动机沿着外特性曲线自动增加转矩的能力。显然,α 值大则换挡次数减少,从而油耗也可降低。这对经常行驶在山区道路的汽车来说是很适宜的。但对高速行驶的汽车,在发动机最大转矩值相同的情况下,转矩曲线平一些(即 α 值小一些),汽车的高速动力性就会好一些。因此,在汽车的选型阶段,就应针对所涉及汽车的类型、用途、道路条件等情况合理选择发动机的 $T_{e\,max}$、n_T 及 α。

当选定发动机的最大功率 $P_{e\,max}$ 及相应转速 n_p 确定后,可按式(1-3)求发动机的最大转矩 $T_{e\,max}$(N·m):

$$T_{e\,max} = \alpha T_p = 9549 \times \frac{\alpha P_{e\,max}}{n_p} \tag{1-3}$$

式中:α——发动机的转矩适应系数,汽油机的 α 值多为 1.1~1.35,车用柴油机 α 值多在 1.1~1.25(带校正器)和 1.05~1.10(不带校正器);

n_p——最大功率的相应转速,r/min。

选择发动机最大转矩转速 n_T 时,希望 n_p/n_T 为 1.4~2.0,如果 n_T 太高,则 n_p/n_T 小于 1.4,将造成直接挡稳定车速偏高,在加速、减速频繁时增加换挡次数,并且上坡时的冲破能力变差。

3. 发动机适应性系数 ϕ

转矩适应系数 α 与转速适应系数 n_p/n_T 的乘积表明发动机适应汽车行驶工况的程度,称为发动机适应性系数:

$$\phi = \alpha \cdot \frac{n_P}{n_T} = \frac{T_{e\,max}}{T_P} \cdot \frac{n_P}{n_T} \tag{1-4}$$

ϕ 值越大,则表明发动机适应性越好。使用适应性系数值大的发动机可以减少换挡次数,增加动力性,减少传动系统的磨损和降低油耗。现代汽油机的适应性系数为 1.4~2.4,而柴油机为 1.6~2.6。

三、驱动电机主要性能指标的确定

1. 驱动电机额定功率和峰值功率

驱动电机的功率直接影响电动汽车整车的动力性。驱动电机功率越大,电动汽车的后备功率也越大,加速性能和最大爬坡度越好,同时也会增加驱动电机的体积和质量,正常行驶时驱动电机不能在高效率区附近工作,降低了车辆的续驶里程。因此,设计时通常依照电动汽车的最高车速 v_{max}(km/h)、初速度 v_0、末速度 v、加速时间 t(s),和最大爬坡度 L_{max}(%)来确定驱动电机的功率。

首先,根据最高车速 v_{max}(km/h)确定的最大功率为:

$$P_{max\,1} = \frac{v_{max}}{3600 \cdot \eta_t}\left(m \cdot g \cdot f + \frac{C_D \cdot A \cdot v_{max}^2}{21.15}\right) \tag{1-5}$$

式中:η_t——传动系统总效率;

f——滚动阻力系数;

C_D——空气阻力系数;

A——迎风面积,m^2;

m——当前车辆总质量。

其次,根据最大爬坡度确定最大功率:

$$P_{\max 2} = \frac{v_i}{3600 \cdot \eta_t}\left(m \cdot g \cdot f \cdot \cos\alpha_{\max} + m \cdot g \cdot f \cdot \sin\alpha_{\max} + \frac{C_D \cdot A \cdot v_{\max}^2}{21.15}\right) \quad (1\text{-}6)$$

式中:$\alpha_{\max} = \arctan\dfrac{i_{\max}}{100}$;

v_i——当前车速。

最后,根据加速性能来确定最大功率,汽车起步加速过程可根据经验公式表示为:

$$v = v_m\left(\frac{t}{t_m}\right)^2 \quad (1\text{-}7)$$

式中:t_m——车辆的加速时间,s;

v_m——车辆的末速度,km/h。

假设车辆在平直路面上加速,根据车辆加速过程的动力学方程,其瞬态过程总功率为:

$$P_{all} = P_j + P_f + P_w = \frac{1}{3600 \cdot t_m \cdot \eta_t}\left(\delta \cdot g \cdot \frac{v_m^2}{dt} + m \cdot g \cdot f \cdot \frac{v_m}{1.5} \cdot t_m + \frac{C_D \cdot A \cdot v^3 m}{21.15 \times 2.5} \cdot t_m\right)$$

$$(1\text{-}8)$$

式中:P_{all}——加速过程总功率,其由加速功率P_j、滚动阻尼功率P_f与空气阻力功率P_w组成,kW。

车辆在加速过程的末时刻,驱动电机输出最大功率,因此,加速过程最大功率要求$P_{\max 3}$为:

$$P_{\max 3} = \frac{1}{3600 \cdot t_m \cdot \eta_t}\left(\delta \cdot g \cdot \frac{v_m^2}{dt} + m \cdot g \cdot f \cdot \frac{v_m}{1.5} \cdot t_m + \frac{C_D \cdot A \cdot v^3 m}{21.15 \times 2.5} \cdot t_m\right) \quad (1\text{-}9)$$

根据上述动力性三项指标计算各自最大功率,动力源总功率P必须满足上述所有的设计要求,即:

$$P_{\max} \geq \max(P_{\max 1}, P_{\max 2}, P_{\max 3}) \quad (1\text{-}10)$$

将整车参数代入上述公式并按照整车动力性要求,计算得到驱动电机的峰值功率。计算过程如下:估算驱动电机、蓄电池和乘客等质量后,计算得到$v_{\max}$。

首先将不同的车速值代入式(1-5),得到最高车速与驱动电机最大功率需求的关系曲线;再根据性能指标最高车速,进而得到$P_{\max 1}$。

其次将不同的坡度值代入式(1-6),并假设车速v_i,计算得到车辆最大爬坡度与驱动电机功率需求的关系曲线;再根据最大爬坡度要求、车速,最终得到$P_{\max 2}$。

最后将不同的加速时间与末速度代入式(1-9),计算得到车辆加速性能与驱动电机功率需求的三维关系曲线;考虑一定的驱动电机后备功率(约20%),计算得到$P_{\max 3}$。

综合考虑上述动力性指标(最高车速、最大爬坡度和加速性能)要求,根据式(1-10)确定驱动电机峰值功率。

驱动电机的额定功率可根据峰值功率求出:

$$P_{额} = \frac{P_{\max}}{\lambda} \quad (1\text{-}11)$$

式中：P_{max}——驱动电机峰值功率；

$P_{额}$——驱动电机额定功率；

λ——驱动电机过载系数（驱动电机过载系数 λ 一般取 2~3）。

2. 驱动电机额定转速及最高转速

驱动电机的最高转速对驱动电机成本、制造工艺和传动系统尺寸有很大的影响。转速在 6000r/min 以上的为高速电机，在 6000r/min 以下的为普通电机。前者成本高、制造工艺复杂而且对配套使用的轴承、齿轮等有特殊要求，一般适用于电动轿车或 100kW 以上大功率驱动电机，很少在纯电动客车上使用。

驱动电机最高转速与额定转速的比值也称为电机扩大恒功率区系数 β，随 β 值增大，可在低转速区获得较大的转矩，有利于提高车辆的加速和爬坡性能。但 β 值过大会导致驱动电机工作电流增加，增大了逆变器的功率损耗和尺寸。因此，β 值一般取 2~4，驱动电机额定转速应该在 1500~3000r/min 选取。

3. 驱动电机额定电压

驱动电机额定电压的选择与电动汽车动力蓄电池组电压密切相关。在相同输出功率条件下，蓄电池组电压高，则电流小，对导线和开关等电器元件要求较低，易于实现快速充电。但较高的电压需要较多单体蓄电池串联，引起成本及整车质量的增加和动力性的下降，且难于布置。驱动电机额定电压一般由所选取的驱动电机参数决定，并与驱动电机额定功率成正比，驱动电机额定电压越高，驱动电机额定功率越大。目前，高速电动轿车额定电压为 350~500V，电动大客车为 580~600V，且有进一步升高的趋势。

随着驱动电机及驱动系统的发展，控制系统趋于智能化和数字化。变结构控制、模糊控制、神经网络、自适应控制、专家控制、遗传算法等非线性智能控制技术，都将各自或结合应用于电动汽车的驱动电机控制系统。

四、动力蓄电池主要性能指标的确定

电动汽车动力蓄电池系统性能指标的确定主要包括蓄电池组电压和能量的选择。

1. 蓄电池组电压

在匹配动力蓄电池组电压时要求动力蓄电池组的电压等级与驱动电机的电压等级一致，且满足驱动电机电压变化要求，由于电动汽车上电动空调、电动真空泵和电动转向助力泵等附件的功率消耗，蓄电池组的总电压要大于电机的额定电压。一般车载动力蓄电池的放电电流不超过 300A，最大放电电流与蓄电池输出电压的关系式为：

$$I_{o\,max} = \frac{1000 P_{max}}{U_{o\,min}} \tag{1-12}$$

式中：$U_{o\,max}$——蓄电池组最低输出电压；

P_{max}——驱动电机的峰值功率。

根据式（1-12）可得：

$$U_o \geq U_{o\,min} = \frac{1000 P_{max}}{I_{o\,max}} \tag{1-13}$$

2. 蓄电池组能量的选择

蓄电池能量指标是体现蓄电池价值的最重要参数。对于纯电动汽车，蓄电池组能量的

大小由电动汽车续驶里程决定。电动汽车的续驶里程可通过工况法或等速法测定。前一种方法是指将电动汽车置于工况试验环境下,以工况行驶速度进行行驶试验,试验期间行驶的总距离即为续驶里程;后一种方法是指让电动汽车以恒定速度在道路上行驶,由于不同车速下电动汽车的续驶里程不同,根据续驶里程与车速的关系,当车速在30～63km/h时有较大的续驶里程。电动汽车的续驶里程也称续航能力,指电动汽车动力蓄电池满电时,在理想路况、风速、温度等条件下等速[一般采用(40±2)km/h或(60±2)km/h]行驶的里程数。

五、发动机和驱动电机的悬置

在汽车行驶过程中,发动机是振源之一,汽车受到振源作用而发生振动。发动机通过悬置元件安装在车架上,悬置元件既是弹性元件又是减振装置,其特性直接影响到发动机振动向车体的传递,继而影响整车的振动与噪声。因此,合理的悬置不但可以减小振动、降低噪声、改善乘坐舒适性,还可以提高零部件和整车的寿命。

1. 发动机悬置应满足的要求

(1)悬置元件刚度较大,可使其承受动力总成质量时不产生过大的静位移进而影响正常工作。

(2)悬置元件有良好的隔振性能以免受发动机本身和来自路面的激励。

(3)发动机工作频带大约在10～500Hz范围内,频带较宽,故要求悬置元件有减振降噪功能,同时要求悬置元件工作在低频大振幅时(如发动机怠速状态)提供大阻尼特性,而在高频低幅振动激励下提供低的动刚度特性,以衰减高频噪声。

(4)悬置元件还应满足耐机械疲劳、橡胶材料的热稳定性及抗腐蚀能力等方面的要求。

2. 发动机的悬置结构

(1)传统的橡胶悬置。如图1-18所示,该结构由金属板件和橡胶组成,特点是结构简单,制造成本低;不足之处是动刚度和阻尼损失角(阻尼损失角越大表明悬置元件提供的阻尼越大)的特性曲线基本不随激励频率变化。

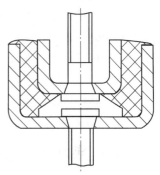

图1-18 橡胶悬置结构

(2)液压阻尼式橡胶悬置(以下简称液压悬置)。如图1-19所示,该结构由橡胶主簧、惯性通道体、橡胶底膜和底座构成。图中发动机支撑臂与液压悬置经螺纹连接杆1连接,底座8的螺孔与车身连接。橡胶主簧11用来承受动力总成垂向和侧向的静、动载荷,其体积刚度对液压悬置的动力特性有重要影响,金属骨架12用来将橡胶弹簧和连接螺栓连接起来。限位挡板2用来控制橡胶主簧的压缩极限位置。橡胶底膜7呈波纹状,用来吸收上液室的体积变化。底座8既是承力件,也是液压悬置的重要密封件,还要保护橡胶底膜7免受损害。惯性通道体10将空腔分为上、下两个液室,室内充满液体,由具有节流孔的惯性通道体连通上下两个液室。通常下室体积刚度比上室低。当经发动机支撑臂传到螺纹连接杆的载荷发生变化时,上室内的压力随之变化。如果上室内的液体受到压缩,则液体经节流孔流入下室;当上室内受到的压力解除,则液体又流回上室。正是液体经节流孔上、下流动过程中产生的阻尼吸收了振动能量,从而减轻了发动机振动向车身的传递,起到隔振作用。与传统橡胶悬置相比,液压悬置动刚度及阻尼角有很强的变频特性,目前在高端乘用车上得到了广泛的应用,也有少量在军用汽车上应用。

发动机前悬置点应布置在动力总成质心的附近,支承座应尽可能宽些,并布置在排气管前。

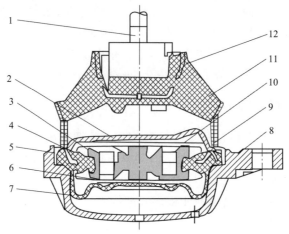

图1-19 液压阻层式悬置结构

1-螺纹连接杆;2-限位挡板;3-上惯性通道;4-橡胶膜;5-盘状加强圈;6-下惯性通道体;7-橡胶底膜;8-底座;9-橡胶主簧座;10-惯性通道体;11-橡胶主簧;12-金属骨架

3. 驱动电机的悬置

电动汽车的悬置系统是指驱动电机及减速器等在车身上的安装固定元件及由其构成的承载系统。其所受的激励源主要包括电机回转的不平衡惯性力、惯性力矩、工作循环间歇造成的不均匀转矩、路面不平度和动力总成运动方向的惯性力等,这些都会引起传动系统及电机机体的振动。由于驱动电机无怠速工况只有转子的不平衡惯量,因此不需要结构非常复杂的液压悬置,使用纯橡胶悬置就能满足使用性能。由于驱动电机动力输出经过减速器,在起步、制动时,输出转矩非常大,如果采用三点悬挂式布置方案,则后拉杆会承受非常大的压力,因此后拉杆的刚度通常会较燃油汽车大几倍。

六、动力蓄电池在电动汽车上的布置

目前纯电动乘用车一般采用整体蓄电池包设计,主体布置在地板下方的前后轮之间,呈长方体结构。部分车型在前舱、行李舱和乘员舱内增加部分蓄电池模组以增加载电量,另有部分车型考虑人机因素而进行局部改动。电动客车在进行设计时,为使客车前部、中部、后部的质量均衡、运营效率最高,会尽量分散布置蓄电池,车辆两轴中间的地板下部、车辆后部、车轮上方以及车顶都可以放置蓄电池。电动货车动力蓄电池布置位置主要有纵梁外侧、驾驶室后方、底盘中部纵梁内侧。

第八节 轮胎的选择

轮胎的尺寸和型号是进行汽车性能计算和绘制总布置图的重要原始数据之一,因此,在总体设计开始阶段就应选定,而选择的依据是车型、适用条件、轮胎的静负荷、轮胎的额定负荷以及汽车的行驶速度。此外,还应考虑与动力—传动系统参数的匹配以及对整车尺寸参数(如汽车的最小离地间隙、总高等)的影响。

一、轮胎与车轮应满足的基本要求

轮胎及车轮用来承受整车重力,并且在车桥(轴)与地面之间传力,驾驶人操纵转向轮即可实现对汽车运动方向的控制。它们对汽车的许多重要性能(包括动力性、经济性、通过性、操纵稳定性、制动性及行驶安全性和汽车的承载能力)都有影响。

轮胎及车轮应满足下述基本要求:足够的负荷能力和速度能力;较小的滚动阻力、较低的行驶噪声;良好的均匀性和质量平衡性;耐磨损、耐老化、抗刺扎和良好的气密性;质量轻、价格低、拆装方便、互换性好。

二、轮胎的分类

轮胎可以按胎体结构、帘线材料、用途、胎面花纹、断面形状、气密方式不同等进行分类,如图 1-20 所示。

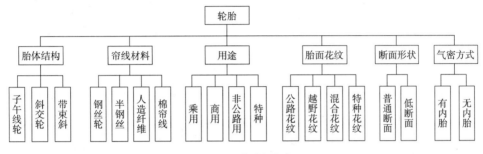

图 1-20 轮胎的分类

三、轮胎的特点及选用

子午线轮胎有使用寿命长、滚动阻力小、温升低、胎体缓冲性能和胎面附着性好等明显优点,且装车后油耗低、耐磨损寿命长、高速性能好(图 1-21),因此,其能适应现代汽车对安全高速、低能耗的发展要求,是汽车设计时首选的轮胎,货车对它的使用也越来越多。但子午线轮胎制造困难、造价不如斜交轮胎低,且不宜翻修。

高速条件下行驶的汽车,常采用强度高、导热性好的钢丝帘线轮胎,钢丝帘线仅能制作子午线轮胎。而常在低速条件下行驶的汽车,常选用尼龙、聚酯、人造丝等人造材料作帘线制造的轮胎。

无内胎轮胎的平衡性良好、发热少,刺扎后不宜快速失气、高速行驶安全性好;低断面轮胎的胎面宽平、侧面刚性大、附着能力强、散热良好、高速行驶稳定性好。

乘用轮胎是子午线结构,也是低断面、无内胎轮胎。商用轮胎尺寸大、胎体厚、帘线层级多、承载能力强。非公路用轮胎附着性能好,胎面耐刺扎,适用于在恶劣条件下使用,在公路上行驶时耗油量增加,噪声大。

图 1-22 所示为几种典型胎面花纹,轮胎的胎面花纹也对滚动阻力、附着能力、耐磨性及噪声有影响。公路花纹包括两类:①纵向花纹轮胎适用于良好路面;②横向花纹轮胎适用于土石路面。越野花纹轮胎附着性能良好,适用于在坏路面或无路地带使用。混合花纹轮胎适用于使用路面条件变化不定的场合。轮胎磨损会影响其附着能力,随胎面花纹深度的减小,附着系数将显著下降。

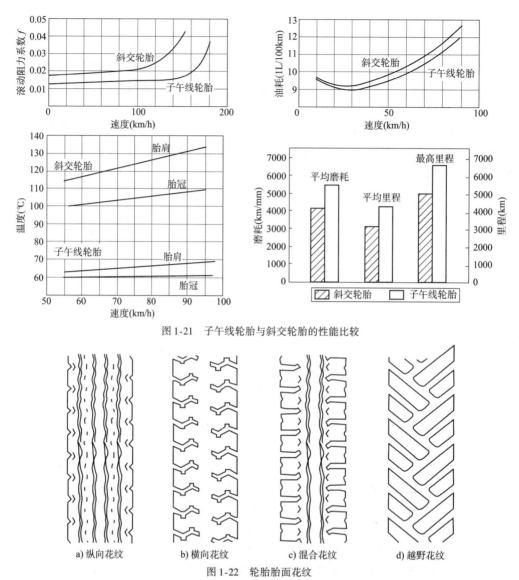

图 1-21 子午线轮胎与斜交轮胎的性能比较

图 1-22 轮胎胎面花纹

  汽车行驶速度对轮胎负荷能力有一定的影响。当车速达到某一临界车速时,滚动阻力会迅速增加,此时轮胎发生驻波现象,温度升高,发热量增加,这易使胎面与轮胎帘线层脱落,不仅降低轮胎使用寿命,还对高速行驶的车辆非常危险。子午线、无内胎、低断面的轮胎滚动阻力系数较低,工作时发热少、导热性好、散热迅速,因而温升低,有良好的速度特性。选取时,应选用轮胎速度级别限定的最高使用速度大于所设计汽车的最高车速。

  轮胎气压增加,其承载能力增强,但附着能力随之下降,振动频率增加,乘坐舒适性和安全性变差,对路面及汽车也有不良作用。

  经总体布置计算,汽车轮胎所承受的最大静负荷值应与轮胎额定负荷值接近,两者之比称为轮胎负荷系数。超负荷不仅会降低轮胎寿命,还会降低操纵稳定性和行驶安全性。为了防止超负荷,轮胎负荷系数应在 0.85~1.00 选择。对乘用车,可控制在上述范围的下限;对商用车,轮胎负荷系数可控制在上限处以充分利用轮胎的负荷能力;前轮的轮胎负荷系数一般应低于后轮的。

最后,还需要考虑后轮采用双胎并装时的情况。因为双胎并装的负荷能力比两倍的单胎负荷能力减少 10%~15%。所以要考虑两轮胎特性间的差异、装载质量分布不均匀和路面不平等因素造成的轮胎超载影响。在设计时尽可能贯彻标准化、系列化和通用化,轮胎选型时相关参数可以参照《载重汽车轮胎规格尺寸、气压分负荷》(GB/T 2977—2016)等国家标准。

第九节 汽车总布置设计

在新车型开发的初始阶段,初步确定汽车的主要参数、驱动形式、车身形式、发动机和轮胎的选型后,就应对汽车总成和部件进行空间布置,使其达到最佳组合,并绘制出总布置图。

一、总布置设计图的要求

汽车布置基准线(面)应在汽车满载状态下绘制,并且绘图时应将前部绘在左侧,图 1-23 所示为总布置图的基准线。

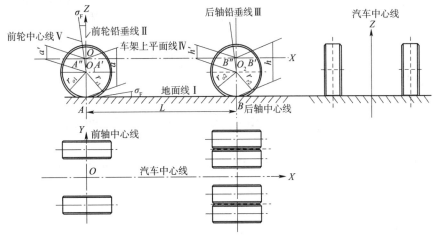

图 1-23 总布置图的基准线

1. 车架上平面线

车架纵梁较长的一段平面、承载式车身中部地板或边缘上面在侧(前)视图上的投影线为车架上平面线。它是作为标注各垂直尺寸的基准线(面)或零线,即 z 坐标线,向上为"+"、向下为"-"。货车的车架上平面在满载静止位置时,通常与地面倾斜角度为 0.5°~1.5°,即汽车处于前低后高的状态,这样在加速时,其货箱可接近水平。

2. 前轮中心线

通过左、右前轮中心并垂直于车架平面线的平面,在侧视图和俯视图上的投影线定义为前轮中心线。它是标注各纵向尺寸的基准线(面)或零线,即 x 坐标线,向前为"-",向后为"+"。

3. 汽车中心线

汽车纵向垂直对称平面在俯视图和前视图上的投影线为汽车中心线。它是作为标注各横向尺寸的基准线(面)或零线,即 y 坐标线,向左为"+",向右为"-"。

4. 地面线

地平面在侧视图和前视图上的投影线为地面线。它是作为标注汽车高度、接近角、离去角、货台高度、离地间隙等尺寸的基准线。

5. 前轮垂直线

通过左、右前轮中心并垂直于地面的平面在侧视图和俯视图上的投影线为前轮垂直线。它是标注汽车轴距和前悬架的基准线。当车架上平面线与地面线平行时,前轮中心线与前轮垂直线重合(如乘用车)。

二、各部件的布置

1. 发动机的布置

(1)发动机上下位置。发动机上下位置对离地间隙和驾驶人视野有影响。乘用车前部因没有前轴,发动机油底壳至路面的距离应保证满载状态下对最小离地间隙的要求。

(2)发动机前后位置。发动机前后位置会影响汽车的轴荷分配、乘用车前排座位的乘坐舒适性、发动机前置后轮驱动的传动轴长度和夹角等。发动机前置后轮驱动的乘用车,前纵梁之间的距离设置必须考虑吊装在发动机上的所有总成(如发电机、空调压缩机等)以及从下面将发动机安装到汽车上的可能性,此外,还应保证在修理和技术维护时,从上面安装发动机的可能性。

(3)发动机左右位置。一般情况下,纵置发动机曲轴中心线与汽车中心线一致,利于底盘承载系统的受力。

在进行发动机布置时,还应注意以下几个问题:

①发动机与发动机舱的间隙。这会影响发动机维修的方便性和发动机的冷却。

②发动机舱的空气流动性。

③发动机允许的倾角大小。这主要关系到发动机的润滑等功能(一般发动机说明书上都附有详细要求)。

④轴荷分配。

2. 传动系统的布置

在布置离合器、变速器、传动轴和驱动桥时,驱动桥的位置取决于驱动轮的位置,同时为了使左、右半轴通用,差速器壳体中心线应与汽车中心线重合。为保证传动轴上万向节两端夹角尽可能相等,夹角在满载静止时应不大于4°,当车身产生最大垂直振幅时,夹角也不应大于7°。后驱动桥主传动器轴线一般设计成向上倾斜一个小角度,这样可以减小传动轴的夹角。在乘用车布置中,可以将传动轴布置成变速器和主减速器在上、传动轴在下的两端高中间低形式,这样可以减小地板出现的凸包,降低地板高度。

3. 转向装置的布置

转向盘的位置和倾斜角度应使驾驶人操作舒适,不影响驾驶人观察仪表,同时还要考虑使转向盘周围有足够空间。

转向轴的位置以不妨碍驾驶人的腿部动作为原则,部分转向轴被设计成两节形式,并用万向节进行连接。

在布置转向杆系统时,需要正确选择转向梯形断开点位置,使转向系统与悬架的运动协调,并检查在转向范围内转向杆件的运动是否有死角,防止产生运动障碍。转向摇臂与纵拉杆之间和纵拉杆与转向节臂之间的夹角在中间位置时应尽可能布置成近似直角,以保证有较高的传动效率。

4. 悬架的布置

纵置钢板弹簧广泛用于货车、客车的前后悬架及部分乘用车的后悬架。为了满足转向轮偏转所需要的空间而不使前轮距增大,常将前钢板弹簧置于车架纵梁下方。后钢板弹簧则布置于纵梁外侧。

减振器应尽可能布置成直立状以充分利用有效行程,只有在受到空间限制时才布置成斜置状。

5. 制动系统的布置

踩下制动踏板所需要的力远大于踩下加速踏板,因此,制动踏板应布置在更靠近驾驶人处,此外,还应加装助力装置使行车制动和驻车制动操纵方便。同时,检查杆件运动时有无干涉和死角,避免在车轮跳动时自行制动。

制动管路应布置在车架纵梁内部并用管夹固定,其总长宜较短。同时,注意不要将管子布置在车架纵梁内侧的下翼上,避免积水导致管子磨蚀。

6. 踏板的布置

离合器踏板、制动踏板和加速踏板布置在地板凸包与车身内侧壁间。在离合器踏板左侧,轮罩尽量避免凸出到客厢内以留出在离合器不工作时可以放下左脚的空间。加速踏板一般比制动踏板稍低,在加速踏板与制动踏板间留有大于一只完整鞋底宽度(60mm)的距离。

汽车行驶时,加速踏板利用率高,所以要求踩下时轻便。加速踏板布置成朝外转的模式以便于驾驶人操纵。

7. 油箱、备胎、行李舱和蓄电池的布置

(1) 油箱。根据汽车最大续驶里程来确定油箱容积。油箱通常布置在驾驶人座椅一侧(即左侧)以便于加油。为了在有限空间内布置下油箱、备胎等物品,乘用车通常根据具体情况确定其形状。布置油箱时应遵守一条重要原则:油箱应远离消声器和排气管(乘用车要求油箱距排气管大于300mm,否则应加装有效的隔热装置;油箱距裸露的电器接头及开关不得小于200mm)。乘用车油箱通常布置在行李舱内,消声器、排气管通常布置在汽车的右侧。

(2) 备胎。乘用车的备胎常布置在行李舱内,布置要求是在装满行李的情况下,仍能方便地取出备胎。货车的备胎常布置在油箱对面的纵梁以使左右纵梁受力均匀,此外,部分布置在车架后部下方。

(3) 行李舱。乘用车的行李舱布置在后座后(即后悬架处),布置要求是应能容纳下容积较大的手提箱、手提包等多件行李。客货两用乘用车将后排座椅设计成可翻式,翻转后,其后部形成一个有效容积很大的行李舱。

(4) 蓄电池。蓄电池与起动机应位于同侧,并且它们距离应较近,以缩短线路,同时还要考虑拆装方便性。

8. 空调装置的布置

在中级以上的乘用车和旅游客车上常装有空调设备。它又分为只具有制冷功能和具有制冷、供暖、换气等几种功能的两类。乘用车的空调设备都布置在仪表板的右侧,而客车则具有多种布置方案。轻型客车多采用整体式空调设备并布置在车顶前部以便于吸入新鲜空气,并减少功率的消耗;后置发动机的大客车可将冷凝器置于发动机前,蒸发器置于车顶上。

9. 车身内部的布置

(1) 人机工程学在车身设计中的应用。

①车身内部布置。车身内部布置必须考虑良好的乘坐舒适性和足够的安全性。进行车身内部布置并使之适合人体特性要求,离不开人体尺寸这一基本参数。为了获得人体尺寸分布规律,要进行抽样测量。将实测尺寸值由小到大排列到数轴上,再将这一尺寸段均分为100份,第 n 份点上的数值为该百分位数。例如,我国成年男子身高分布图,第 50 份点上的数值为 1688mm,则称第 50 百分位数为 1688mm,表明有 50% 的人身高低于 1688mm,另有 50% 的人身高高于此值,所以第 50 百分位对应的身高就是平均身高。现代汽车设计通常采用 5%、50% 和 95% 三种百分位的人体尺寸作为驾驶室和座椅布置的基本依据。

②驾驶区布置。驾驶区的布置一般以 95% 的人体模型的胯骨轴心(H 点)和眼椭圆为基准,通过调整座椅和转向盘的位置来适应其他 5% 的人体模型,如图 1-24 所示。乘客区的布置要求由汽车的档次决定,一般而言,普通型乘用车和货车的乘客区比驾驶区要求稍低。在设计中一般采用 SAE(美国汽车工程师学会)标准的人体躯干模型,如图 1-25、表 1-16 所示。

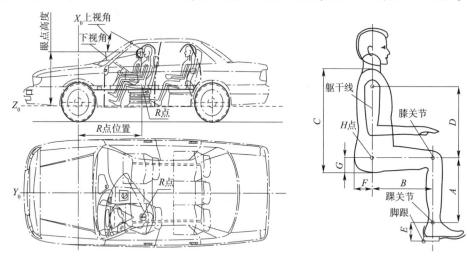

图 1-24 驾驶区布置图　　　　图 1-25 SAE 标准的人体躯干模型

SAE 人体模型标准　　　　表 1-16

序号位置	部　位	95%男性(mm)	50%男性(mm)	5%女性(mm)
A	踝关节至膝关节	445	398	351
B	膝关节至髋关节	452	407	362
C	肩至髋关节	538	494	450
D	肩关节至髋关节	480	442	404
E	踝关节高度	94	86	78
F	髋关节至后背	140	128	116
G	髋关节至臀部	96	80	64

注:车身设计中一般采用 5% 女性、50% 男性、95% 男性(现在为 10%、50%、95%)三种百分位的人体尺寸,分别代表矮小身材、平均身材和高大身材的人体尺寸,另外也可以使用其他国家的人体尺寸。

③眼椭圆、头部包络线、H 点、R 点相关概念。眼椭圆指驾驶人按自己的意愿调整座椅,

并以正常的驾驶姿势入座时,眼睛位置在车身坐标系统中的统计分布图。由于驾驶人眼睛的位置分布图形呈椭圆状,故称之为"眼椭圆"。头部包络线指不同百分位身材的驾驶人和乘员在乘坐状态下,头部位置轮廓线的包络线,它提供了一定百分位的驾驶人和乘员的头部位置分布范围。由于人体头部包络线是在研究人体眼睛位置分布的基础上,通过对头部位置轮廓线位置做统计分析得到,因此头部包络线与眼椭圆有直接关系。有关眼椭圆、头部包络线及其与人体躯干的相对关系可参考相关资料。在车身内部布置时,要注意所设计的车身及其布置必须与相关法律法规相适应。

驾驶人或乘员的躯干与大腿相连的旋转点能够比较准确地确定其在座椅中的参考点,称该点为"胯点",实车测得的"胯点"位置称为 H 点。该点位置决定了与驾驶人操作方便、乘坐舒适相关的车内尺寸基准。进行总布置设计初,根据总布置要求将座椅调至最后、最下位置时的"胯点"称为 R 点,以该点作为设计参考点进行设计。H 点和 R 点位置如图 1-24、图 1-25 所示。

(2) 车身内部布置类型。

车身内部布置包括乘用车内部、货车驾驶室、客车驾驶区和客车乘客区等。

①乘用车内部布置。

乘用车车身的内部布置和有关参考尺寸可参考图 1-26 和表 1-17。

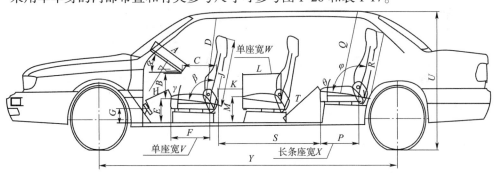

图 1-26 乘用车内部布置

乘用车内部布置尺寸(mm)　　　　　　　　表 1-17

序号	发动机排量 V(L)			序号	发动机排量 V(L)		
	$V>4.0$	$1.6<V≤2.5$	$V≤1.6$		$V>4.0$	$1.6<V≤2.5$	$V≤1.6$
A	300~420	300~420	300~420	K	250~350	—	—
B	140~180	140~180	130~170	L	320~400	—	—
C	360~380	350~370	350~370	M	300~390	—	—
D	940~960	940~960	900~950	P	460~530	420~500	420~460
E	300~380	300~360	300~340	Q	900~950	900~950	860~910
F	450~510	450~480	450~480	R	580~660	560~620	510~600
G	150~180	150~180	150~180	S	三排 850~700 二排 500~650	250~500	250~350
H	420~500	420~500	420~520	T	500~700	500~600	500~600
J	480~560	460~570	460~520	U	1500~1800	1400~1600	1290~1400

续上表

序号	发动机排量 V(L)			序号	发动机排量 V(L)		
	V>4.0	1.6<V≤2.5	V≤1.6		V>4.0	1.6<V≤2.5	V≤1.6
V	150~650	500~600	480~550	β(°)	97~105	97~105	97~102
W	550~580	—	—	γ(°)	6~10	6~10	6~10
X	1400~1700	1200~1400	800~1200	θ(°)	8~13	8~13	8~10
Y	2800~3500	2500~3500	2000~2500	φ(°)	99~105	99~105	97~100
α(°)	55~70	55~70	55~70	—	—	—	—

②货车驾驶室布置。

货车驾驶室箱对整车的布置，以地板主平面和前安装固定点为基准。驾驶室内部布置可参考图1-27和表1-18。

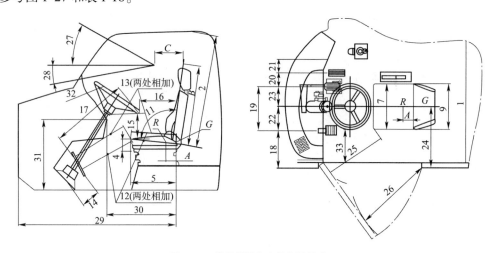

图1-27 货车驾驶室内部布置尺寸

货车驾驶室内部布置尺寸　　　　　　　　　　　　　表1-18

序号	项目	限值	备注
1	驾驶室内宽(mm)	≥1250 ≥1700	准坐2人； 准坐3人
2	座椅上表面至顶棚高度(mm)	≥1000 ≥960	平行于靠背测量
3	坐垫上表面至地板高度(mm)	370±70	
4	坐垫高低调整量(mm)	±20	可以不调整
5	坐垫深度(mm)	420±40	
6	座椅前后调整量(mm)	≥±50	
7	坐垫宽度(mm)	≥450	
8	靠背高度(mm)	480±30	不含头枕

续上表

序号	项 目	限 值	备 注
9	靠背宽度(mm)	≥450	最宽处
10	坐垫角度/水平面(°)	2~10	
11	靠背角度调整范围(°)	90~105	
12	靠背下缘至加速踏板距离(mm)	900~1000	
13	靠背下缘至离合器、制动器踏板距离(mm)	800~900	
14	离合器、制动器踏板行程(mm)	≥200	
15	转向盘至坐垫上表面距离(mm)	≥180	
16	转向盘至靠背距离(mm)	≥360	
17	转向盘至离合器、制动器踏板距离(mm)	≥600	
18	离合器踏板中心至侧壁距离(mm)	≥80	
19	离合器至制动器踏板中心距离(mm)	≥150	
20	制动器踏板中心至加速踏板中心距离(mm)	≥110	
21	加速踏板中心至最近障碍物距离(mm)	≥60	
22	离合器踏板中心至座椅中心距离(mm)	50~150	
23	制动器踏板中心至座椅中心距离(mm)	50~150	
24	座椅中心至车门内板距离(mm)	360±30	轻、微型可以略小
25	车门打开时下部通道宽度(mm)	≥250	
26	车门打开时上部通道宽度(mm)	≥650	
27	上视角(°)	≥12	
28	下视角(°)	≥12	
29	靠背下缘至前围距离(mm)	≥1050	脚能伸到的最前位置
30	靠背下缘至仪表板距离(mm)	≥650	
31	仪表板下缘至地板距离(mm)	≥550	
32	转向盘至其他障碍物距离(mm)	≥80	
33	转向盘至侧面障碍物距离(mm)	≥100	轻、微车型应大于80mm
A	髋关节至靠背下缘距离(mm)	≥100	
B	靠背下缘至视点方向距离(mm)	≥750	沿靠背向上量取
C	视点至靠背方向距离(mm)	≥180	水平方向量取
R	胯点		
G	靠背下缘点		

③客车驾驶区布置。

客车驾驶区布置尺寸可参考图1-28和表1-19。

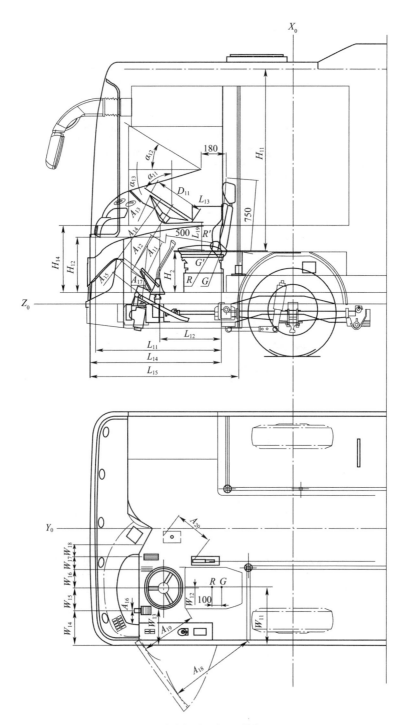

图 1-28 客车驾驶区布置（单位：mm）

客车驾驶区布置尺寸　　　　　　　　表 1-19

代号	项　　目	尺寸(mm)
H_{11}	坐垫至顶盖高	≥1000
H_2	R'点高	400~450

续上表

代号	项 目	尺寸(mm)
A_{11}	G 点至制动、离合器踏板中心距离	800~900
A_{12}	G 点至加速踏板中心距离	900~1000
L_{11}	G 点至前围护板距离	≥1050
L_{12}	G 点至仪表板距离	650~750
H_{12}	仪表板下缘至地板表面距离	≥450
D_{11}	转向盘直径	425~550
α_{11}	转向盘角度	55°~75°
L_{19}	转向盘下缘最低点至坐垫上表面距离	180~240
L_{13}	转向盘外缘至靠背表面距离	350~380
W_{11}	座椅中心平面至侧围距离	360~550
W_{12}	转向盘中心至座椅中心平面距离	≤40
W_{13}	转向盘外缘至侧围护板距离	≤100
A_{13}	转向盘外缘至仪表板最小距离	≥80
A_{14}	转向盘下缘最低点至离合器制动踏板中心距离	≥600
A_{15}	离合器、制动踏板最大行程	≤200
A_{16}	离合器、制动、加速踏板中心至两侧障碍物距离	≥80
A_{17}	离合器、制动、加速踏板中心至前面障碍物距离	≥120
W_{14}	离合器踏板中心至近侧围护板距离	≥80
W_{15}	离合器踏板中心至转向盘中心距离	80~200
W_{16}	制动踏板中心至转向盘中心距离	70~180
W_{17}	制动踏板中心至加速踏板中心距离	110~160
W_{18}	加速踏板中心至最近障碍物距离	≥60
A_{18}	驾驶人一侧车门打开时,上部通道宽	≥650
A_{19}	驾驶人一侧车门打开时,下部通道宽	≥250
α_{12}	上视角[M:眼点离地高(m);N:眼点离保险杠前端的水平距离(m)]	$\geq \arctan[(5-M)/(12+N)]$
α_{13}	下视角[M:眼点离地高(m);N:眼点离保险杠前端的水平距离(m)]	$\geq \arctan[M/(3+N)]$
L_{14}	G 点至风窗下缘距离	≥1060
L_{15}	风窗下缘至驾驶区挡板距离	≥1300
H_{14}	风窗下缘至地板表面距离	≥770
A_{20}	变速杆手柄和驻车制动手柄距其他零件的距离	≥50

10. 安全带的位置

安全带能有效地保护驾驶人和乘员的安全:①驾驶室内不应有易使人致伤的尖锐突出

物,同时头部能触及的区域进行软化设计;②安全带的正确使用。

安全带有三种形式:两点式、三点式和四点式安全带。两点式安全带能防止汽车碰撞时乘员下身有过大的相对位移,防止乘员被甩出车外,缺点是不能约束乘员上身的运动,因此只适用于后排座椅和货车中间座椅。目前,乘用车前排和商用车前排驾驶人座位及其旁边座位均采用三点式安全带。三点式安全带由腰带和肩带组合而成,既能防止乘员下身有过大位移,又能阻止上身向前运动。

近年来,安全气囊在乘用车上得到了广泛应用。但只有在正确使用安全带的条件下,安全气囊才能发挥其保护驾驶人和乘员的作用。

完成初步的总布置后,应对空载和满载汽车的轴荷分配和质心位置进行计算。

第十节 运动校核

在总布置设计时,进行的运动检查应包括两方面的内容:①从整车角度出发进行运动学正确性的检查;②对于有相对运动的部件或零件进行运动干涉检查。这两方面的检查关系汽车能否正常工作,必须引起足够重视。一般进行以下各项运动校核:

(1)转向轮在跳动和转向过程中与翼子板、转向杆系统之间的运动关系;

(2)传动轴随后轮跳动时的运动关系;

(3)后轮跳动时与翼子板间的相对关系;

(4)转向轮的转动方向必须与转向盘的转动方向一致,应对螺杆的旋向、摇臂的位置、转向传动机构的构成等进行运动学正确性检查;

(5)制动时前轴转矩所产生的转向干涉量应尽可能地减小到最小程度,否则易产生制动跑偏;

(6)可翻转的驾驶室翻转时,连接驾驶室和车架间杆件和软管的运动轨迹,包括转向传动轴、变速操纵杆及其他各种操纵杆件、软轴、连接软管、电线束等的校核;

(7)驾驶区各种操纵机构的运动轨迹,主要校核各操纵动作是否会发生干涉或人体动作是否在舒适范围内;

(8)做转向传动装置与悬架共同工作校核图,检查转向拉杆系统与悬架导向机构的运动是否产生干涉;

(9)做转向轮跳动图,确定转向轮上跳并转向到极限位置时所用的空间,然后据此确定翼子板开口形状、轮罩形状、减振器的最大拉伸和压缩长度,同时检查转向轮与纵拉杆、车架等之间的间隙是否足够;

(10)做传动轴跳动图,确定传动轴上下摆动的极限位置及最大摆角、空载时万向节传动的夹角以及传动轴长度的伸缩量,检查传动轴花键套与轴是否脱开或顶死;

(11)半挂牵引主车、挂车之间的相互运动关系,包括挂车前悬架的回转半径、主车后悬架的回转半径及挂车前后俯仰角的校核;

(12)自卸车举升机构的运动关系,即校核举升机构的运动轨迹等。

以纵置钢板弹簧为例,说明传动轴跳动图的作法。在侧视图上以一定比例画出汽车满载时车架、钢板弹簧、后桥壳和传动轴的位置。弹簧主片和后桥壳夹紧的一端一般与后桥壳一起在车轮上下跳动时作平移运动,弹簧主片中点 A 以 O_1 为圆心作圆弧运动,若令 l_e 为卷耳中心到前 U 型螺栓中心的距离，e 为卷耳半径，则 O_1 与卷耳中心 C 的横向距离为 $l_e/4$，垂直距离为 $e/2$。

由于弹簧中心随后桥壳作平移运动，所以后万向节中心 B 与 A 的连线 AB 也作平移运动，以连线 O_1A 为一边、AB 为另一边，作平行四边形而得到与 A 点对角的 O_2 点，O_2 点即为 B 点的回转中心。以 O_2 为圆心，以 O_2B 为半径作圆弧，此圆弧即是 B 点的运动轨迹。过 B 点作垂直于车架的直线，在此直线上取等于弹簧动挠度的距离 f_d 的 F 点，假设车轮落坑时弹簧超过自由状态，在此直线上取 $1.1f_e$（f_e 为静挠度）得 F''' 点。在 FF''' 直线上过 F 点和 F''' 点分别作平行于车架上平面的直线交于过 B 点的圆弧，得 E 点和 E''' 点。设传动前万向节的中心为 D 点，连接 DE 和 DE''' 则得满载时传动轴上下两个极限位置，并可量出传动轴的最大摆角，这个摆角不应超过 $40°$，而 EF 和 EF''' 两段距离可以表示当车轮处于极限位置时传动轴花键套与轴的滑动位移。汽车空载时的传动轴位置和夹角的校核可以用类似的方法作出。目前，三维绘图软件已在汽车设计中广泛应用，运动校核可以通过软件仿真快速实现。

第十一节 设 计 实 例

一、题目及要求

以商用车（货车）总体设计为例，了解汽车总体设计的任务、工作顺序、现代设计方法及产品开发流程等，掌握汽车主要尺寸、发动机、轮胎的选择和总布置设计的方法。其设计参数见表 1-20。

设 计 参 数　　　　　　　　　　　　　表 1-20

额定载荷(kg)	最大总质量(kg)	最高车速(km/h)	比功率(kW/t)	比转矩[(N·m)/t]
500	1420	110	28	44

二、驱动形式及主要参数

1. 驱动形式

驱动形式可参照本章第五节内容，根据要求正确选择货车驱动形式。

2. 布置形式

货车布置形式可参照本章第五节内容，根据要求正确选择货车的布置形式。

3. 主要参数

货车主要参数包括货车的主要尺寸参数、质量参数、性能参数，均可参照本章第六节内容按要求进行选择。

4. 发动机形式及主要性能指标

（1）发动机形式。

对于中型及以下的货车，一般采用直列式柴油机，而重型货车一般采用 V 型柴油机。

（2）发动机主要性能指标。

①发动机最大功率 $P_{e\,max}$ 和相应转速 n_p。

根据题目给定的比功率和最大总质量，计算可得 $P_{e\,max}=39.76$ kW。按式(1-2)计算发动机最大功率。计算中各参数取值见表1-21，由此可算得$P_{e\,max} = 45.6$kW。

计 算 参 数 值　　　　　表1-21

η_T	f_r	C_D	$A(m^2)$	$m_a(kg)$	$v_{a\,max}(km/h)$
0.9	0.02	0.8	2.33	1420	110

为满足动力性要求，所选发动机功率不应小于此值，故比较上述两结果后满足设计要求的最大功率值$P_{e\,max} = 50$kW。根据转速范围可取$n_p = 4500$r/min。

②发动机最大转矩$T_{e\,max}$和相应转速n_T。

发动机最大转矩与最大功率以及最大功率对应转速可按式(1-3)计算。α在此取1.2，代入式(1-3)，计算得$T_{e\,max} \approx 119.4$N·m。n_p/n_T取值范围在1.4～2.0，在此取值为1.6，则计算出$n_T = 2800$r/min。

根据本节给定的设计题目中货车的参数可判断，该车是一种微型货车，最高车速较低，通常运行在一般道路上。因其用途一般，轴数可根据特点定为2；驱动形式为4×2，后轮驱动。

③传动系统布置形式。

参考我国微型货车，可选定其为前置后驱、平头驾驶室，这样易布置发动机且易维修，同时离合器、变速器等操作机构结构简单，也容易布置。

④结论。

a. 根据发动机的类型选择，应选用往复活塞式发动机。

b. 根据发动机的形式选择，此车可以采用四冲程汽油机或柴油发动机；汽油机更具通用性，而柴油机可提高燃油经济性；根据汽车排量且总质量较小，可选用四缸直列水冷式发动机。

c. 发动机主要性能指标的选择，根据已算出的指标参数，可选择国产462Q发动机。

三、外形设计及总体布置

总布置设计可参照本章第九节内容根据要求进行设计。

本章小结

汽车的总体设计在汽车设计中占重要地位。它在汽车的设计质量、使用性能以及在市场竞争的优劣程度中发挥着重要作用。根据整体设计目标，明确设计要求，制定合理的设计方案，最后达到预期效果。因此，在汽车的设计初始阶段就应该重视汽车的总体设计，为汽车进入市场后的发展打下坚实基础。

思考与练习

1-1 汽车的主要参数分几类？各类又含有哪些参数？各质量参数是如何定义的？

1-2 如今，发动机前置前驱的布置形式在乘用车上得到广泛应用，其原因是什么？而发动机后置后驱的布置形式在客车上得到广泛应用,其原因又是什么?

1-3 电动汽车驱动电机和动力蓄电池性能指标如何确定?

1-4 什么是轮胎的负荷系数,其确定原则是什么?

1-5 在绘制总布置图时,首先要确定画图的基准线,为什么五条基准线缺一不可?各基准线是如何确定的?如果设计时没有统一的基准线,结果又会如何?

1-6 将结构与布置均适合右侧通行的汽车改为适合左侧通行的汽车,此时汽车上有哪些总成部件需重新设计或布置?

1-7 总布置设计的一项重要工作是做运动校核,运动校核的内容与意义是什么?

第二章　离合器设计

【内容提要】　本章对离合器及其主要组成部件的结构设计方案进行了分析,并对离合器基本参数设计、膜片弹簧设计、扭转减振器设计以及离合器操纵机构设计进行了详细介绍,最后结合实例进行了设计计算。

【目标要求】　通过本章学习,了解离合器及其组成部件的结构设计方案,掌握离合器主要参数的选择与计算,了解膜片弹簧、扭转减振器等主要组成部件的性能分析与设计,结合设计实例深入理解和掌握离合器的基本设计过程。

第一节　引　　言

对于以内燃机为动力源的汽车,为了使汽车在各种行驶条件下都有满意的行驶特性,就必须采用相匹配的传动系统设计方案。作为汽车传动系统的一个重要组成,离合器一般都是以一个独立总成的形式直接与发动机相连接,位于传动系统的前端。

离合器主要有以下基本功用:切断和实现发动机对传动系统的动力传递,保证汽车起步时将发动机与传动系统平顺地结合,确保平稳起步;当变速器换挡时,通过离合器切断动力传递以减小换挡时变速器轮齿间的冲击;在工作中承受较大的动载荷,当传给离合器的转矩超过其所能传递的最大转矩时,离合器主、从动部分将产生滑磨,可以防止传动系统各零部件因过载而损坏;有效地降低传动系统中的振动和噪声。

目前,传统的推式膜片弹簧离合器结构正逐步向拉式膜片弹簧离合器结构发展,传统的人力操纵形式正向自动操纵形式发展。在纯电动汽车结构形式中通常采用固定速比减速器,去掉离合器可有效减轻机械传动装置的质量。

关于离合器的设计,除了需要满足最基本的功能需求外,主要发展趋势是提高其可靠性和使用寿命,适应高转速的使用要求,并增加传递转矩的能力和简化操纵方式。

对离合器的设计应满足以下基本要求。

(1)工作可靠性要求。在任何行驶条件下既能可靠传递发动机最大转矩,又能防止传动系统过载;分离彻底、迅速。

(2)工作稳定性要求。接合时要完全、平顺且柔和,使汽车起步时无抖动和冲击现象;作用在摩擦片上的总压力不应因摩擦表面的磨损而有明显变化,摩擦系数在离合器工作过程中应稳定;避免传动系统共振,具有改变传动系统固有频率和吸振的能力,并在设计时应注意对旋转件的动平衡要求和离心力的影响。

(3)使用寿命要求。具有足够的强度,工作可靠、使用寿命长;离合器从动部分转动惯量小,以减轻换挡时齿轮间的冲击,并便于换挡和减小同步器的磨损;有良好的散热通风效果,以免工作温度过高而影响零部件的使用寿命。

(4)操纵系统设计应轻便、准确,减轻驾驶人疲劳。

(5)结构简单,紧凑,质量小,制造工艺性好,拆装、维修、调整方便等。

第二节 离合器结构方案设计

现代汽车上应用最广泛的离合器是干式盘形摩擦离合器,其基本组成包括主动部分(飞轮、离合器盖和压盘)、从动部分(从动盘)、压紧机构(压紧弹簧)及操纵机构(分离叉、分离轴承、离合器踏板和传动部件)四部分。

一、从动盘数的选择

可按从动盘数分类,分为单片离合器、双片离合器及多片离合器。

单片离合器只设有一个从动盘,结构简单,轴向尺寸紧凑,如图 2-1 所示。这种离合器散热性能良好,维修调整方便,并且从动部分转动惯量小,在使用时能够保证分离彻底,当采用轴向有弹性的从动盘时可以保证接合平顺。在各种乘用车以及微、轻、中型客车与货车上,发动机的最大转矩一般都不大,因而在布置尺寸允许的条件下,大都采用单片离合器。

双片离合器有两个从动盘,与单片离合器相比,摩擦面数增加一倍,因而传递转矩的能力也相应增大,并且接合更加平顺、柔和;在传递相同转矩的情况下,由于径向尺寸较小,因而踏板力也较小。但这种结构轴向尺寸大,结构复杂;中间压盘通风散热性差,容易引起摩擦片过热而加快其磨损甚至烧坏;从动部分的转动惯量大易造成换挡困难;分离行程大,不易分离彻底等。这种结构一般用在传递转矩较大且径向尺寸受到限制的场合。

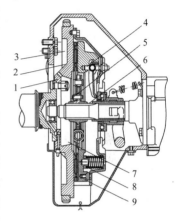

图 2-1 单片离合器
1-飞轮;2-从动片;3-摩擦片;4-压盘;
5-从动盘毂;6-分离轴承;7-减振弹簧;
8-压紧弹簧;9-离合器盖

多片离合器多为湿式,摩擦表面温度低、磨损小,使用寿命长且接合更加平顺柔和,主要应用于最大质量大于 14t 的商用车行星齿轮变速器换挡机构中。

二、压紧弹簧的形式和布置形式

离合器压紧弹簧有圆柱螺旋弹簧、矩形断面的圆锥螺旋弹簧和膜片弹簧等形式,压紧弹簧可采用圆周布置、中央布置和斜置等布置形式。

周置弹簧离合器采用的压紧弹簧结构方案是将圆柱螺旋弹簧均匀布置在一个或同心的两个圆周上。其结构简单,制造方便,过去广泛应用于各种类型的汽车上。

中央弹簧离合器采用 1~2 个圆柱螺旋弹簧或 1 个圆锥螺旋弹簧作为压紧弹簧,并且布置在离合器的中心。其结构较复杂,轴向尺寸较大,多用于发动机最大转矩大于 400N·m 的重型商用车上。

斜置弹簧离合器的弹簧压力斜向作用在传力套上,并通过压杆作用在压盘上。弹簧的轴线与离合器的轴线成一个夹角。这种离合器的显著优点是在摩擦片磨损或分离离合器时,压盘所受的压紧力几乎保持不变,工作性能十分稳定,踏板力较小。它多用于在最大质量大于 14t 的商用车上。

膜片弹簧离合器是指采用膜片弹簧作为压紧弹簧的一类离合器。膜片弹簧离合器与其他样式的离合器相比具有以下优点。

(1) 膜片弹簧具有较理想的非线性特性,弹簧压力在摩擦片的允许磨损范围内基本保持不变,因而在离合器工作过程中能保持传递的转矩大致不变。

(2) 膜片弹簧本身兼起压紧弹簧和分离杠杆的作用,结构简单、紧凑,轴向尺寸小,零件数目少,质量小。

(3) 膜片弹簧的安装位置与离合器轴的中心线是对称的,平衡性好,高速旋转时,弹簧压紧力降低很少,所以传递的摩擦力矩降低较少,性能稳定。

(4) 膜片弹簧以整个圆周与压盘接触,摩擦片接触良好,因而压力分布均匀,磨损均匀,也易于实现良好的通风散热,延长使用寿命。

膜片弹簧是一种由弹簧钢制成的具有特殊结构的碟形弹簧,主要由碟簧部分和分离指部分组成。膜片弹簧的形状如图 2-2 所示。膜片弹簧的制造工艺较复杂,制造成本较高,对材质和尺寸精度要求高,其非线性弹性特性在生产中不易控制,开口处容易产生裂纹,端部容易磨损。近年来,随着材料性能的提高,制造工艺和设计方法的逐步完善,膜片弹簧的制造技术已日趋成熟。膜片弹簧离合器不仅在乘用车上被大量采用,而且在各种形式的商用车上也被广泛采用。

根据操纵形式的不同,膜片弹簧离合器可分为推式和拉式两种。推式是一种早期采用的结构形式,这种离合器分离时,膜片弹簧弹性杠杆内端的分离指处承受的是推力,如图 2-3a) 所示。而拉式膜片弹簧离合器中膜片弹簧的安装方向与传统的推式结构相反,将支撑点移到了膜片弹簧的大端附近,如图 2-3b) 所示,接合时,膜片弹簧的大端支承在离合器盖上,以中部压紧在压盘上,将分离轴承向外拉离飞轮以实现离合器的分离。

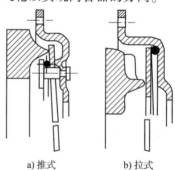

图 2-2 膜片弹簧　　图 2-3 膜片弹簧支承形式

与推式相比,拉式膜片弹簧离合器具有许多优点。

(1) 取消了中间支承各零件,不用支承环或只用一个支承环,使其结构更简单、紧凑,零件数目更少,质量更小。

(2) 拉式膜片弹簧是以中部与压盘相压,在同样压盘尺寸的条件下可采用直径较大的膜片弹簧,提高了压紧力与传递转矩的能力,且并不增大踏板力,在传递相同的转矩时,可采用尺寸较小的结构。在接合或分离状态下,离合器盖的刚度大,变形量小,分离效率更高,使用寿命更长。

(3) 拉式的杠杆比大于推式的杠杆比,且中间支承少,减少了摩擦损失,传动效率较高,踏板操纵更轻便,拉式的踏板力比推式可减少 25% ~30%。

(4) 无论在接合状态或分离状态,拉式结构的膜片弹簧大端与离合器盖支承始终保持接触,在支承环磨损后不会形成间隙而增大踏板自由行程,不产生冲击和噪声。

但是,拉式膜片弹簧的分离指是与分离轴承套筒总成嵌装在一起的,需采用专门的分离轴承,结构较复杂,安装拆卸较困难。由于拉式膜片弹簧离合器综合性能优越,目前在各种汽车中的应用十分广泛。

推式膜片弹簧支承结构按支承环数目不同分为三种:单支承环形式(图2-3a)、双支承环形式(图2-4a)、无支承环形式(图2-4b);拉式膜片弹簧的支承结构形式主要有单支承环形式(图2-3b)和无支承环形式(图2-4c)。

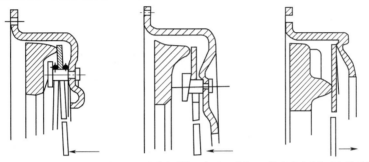

a) 推式膜片弹簧双支承环形式　b) 推式膜片弹簧无支承环形式　c) 拉式膜片弹簧无支承环形式

图2-4　膜片弹簧支承形式

三、压盘

压盘在传递发动机转矩时和飞轮一同驱动从动盘转动,在离合器分离过程中能自由地做轴向移动。对压盘结构设计的要求:压盘应具有较大的质量,以增加热容量,减少温升,防止其产生裂纹和破碎,有时可设置各种形状的散热筋或鼓风筋以帮助散热通风;中间压盘既可铸出通风槽,还可采用传热系数较大的铝合金压盘;压盘应具有较大的刚度,使压紧力在摩擦面上的压力分布均匀并减少受热后的翘曲变形,以免影响摩擦片的均匀压紧及与离合器的彻底分离;与飞轮应保持良好的对中,并要进行静平衡;压盘高度(从承压点到摩擦面的距离)公差要小。

压盘形状较复杂,要求其传热性好并具有较高的摩擦因数,通常采用灰铸铁制造,一般采用 HT 200、HT 250、HT 300,硬度为 170~227HBW,也有少数压盘采用合金压铸件。

目前压盘的驱动方式广泛为弹性传动片式,其沿圆周切向布置三组或四组薄弹簧钢带传动片,传动片两端分别与离合器盖和压盘以铆钉或螺栓连接。当发动机驱动时,传动片受拉,当拖动发动机时,传动片受压,传动片的弹性允许压盘做轴向移动。弹性传动片驱动方式的优点是结构简单,平衡性好,压盘与飞轮对中性能好,工作可靠且寿命长。但其反向承载能力差,汽车反拖时易折断传动片,故对材料要求较高,一般采用弹簧钢。

四、分离轴承

离合器分离轴承在工作时主要承受轴向分离力和旋转离心力作用下产生的径向力。故离合器分离轴承主要有轴向推力轴承和径向推力轴承两种。目前已逐步采用角接触推力球轴承和全密封结构。图2-5 所示为一种自动调心式分离轴承装置。当膜片弹簧旋转轴线与轴承不同心时,自动调心式轴承装置便会自动径向浮动到与其同心的位置,以保证分离轴承能均匀压紧各分离指舌尖部。这样可减少振动和噪声,减少分离指与分离轴承端面的磨损,使轴承不会出现过热而造成润滑脂的流失分解,延长轴承寿命。

五、从动盘

如图 2-6 所示,从动盘通常是由摩擦片、从动片、减振器和花键毂等组成。从动盘对离合器工作性能影响很大,是离合器结构中的薄弱环节。

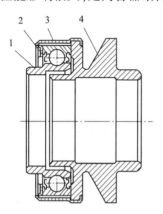
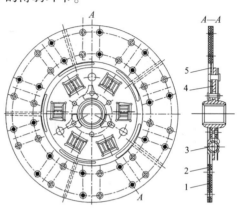

图 2-5　自动调心式分离轴承装置
1-分离轴承;2-波形簧片;3-轴承罩;
4-分离套筒

图 2-6　离合器从动盘
1、2-摩擦片;3-减振器弹簧;4-花键毂;5-从动片

摩擦片对离合器的工作性能及可靠性、耐久性都有很大影响。在选择和设计摩擦片时,其性能上应满足如下要求:摩擦系数较稳定,温度、滑磨速度、单位压力的变化对其影响要小;足够的机械强度和耐磨性;磨合性好,不会刮伤飞轮及压盘等零部件的表面;高速条件下工作要求材料密度小;接合平顺;长期停放,摩擦表面不发生"黏合"等。

从动片一般较薄,并使其质量分布尽可能地靠近旋转中心,以减小其转动惯量。为使离合器结合平顺,单片离合器的从动片一般都具有轴向弹性。

摩擦片与从动片的连接方式有铆接和黏结两种。铆接方式连接可靠,更换摩擦片方便,宜在从动片上装波形片,但其摩擦面积利用率小,使用寿命短。黏结方式可增大实际摩擦面积,摩擦片厚度利用率高,具有较高的抗离心力和切向力的能力;缺点是更换摩擦片困难,且使从动盘难以安装波形弹簧片。

六、离合器盖

离合器盖与飞轮固定在一起,是离合器压紧弹簧和分离杠杆的支承壳体,通过它能够传递发动机的部分转矩。离合器盖应该有足够的刚度,否则当离合器分离时,其会产生较大的弹性变形,这样会增大操纵时的分离行程,降低离合器操纵部分的传动效率,严重时还会导致分离不彻底,引起摩擦片的早期磨损,同时造成变速器换挡困难。

为了减轻质量和增加刚度,商用车和一般载货汽车的离合器盖常用厚度 3~5mm 的低碳钢板冲压成带加强筋和卷边的复杂形状。由于重型汽车的批量少,为降低成本,则常采用铸铁的离合器盖以增加刚度。

离合器盖内装有压盘、分离杠杆、压紧弹簧等零件,因此它相对飞轮轴线必须有良好的对中,否则会破坏离合器的平衡,严重影响离合器的正常工作。常用的对中方式有止口对中、定位销或定位螺栓对中。

此外,为了冷却离合器,离合器盖上还必须开有通风孔或在盖上加设通风扇片等。

第三节 离合器基本参数的设计计算

一、摩擦面静摩擦力矩的计算

摩擦式离合器主要是靠存在于主、从动部分摩擦表面间的摩擦力矩来传递发动机转矩。设摩擦面上压力分布均匀,p_0 为摩擦面上单位面积所承受的压力,则单元摩擦面积 ds(图2-7)上产生的单元摩擦力矩为:

$$dT = fp_0 ds\rho = fp_0 \rho^2 d\rho d\varphi \qquad (2\text{-}1)$$

则整个摩擦面上产生的摩擦力矩为:

$$T = \int_r^R \int_0^{2\pi} fp_0 \rho^2 d\rho d\varphi = 2\pi fp_0 \frac{R^3 - r^3}{3} \qquad (2\text{-}2)$$

式中:f——摩擦面间的静摩擦系数,计算时一般取 0.25~0.30;

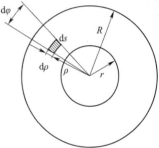

图2-7 摩擦片上的单元摩擦面积

R——摩擦片外半径;

r——摩擦片内半径。

摩擦面承受的单位压力 p_0 为:

$$p_0 = \frac{4F}{\pi(D^2 - d^2)} = \frac{F}{\pi(R^2 - r^2)} \qquad (2\text{-}3)$$

式中:F——压盘施加在摩擦面上的工作压力,N;

D——摩擦片外径,$D = 2R$;

d——摩擦片内径,$d = 2r$。

对于具有 Z 个摩擦面的离合器,其摩擦力矩为:

$$T_c = ZT = 2\pi fp_0 Z \frac{R^3 - r^3}{3} \qquad (2\text{-}4)$$

式中:Z——摩擦面数,单片离合器的 $Z=2$,双片离合器的 $Z=4$。

将式(2-3)代入式(2-4),得:

$$T_c = ZfF \frac{2(R^3 - r^3)}{3(R^2 - r^2)} \qquad (2\text{-}5)$$

设

$$R_c = \frac{2(R^3 - r^3)}{3(R^2 - r^2)} \qquad (2\text{-}6)$$

则离合器传递的静摩擦力矩 T_c 为:

$$T_c = fFZR_c \qquad (2\text{-}7)$$

式中:R_c——摩擦片的平均摩擦半径。

当 $d/D \geqslant 0.6$ 时,R_c 可由式(2-8)相当准确地计算:

$$R_c = \frac{D+d}{4} = \frac{R+r}{2} \tag{2-8}$$

将式(2-3)和式(2-6)代入式(2-7)得:

$$T_c = \frac{\pi}{12} f Z p_0 D^3 (1-c^3) \tag{2-9}$$

式中:c——摩擦片内、外径之比,$c = d/D$,一般为 $0.53 \sim 0.7$。

为了保证离合器在任何工况下都能可靠地传递发动机的最大转矩,设计时 T_c 应大于发动机最大转矩,即:

$$T_c = \beta T_{e\max} \tag{2-10}$$

式中:$T_{e\max}$——发动机最大输出转矩;

   β——离合器的后备系数,定义为离合器所能传递的最大静摩擦力矩与发动机最大输出转矩之比,β 必须大于1。

二、离合器基本参数的设计

离合器的基本参数主要有性能参数 β 和 p_0,尺寸参数 D、d 和摩擦片厚度 b,以及结构参数摩擦面数 Z 和离合器间隙 Δt,摩擦系数 f。

1. 后备系数 β

后备系数 β 反映了离合器传递发动机最大转矩的可靠程度,它是离合器设计中的一个重要参数。在选择 β 时,应考虑摩擦片磨损后离合器仍能可靠地传递发动机最大转矩、防止离合器滑磨时间过长、防止传动系统过载以及操纵轻便等因素。

为可靠传递发动机最大转矩和防止离合器滑磨时间过长,β 不宜选得太小。汽车总质量越大,β 也应选得越大;当使用条件恶劣、需要拖带挂车时,为提高起步能力,减少离合器滑磨,β 应选得大些;采用柴油机时,由于工作比较粗暴,转矩较不平稳,选取的 β 值应比汽油机大些。

为使离合器尺寸不致过大,减少传动系统过载,保证操纵轻便,β 又不宜选得太大。当发动机后备功率较大、使用条件较好时,β 可选得小些;发动机缸数越多,转矩波动越小,β 可选得越小。由于摩擦片磨损后压力保持较稳定,膜片弹簧离合器选取的 β 值可比螺旋弹簧离合器小些;单片离合器的 β 值应小于双片离合器。各类汽车离合器 β 的取值范围见表2-1。

离合器后备系数 β 的取值范围   表2-1

车 型	后备系数 β
乘用车及最大总质量小于6t 的商用车	$1.20 \sim 1.75$
最大总质量为 $6 \sim 14t$ 的商用车	$1.50 \sim 2.25$
挂车	$1.80 \sim 4.00$

2. 单位压力 p_0

单位压力 p_0 是决定离合器轮廓尺寸及其摩擦表面耐磨性的重要因素之一,它对离合器的工作性能和使用寿命有很大影响。

选取单位压力 p_0 时应考虑离合器的工作条件,发动机后备功率的大小,摩擦片尺寸、材料及其质量和后备系数等因素的影响。对于离合器使用频繁、发动机后备功率较小、承载质量大或经常在坏路面上行驶的汽车,p_0应取小些;当摩擦片外径较大时,为了降低摩擦片的热负荷,p_0应取小些;后备系数较大时,可适当增大p_0。当摩擦片采用不同的材料时,p_0的取值范围见表2-2。

摩擦片单位压力p_0的取值范围   表2-2

摩擦片材料		单位压力p_0(MPa)
非石棉树脂橡胶基材料	非缠绕型	0.15~0.30
	缠绕型	0.25~0.40
粉末冶金材料	铜基	0.35~0.50
	铁基	
金属陶瓷材料		0.70~1.50

3. 摩擦片外径D、内径d和厚度b

摩擦片外径是离合器的基本尺寸参数,它对离合器的结构尺寸、质量和使用寿命都有很大影响。

选定离合器结构形式及摩擦片材料,当已知发动机最大转矩$T_{e\max}$,结合式(2-9)和式(2-10),适当选取后备系数β和单位压力p_0,可根据式(2-11)估算出摩擦片外径:

$$D = \sqrt[3]{\frac{12\beta T_{e\max}}{\pi f Z p_0 (1-c^3)}} \qquad (2-11)$$

摩擦片外径D(mm)也可根据发动机最大转矩$T_{e\max}$(N·m)按经验公式(2-12)进行初选:

$$D = K_D \sqrt{T_{e\max}} \qquad (2-12)$$

式中:K_D——直径系数,乘用车取14.6;最大总质量为1.8~14.0t的商用车,单片离合器取16.0~18.5,双片离合器取13.5~15.0;最大总质量大于14.0t的商用车,取22.5~24.0。

确定摩擦片外径D后,摩擦片内径d可根据d/D在0.53~0.70确定。当摩擦片外径D相同时,选用较小的摩擦片内径d虽可增大摩擦面积,提高传递转矩的能力,但会使摩擦面上的压力分布不均匀,摩擦片内、外缘圆周的相对滑磨速度差别太大而造成摩擦面磨损不均匀,且不利于散热和扭转减振器的安装。摩擦片尺寸应符合尺寸系列标准《汽车用离合器面片》(GB/T 5764—2011),所选的D应使摩擦片最大圆周速度不超过65~70m/s,以免摩擦片发生飞离。按$T_{e\max}$初选D以后,还需注意摩擦片尺寸的系列化和标准化。

摩擦片的厚度b主要有3.2mm、3.5mm和4.0mm三种。

4. 摩擦系数f、摩擦面数Z和离合器间隙Δt

摩擦片的摩擦系数f取决于摩擦片所用的材料及其工作温度、单位压力和滑磨速度等因素。摩擦片的材料主要有树脂橡胶基的合成非石棉材料、粉末冶金材料和金属陶瓷材料等。目前,主要使用树脂橡胶基的合成非石棉材料,同时要求不含重金属及其氧化物,并要求摩擦因数稳定,磨损率小,耐温在300℃以上。粉末冶金材料和金属陶瓷材料的摩擦系数f较大且稳定。各种摩擦材料的摩擦系数f的取值范围见表2-3。

摩擦系数 f 的取值范围　　　　　　　　表 2-3

摩擦材料		摩擦系数 f
非石棉树脂橡胶基材料	非缠绕型	0.20 ~ 0.27
	缠绕型	0.20 ~ 0.35
粉末冶金材料	铜基	0.25 ~ 0.35
	铁基	0.35 ~ 0.50
金属陶瓷材料		0.4

摩擦面数 Z 为离合器从动盘数的两倍,决定于离合器所需传递的转矩大小及其结构尺寸。离合器间隙 Δt 是指离合器处于正常接合状态,分离套筒被复位弹簧拉到后极限位置时,为保证摩擦片正常磨损过程中离合器仍能完全接合,在分离轴承和分离杠杆内端之间留有的间隙,该间隙大小一般为 3 ~ 4mm。

第四节　膜片弹簧的设计

一、膜片弹簧的弹性特性

假定膜片弹簧在承载过程中,其子午断面(通过膜片弹簧构成的锥体轴线同时通过分离指中心的平面)刚性地绕此断面上的某一中性点 O 转动,如图 2-8 所示。

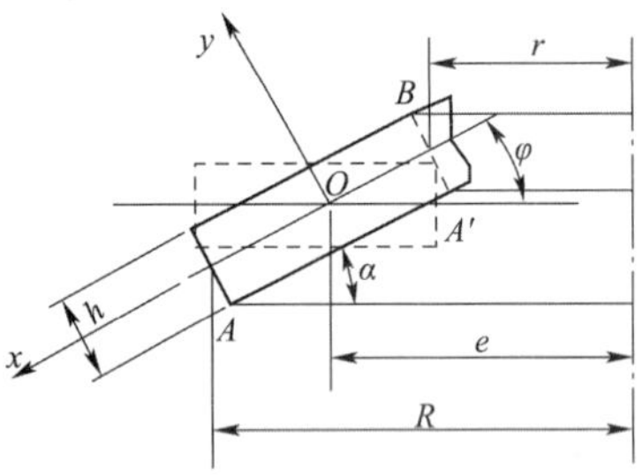

由此假定可以推导出膜片弹簧的载荷与变形之间的关系和应力计算公式。膜片弹簧在自由状态、压紧状态和分离状态时受载与变形如图 2-9 所示,其中 r_1 为支承环加载点半径;r_f 为分离轴承与分离指的接触半径。通过支撑环和压盘施加在膜片弹簧上的沿圆周分布的载荷,假想集中在加载点上,用 F_1 表示,加载点之间的相对轴向变形为 λ_1。压紧力 F_1 与变形 λ_1 之间的关系式为:

图 2-8　膜片弹簧子午断面绕中性点 O 的转动

$$F_1 = f(\lambda_1) = \frac{\pi E h \lambda_1}{6(1-\mu^2)} \frac{\ln\left(\frac{R}{r}\right)}{(R_1-r_1)^2}\left[\left(H-\lambda_1\frac{R-r}{R_1-r_1}\right)\left(H-\frac{\lambda_1}{2}\frac{R-r}{R_1-r_1}\right)+h^2\right] \quad (2\text{-}13)$$

式中:E——弹性模量,对于钢,$E = 2.1 \times 10^5 \text{MPa}$,MPa;
　　　μ——泊松比,对于钢,$\mu = 0.3$;
　　　h——弹簧钢板厚度,mm;
　　　H——膜片弹簧在自由状态时,其碟形弹簧部分的内截锥高度,mm;
　　　R、r——膜片弹簧在自由状态时,其碟形弹簧部分的大端和小端半径,mm;
　　　R_1、r_1——压盘加载点和支承环加载点半径,mm。

膜片弹簧的弹性特性由其碟簧部分决定,是非线性的,与自由状态下碟簧部分的内锥高度 H 及弹簧的钢板厚 h 有关。通过对式(2-13)分析可以发现,比值 H/h 对膜片弹簧的弹性特性影响极大,不同的 H/h 值有不同的弹性特性,如图 2-10 所示。

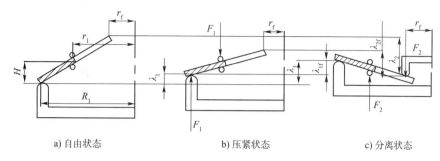

a) 自由状态　　　　　b) 压紧状态　　　　　c) 分离状态

图 2-9　膜片弹簧在不同工作状态时的变形

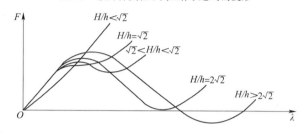

图 2-10　膜片弹簧的弹性特性曲线

应该指出,图 2-9 所示的 λ_2 是从自由状态算起的膜片弹簧分离指加载点的变形量,与离合器分离时分离轴承的移动行程 λ_{2f} 不同,如图 2-9c)所示。λ_{2f} 是从离合器接合状态算起的膜片弹簧分离指加载点的变形量。设 λ_{1f} 是从离合器接合状态算起的膜片弹簧与压盘接触点的变形量,则根据杠杆关系有:

$$\lambda_{2f} = \frac{r_1 - r_f}{R_1 - r_1} \lambda_{1f} \tag{2-14}$$

其中,λ_{2f} 不包括分离指在载荷作用下产生的弹性体变形 λ'_{2f},如图 2-11 所示。如果考虑这种弹性体变形,分离轴承的总移动行程 λ_{2F} 为:

$$\lambda_{2F} = \lambda_{2f} + \lambda'_{2f} \tag{2-15}$$

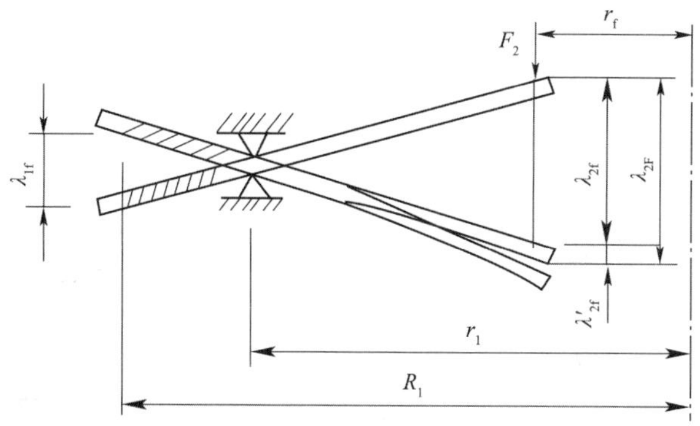

图 2-11　膜片弹簧分离指受载时的变形

二、膜片弹簧的强度计算

由上述假设可知,膜片弹簧在承载过程中,其子午断面 O 点沿圆周方向的切向应变为零,因而 O 点的切向应力为零;断面上 O 点以外的点一般均发生切向应变,故产生切向应力。建立如图 2-8 所示的坐标系,则断面上任意点 (x, y) 的切向应力为:

$$\sigma_{\mathrm{t}} = \frac{E}{(1-\mu^2)} \frac{x\varphi\left(\alpha - \dfrac{\varphi}{2}\right) - y\varphi}{e + x} \qquad (2\text{-}16)$$

式中：φ——碟簧部分子午断面的转角，rad；

α——碟簧部分自由状态时的圆锥底角，rad；

e——中性点的半径，$e = (R-r)/\ln(R/r)$，mm。

分析表明，膜片弹簧的碟簧部分 B 点处的切向压应力最大，碟簧部分内上缘 B 点的切向应力最大。当 K 点的纵坐标 $(\alpha - \varphi/2)e > h/2$ 时，A 点的切向拉应力最大；当 $(\alpha - \varphi/2)e < h/2$ 时，A' 点的切向拉应力最大。

把 B 点的坐标 $x \approx -(e-r)$ 和 $y = h/2$ 代入式(2-16)，则得到 B 点的切向压应力：

$$\sigma_{\mathrm{tB}} = \frac{E}{(1-\mu^2)r}\left\{\frac{e-r}{2}\varphi^2 - \left[(e-r)\alpha + \frac{h}{2}\right]\varphi\right\} \qquad (2\text{-}17)$$

令 $\mathrm{d}\sigma_{\mathrm{tB}}/\mathrm{d}\varphi = 0$，可以求出切向压应力 σ_{tB} 达到极大值时的转角 φ_{P}：

$$\varphi_{\mathrm{P}} = \alpha + \frac{h}{2(e-r)} \qquad (2\text{-}18)$$

从图 2-8 可以看出，碟簧压平时的子午断面转角 $\varphi = \alpha$，式(2-18)表明，B 点切向压应力 σ_{tB} 达到极大时，子午断面将相对于碟簧压平时再多转一个角度 $h/[2(e-r)]$。

当离合器彻底分离时，如果膜片弹簧子午断面的转角 $\varphi_{\mathrm{f}} \leqslant \varphi_{\mathrm{P}}$，应该把式(2-17)中的 φ 取为 φ_{P}，计算 σ_{tB}；如果 $\varphi_{\mathrm{f}} \leqslant \varphi_{\mathrm{P}}$，$B$ 点的切向压应力 σ_{tB} 应该按彻底分离时的子午断面转角 φ_{f} 来计算。

B 点作为分离指根部的一点，在分离轴承推力作用下还受有弯曲应力 σ_{rB}，其表达式为：

$$\sigma_{\mathrm{rB}} = \frac{6(r - r_{\mathrm{f}})F_2}{nb_{\mathrm{r}}h^2} \qquad (2\text{-}19)$$

式中：n——分离指的数目；

b_{r}——一个分离指的根部宽度。

由于弯曲应力 σ_{rB}（拉应力）与切向压应力 σ_{tB} 相垂直，根据最大剪应力理论，B 点的当量应力为：

$$\sigma_{\mathrm{Bj}} = \sigma_{\mathrm{rB}} - \sigma_{\mathrm{tB}} \qquad (2\text{-}20)$$

在实际设计中，通常用此当量应力校核膜片弹簧的强度，即 σ_{Bj} 不超过许用应力。

三、膜片弹簧主要参数的选择

(1) 比值 H/h 和板厚 h。比值 H/h 对膜片弹簧的弹性特性影响极大。因此，要合理利用 H/h 对膜片弹簧弹性特性的影响，正确选择该比值，以得到理想的特性曲线及获得最佳的使用性能。一般汽车膜片弹簧离合器多取 H/h 为 1.5~2.0，板厚 h 为 2~4mm。

(2) 比值 R/r 和 R、r。研究表明，R/r 越大，弹簧材料利用率越低，弹簧越硬，弹性特性曲线受直径误差的影响越大，且应力越高。根据结构布置和压紧力的要求，R/r 一般为 1.2~1.35。为使摩擦片上的压力分布较均匀，推式膜片弹簧的 R 值应取大于或等于摩擦片的平均半径 R_{c}；拉式膜片弹簧的 r 值应取为大于或等于 R_{c}。而且，对于同样的摩擦片尺寸，拉式的 R 值比推式的大。

(3) α 的选择。膜片弹簧自由状态下圆锥底角 α 与内截锥高度 H 关系密切，一般为

$9° \sim 15°$，$\alpha = \arctan[H/(R-r)] \approx H/(R-r)$。

(4) 膜片弹簧工作点位置。膜片弹簧工作点位置如图2-12所示。该曲线的拐点 H 对应着膜片弹簧的压平位置，而且 $\lambda_{1H} = (\lambda_{1M} + \lambda_{1N})/2$。新离合器在接合状态时，膜片弹簧的工作点为 B，通常取在凸点 M 和拐点 H 之间，一般 $\lambda_{1B} = (0.8 \sim 1.0)\lambda_{1H}$，以保证摩擦片在最大的磨损限度 $\Delta\lambda$ 范围内压紧力从 F_{1B} 到 F_{1A} 变化不大。分离时，膜片弹簧工作点从 B 点变到 C。为最大限度地减小踏板力，C 点应尽量靠近 N 点。

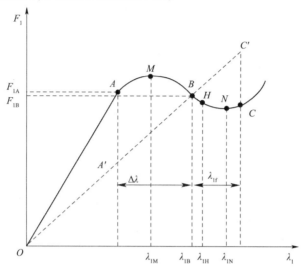

图2-12 膜片弹簧工作点位置图

(5) 分离指数 n 的选取。分离指数 n 常取18，大尺寸膜片弹簧可取24，小尺寸膜片弹簧可取12。

(6) 膜片弹簧小端半径 r_0 及分离轴承作用半径 r_1（图2-13）。r_0 由离合器的结构决定，其最小值应大于变速器第一轴花键的外径。r_1 应大于 r_0。

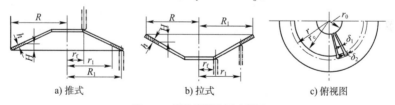

a) 推式　　b) 拉式　　c) 俯视图

图2-13 膜片弹簧的尺寸简图

(7) 切槽宽度 δ_1、δ_2 及半径 r_e，如图2-13所示。分离指的窗孔有多种形状，对于圆形窗孔，有 $\delta_1 = 3.2 \sim 3.5$mm，$\delta_2 = 9 \sim 10$mm，r_e 的取值应满足 $r - r_e \geqslant \delta_2$ 的要求。

(8) 压盘加载点半径 R_1 和支撑环加载点半径 r_1。R_1 和 r_1 的取值将影响膜片弹簧的刚度。r_1 应略大于 r 且尽量接近 r，R_1 应略小于 R 且尽量接近 R。

四、膜片弹簧材料及制造工艺

膜片弹簧一般采用60Si2MnA或50CrVA钢板材料。为了提高膜片弹簧承载能力，一般需要对膜片弹簧进行强压处理（将弹簧压平并保持12～14h），使其高应力区产生塑性变形以得到残余反向应力。此外，通过对膜片弹簧的内锥面进行喷丸处理，可以提高膜片弹簧疲劳寿命；对分离指内端部进行高频淬火、喷镀铬合金和镀镉或四氟乙烯可以提高其耐磨性。

第五节 扭转减振器的设计

一、扭转减振器的结构类型

扭转减振器是串联在传动系统中的一个弹性—阻尼装置,主要由弹性元件和阻尼元件等组成。弹性元件(减振弹簧或橡胶)的主要作用是降低传动系统首端即发动机曲轴与传动系统接合部分的扭转刚度,从而降低传动系统扭振系统的某阶(通常为三阶)固有频率,改变系统的固有振型,使之尽可能避开由发动机转矩主谐量激励引起的共振。阻尼元件(阻尼片)的主要作用是有效地耗散振动能量,降低传动系统的共振载荷、非共振载荷及噪声,改善离合器的接合平顺性。

扭转减振器具有线性和非线性两种特性。单级线性减振器的扭转特性如图 2-14 所示,其弹性元件一般采用圆柱螺旋弹簧,广泛应用于汽油机汽车中。在柴油机汽车中,目前广泛采用具有怠速级的两级或三级非线性扭转减振器。

在扭转减振器中,也有采用橡胶代替螺旋弹簧作为弹性元件,以液体阻尼器代替干摩擦阻尼的结构形式,但该形式会增大从动盘转动惯量,且需专用橡胶,所以应用受到限制。

目前通用的从动盘减振器在特性上不能避免怠速时的共振,在发动机实用转速范围内,难以通过降低减振弹簧刚度来得到更大的减振效果,因而出现了双质量飞轮减振器。

二、扭转减振器的主要参数

影响减振器工作性能的设计参数主要有:扭转刚度 k_φ、阻尼摩擦元件间的阻尼摩擦转矩 T_μ、极限转矩 T_j、预紧转矩 T_n 和极限转角 φ_j 等。

1. 极限转矩

极限转矩 T_j(图 2-14)是指减振器在消除了限位销与从动盘毂缺口间的间隙 Δ_1(图 2-15)时传递的最大转矩,即限位销起作用时的转矩,其中 Δ_1、Δ_2 均为限位销与从动盘毂间的间隙,d_1 为限位销直径。

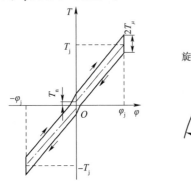

图 2-14 单级线性扭转减振器的扭转特性

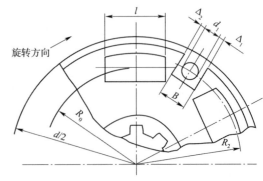

图 2-15 减振器尺寸简图

极限转矩由减振弹簧的最大变形量确定,规定了减振器起作用的转矩上限,且与发动机最大转矩有关,一般可取为:

$$T_j = (1.5 \sim 2.0) T_{e\,max} \tag{2-21}$$

其中，商用车系数取 1.5，乘用车系数取 2.0。

试验表明，当减振器传递的极限转矩 T_j 与汽车后驱动轮的最大附着力矩 $T_{\varphi\max}$ 相等时，传动系统的动载荷为最小；若 $T_j < T_{\varphi\max}$，系统将会产生冲击载荷；若 $T_j > T_{\varphi\max}$，则会增大减振器的角刚度，使传动系统动载荷有所增大。因此，T_j 也可按式(2-22)选取：

$$T_j = T_{\varphi\max} = \frac{G_2 \varphi r_r}{i_0 i_{g1}} \tag{2-22}$$

式中：G_2——满载汽车后驱动桥静载荷；

φ——附着系数，计算时取 0.8；

r_r——车轮滚动半径；

i_0——主减速比；

i_{g1}——变速器一挡传动比。

2. 扭转角刚度

为了避免传动系统共振，要合理选择减振器的扭转角刚度 k_φ，使共振现象不发生在发动机常用的工作转速范围内。k_φ 取决于减振弹簧的线刚度及其结构布置尺寸。

设减振弹簧分布在半径为 R_0 的圆周上，当从动片相对从动盘毂转过 $\varphi(\mathrm{rad})$ 时，弹簧相应变形量为 $R_0\varphi$。此时所需加在从动片上的转矩为：

$$T = 1000 K Z_j R_0^2 \varphi \tag{2-23}$$

式中：T——使从动片相对从动盘毂转过 $\varphi(\mathrm{rad})$ 所需加的转矩，$\mathrm{N \cdot m}$；

K——每个减振弹簧的线刚度，$\mathrm{N/mm}$；

Z_j——减振弹簧个数；

R_0——减振弹簧位置半径，m。

根据扭转刚度的定义 $k_\varphi = T/\varphi$，则：

$$k_\varphi = 1000 K Z_j R_0^2 \tag{2-24}$$

式中：k_φ——减振器扭转角刚度，$(\mathrm{N \cdot m})\mathrm{rad}$。

设计时，可按经验初选 k_φ 为：

$$k_\varphi \leqslant 13 T_j \tag{2-25}$$

3. 阻尼摩擦转矩

由于减振器扭转刚度 k_φ 受结构及发动机最大转矩的限制，故不可能很低，为了在发动机转速范围内最有效地消振，必须合理选择减振器阻尼装置的阻尼摩擦转矩 T_μ。一般可按下式初选：

$$T_\mu = (0.06 \sim 0.17) T_{e\max} \tag{2-26}$$

4. 预紧转矩

减振弹簧在安装时都有一定的预紧。研究表明，T_n 增加，共振频率将向减小频率的方向移动，这是有利的，但是 T_n 不应大于 T_μ，否则在反向工作时，扭转减振器将提前停止工作，故取：

$$T_n = (0.05 \sim 0.15) T_{e\max} \tag{2-27}$$

5. 极限转角

减振器从预紧转矩 T_n 增大到极限转矩 T_j 时，从动片相对从动盘毂的极限转角 φ_j 为：

$$\varphi_j = 2\arcsin\frac{\Delta l}{2R_0} \tag{2-28}$$

式中：Δl——减振弹簧的工作变形量。

φ_j 通常取 3°~12°，对汽车平顺性要求高或发动机工作不均匀时，φ_j 取上限。

6. 减振弹簧位置半径

R_0 的尺寸应尽可能取大一些，一般取：

$$R_0 = \frac{(0.6 \sim 0.75)d}{2} \tag{2-29}$$

式中：d——从动盘毂直径。

7. 减振弹簧个数

减振弹簧个数 Z_j 可以参照表 2-4 选取。

减振弹簧个数 Z_j 的选取　　　　　表 2-4

摩擦片外径 D(mm)	225~250	250~325	325~350	>350
Z_j	4~6	6~8	8~10	>10

8. 减振弹簧总压力

当限位销与从动盘毂之间的间隙 Δ_1 或 Δ_2 被消除，减振弹簧传递的转矩达到最大值 T_j 时，减振弹簧受到的压力 F_Σ 为：

$$F_\Sigma = \frac{T_j}{R_0} \tag{2-30}$$

第六节　离合器操纵机构的设计

一、对操纵机构的设计要求

对操纵机构的设计要求主要有：要求踏板力尽可能小，乘用车一般在 80~150N，商用车不应超过 150N；踏板总行程也不宜过大，一般应在 80~150mm，最大应不超过 180mm；应有踏板行程调整装置，以便在离合器摩擦片磨损后用来调整和恢复分离轴承与分离杠杆间的正常间隙量；还应有踏板行程限位装置，以防止操纵机构的零件受过大载荷而损坏。此外，操纵机构的传动效率要高，具有足够的刚度，不会因发动机的振动以及车架和驾驶室的变形而影响其正常工作，工作可靠、寿命长、维修方便等。

二、操纵机构形式的选择

常用的离合器操纵机构主要有机械式、液压式、气压式和自动操纵机构等。

机械式操纵机构有杆系和绳索两种形式。杆系操纵机构结构简单、工作可靠，广泛用于各种汽车上，但其质量大，传动效率低，发动机的振动和车架或驾驶室的变形都会影响其正常工作，在远距离操纵时布置较困难。绳索操纵机构可克服上述缺点，且可采用适宜驾驶人操纵的吊挂式踏板结构，但其寿命较短，机械效率不高，多用于某些轻型乘用车中。

液压式操纵机构主要由吊挂式离合器踏板、主缸、工作缸、管路系统和复位弹簧等部分组成，具有摩擦阻力小、传动效率高、质量小、布置方便和接合柔和等优点。此外，它还便于采用吊挂踏板，便于驾驶室的密封，且发动机的振动和车架或驾驶室的变形不会影响其正常工作。

气压式操纵机构通常安装在备有压缩空气装置的汽车上,其优点是离合器操纵轻便。

自动操纵机构由附在变速手柄上的触动开关来控制离合器的自动分离,并能在换挡后根据车速、节气门开度等信号,通过随动机构使离合器平稳接合。

三、操纵机构的设计计算

图2-16为液压式离合器操纵机构计算用简图。

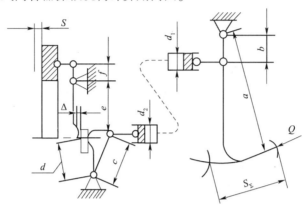

图2-16 液压式离合器操纵机构计算用简图

踏板总行程 S_Σ 由自由行程 S_Δ 和工作行程 S_g 两部分组成,即:

$$S_\Sigma = S_\Delta + S_g \tag{2-31}$$

液压式操纵机构的总传动比 $i_{\Sigma y}$ 和总行程 $S_{\Sigma y}$ 为:

$$i_{\Sigma y} = \left(\frac{a}{b}\right)\left(\frac{c}{d}\right)\left(\frac{e}{f}\right)\left(\frac{d_2^2}{d_1^2}\right) \tag{2-32}$$

$$S_{\Sigma y} = \Delta\left(\frac{a}{b}\right)\left(\frac{c}{d}\right)\left(\frac{d_2}{d_1}\right)^2 + S i_{\Sigma y} \tag{2-33}$$

式中: Δ ——分离轴承的自由行程,一般为 2~4mm,反映到踏板上即为踏板自由行程 S_Δ,一般为 20~30mm;

S——压盘行程,$S = Z_c \Delta S + m$;

Z_c——离合器的摩擦表面数,单片离合器取2,双片离合器取4;

ΔS——离合器在分离状态下对偶摩擦面间的间隙,对单片离合器取 0.75~1.0mm,对双片离合器取 0.5~0.6mm;

m——离合器在结合状态下从动盘的变形量,对有轴向弹性的从动盘取 1.0~1.5mm,对非弹性从动盘取 0.15~0.25;

a,b,c,d,e,f,d_1,d_2——杠杆尺寸。

踏板总行程 S_Σ 不应大于 150~180mm。

离合器彻底分离时的踏板力 F 为:

$$F = \frac{F_\Sigma}{i_\Sigma \eta} + F_h \tag{2-34}$$

式中:F_Σ——离合器彻底分离时压紧弹簧的总压力;

i_Σ——操纵机构的总传动比;

η——操纵机构的总传动效率,对机械式操纵机构取 0.7~0.8,对液压式操纵机构取 0.8~0.9;

F_h——克服各复位弹簧拉力所需的踏板力。

不考虑复位弹簧的影响,分离离合器所做的功为:

$$W = \frac{0.5(P + P_{max})n_s S}{\eta} \tag{2-35}$$

式中:P——离合器结合状态下每个弹簧的压紧力;

P_{max}——离合器彻底分离时每个弹簧的压紧力;

n_s——弹簧数;

S——压盘行程。

在规定的踏板力和行程允许范围内,驾驶人分离离合器所做的功应不大于 30J。由式(2-35)可知,通过减小 S 或增大 η 可以降低 W。

第七节 设计实例

一、题目及要求

已知某乘用车总质量为 1.4t,其动力系统采用的发动机最大输出功率 P_{emax} 为 91kW(6000r/min 工况下),最大输出转矩 T_{emax} 为 164N·m(4000r/min 工况下),试对该乘用车的离合器进行设计。

二、离合器的结构方案

该车的发动机最大转矩不大,可采用单片离合器。

膜片弹簧压紧式离合器已被广泛地应用于中小型以至重型载重汽车。这种形式的离合器结构简单,轴向尺寸紧凑,在满足同等压紧力和分离间隙的条件下,其最大分离力要比相同尺寸的周置弹簧离合器小 20%~30%。相对于推式而言,拉式膜片弹簧离合器零件数目更少、结构更简化,质量和轴向尺寸更小,并且分离杠杆较大,踏板操纵力较轻。

综上,本设计方案选用带有扭转减振器的单片拉式膜片弹簧离合器,工作环境为干式,摩擦片材料为非石棉树脂橡胶基材料(非缠绕型)。

三、离合器后备系数 β

在选择 β 时,应考虑摩擦片磨损后离合器仍能可靠地传递发动机最大转矩、防止离合器滑磨时间过长、传动系统过载以及使操纵轻便等因素。

乘用车后备系数的推荐值为 1.2~1.75,本设计后备系数选为 1.5。

四、摩擦片尺寸

摩擦片外径 D 可根据发动机最大转矩 T_{emax},按如下经验公式进行初选:

$$D = K_D \sqrt{T_{emax}} \tag{2-36}$$

式中:T_{emax}——发动机最大转矩;

K_D——经验数据,乘用车取 14.6。

$$D = 14.6 \times \sqrt[3]{164} = 187(\text{mm})$$

根据《汽车用离合器面片》(GB/T 5764—2011),取摩擦片外径 $D = 250\text{mm}$,选定摩擦片的内径 $d = 160\text{mm}$,厚度 $b = 3.5\text{mm}$。

五、离合器摩擦力矩 T_c

$$T_c = \beta T_{e\max} = 1.5 \times 164 = 246(\text{N} \cdot \text{m})$$

六、离合器压盘施加在摩擦面上的工作压力 F

R 为摩擦片外半径,r 为摩擦片内半径时,由式(2-6)可得摩擦片的平均摩擦半径为:

$$R_c = \frac{2(R^3 - r^3)}{3(R^2 - r^2)} = \frac{2 \times (125^3 - 80^3)}{3 \times (125^2 - 80^2)} = 104(\text{mm})$$

Z 为摩擦面数,单片离合器的 $Z = 2$,f 为摩擦面间的静摩擦系数,这里取 0.25,由式(2-7)可得施加在摩擦面上的工作压力为:

$$F = \frac{T_c}{fZR_c} = \frac{246}{0.25 \times 2 \times 0.104} = 4731(\text{N})$$

则单位压力:

$$p_0 = \frac{F}{A} = \frac{F}{\frac{\pi}{4}(D^2 - d^2)} = \frac{4731}{\frac{\pi}{4}(250^2 - 160^2)} \approx 0.163(\text{MPa})$$

非石棉树脂橡胶基材料(非缠绕型)的单位压力要求小于 0.30MPa,本离合器的单位压力比规定值小,故满足要求。

七、离合器组成部件结构设计(略)

八、离合器操纵机构的设计与计算(略)

本章小结

离合器主要功用是切断和实现发动机对传动系统的动力传递。在设计离合器时,首先要分别对其主动部分、从动部分、压紧机构和操纵机构进行性能分析和结构方案设计。

摩擦式离合器是依靠主、从动部分摩擦表面间的摩擦力矩来传递发动机转矩的,通过分析可以得到摩擦面静摩擦力矩的大小,进而可以对离合器基本参数(如后备系数、单位压力以及摩擦片外径、内径和厚度等尺寸参数)进行设计计算。压紧弹簧的形式多样,本章主要介绍了膜片弹簧弹性特性、强度设计计算以及主要参数选择。

扭转减振器设计主要包括对极限转矩、扭转角刚度、阻尼摩擦转矩等变量的分析计算。

离合器的操纵机构设计应满足踏板力尽可能小、踏板行程可调、传动效率高、具有足够刚度、工作可靠等要求。

思考与练习

2-1 离合器主要由哪几部分构成？各部分的结构设计方案有哪些？

2-2 什么是离合器的后备系数？影响其值的因素有哪些？

2-3 如何确定膜片弹簧离合器最佳工作点的位置？

2-4 某汽车采用多片式离合器。已知：摩擦工作面数 $Z=6$，摩擦片外径 $D=254\text{mm}$，摩擦片内径 $d=177\text{mm}$，摩擦系数 $f=0.2$，弹簧作用在摩擦片上的轴向压紧力 $F=444.8\text{N}$。试求该离合器在转速 $n=600\text{r/min}$ 时所能传递的功率。

第三章　机械式变速器设计

【内容提要】　本章主要介绍了基于定轴齿轮系的变速器传动机构布置方案、主要参数选择、典型零件的设计计算、同步器的工作原理及设计计算、变速器操纵机构的结构方案;简单介绍了基于周转齿轮系的自动变速器(AT)变速齿轮机构的结构方案和设计方法。

【目标要求】　熟悉常见的变速传动机构布置方案,掌握变速器主要参数选择、计算、校核要点,熟悉同步器主要参数的确定方法。了解自动变速器(AT)机械变速传动机构的不同方案特点和变速齿轮机构的设计要点。

第一节　引　　言

变速器用来改变发动机输送至驱动轮的转矩和转速,目的是在原地起步、爬坡、转弯、加速等各种行驶工况下,使汽车获得不同的牵引力和速度,同时使发动机在最有利的工况范围内工作。

变速器由变速传动机构和操纵机构组成。变速器多采用飞溅润滑,重型汽车有时强制润滑第一、二轴轴承等。变速器都装有单向通气阀,以防变速器箱体内空气热胀而漏油及润滑油氧化。

为保证良好的工作性能,对变速器提出如下设计要求。

(1)保证汽车有必要的动力性和经济性。
(2)设置空挡,用来切断发动机向驱动轮的动力传输。
(3)设置倒挡,使汽车能倒退行驶。
(4)换挡迅速、省力、方便。
(5)工作可靠。汽车行驶过程中,变速器不得有脱挡、乱挡以及换挡冲击等现象发生。
(6)变速器应当有高的工作效率。
(7)变速器的工作噪声低。
(8)需要时应设置动力输出装置。
(9)贯彻零件标准化、部件通用化和变速器总成系列化等设计要求,遵守有关标准和法规。

除此之外,变速器还应当满足轮廓尺寸和质量小、制造成本低、维修方便等要求。

满足必要的汽车动力性和经济性指标,这涉及变速器的挡数、传动比范围和各挡传动比配置等因素。汽车工作的道路条件越复杂、比功率越小,变速器的传动比范围越大。

若在原变速传动机构基础上附加一个副箱体,就可以在结构变化不大的前提下,达到增加变速器挡数的目的。近年来,变速器操纵机构有向自动操纵方向发展的趋势。

第二节　变速传动机构布置方案分析

机械式变速器因具有结构简单、传动效率高、制造成本低和工作可靠等优点,在各种形式的汽车上得到广泛应用。

一、变速传动机构的方案分析

变速器传动机构有两种分类方法。根据前进挡数的不同,分为三、四、五和多挡变速器几类。根据轴的形式不同,分为固定轴式和旋转轴式(常配合行星齿轮传动)两类。固定轴式又分为两轴式、中间轴式、双中间轴式和多中间轴式变速器。固定轴式应用广泛,其中两轴式变速器多用于发动机前置前轮驱动的汽车上,中间轴式变速器多用于发动机前置后轮驱动的汽车上,旋转轴式主要用于液力机械式变速器。

1. 两轴式变速器与中间轴式变速器

如图3-1所示,相对于中间轴式变速器,两轴式变速器具有结构简单、轮廓尺寸小、布置方便等优点。因两轴式变速器不能设置直接挡,所以在高挡工作时齿轮和轴承均承载,这不仅使工作噪声增大,而且易损坏。此外,受结构限制,两轴式变速器的一挡速比不可能设计得很大。

如图3-2所示。中间轴式变速器的共同特点是:变速器第一轴(输入轴)和第二轴(输出轴)的轴线在同一直线上,啮合套将它们连接得到直接挡。使用直接挡时,变速器的齿轮和轴承及中间轴均不承载,发动机转矩经变速器第一轴和第二轴直接输出,此时变速器的传动效率高,可达90%以上,且噪声低,齿轮和轴承的磨损减少。在除直接挡外的其他挡位工作时,中间轴式变速器的传动效率略有降低,这是它的缺点。

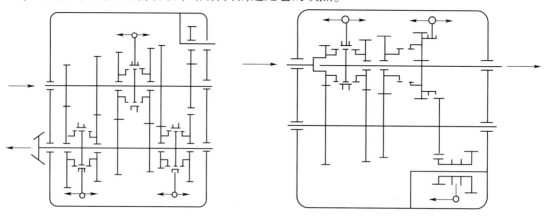

图3-1 两轴式变速器传动简图　　　　　图3-2 中间轴式变速器传动简图

应从结构工艺性、变速器的径向尺寸、变速器齿轮的寿命和变速器传动效率等方面综合考虑确定设计方案。

2. 倒挡布置方案

考虑到倒挡都是在制动状态下实现换挡且使用率不高,采用直齿滑动齿轮方式换倒挡的方案被普遍采用。图3-3a)~f)为常见的倒挡布置方案。

其中,图3-3a)所示方案的优点是换倒挡时利用了中间轴上的一挡齿轮,因而缩短了中间轴长度,但换挡时有两对齿轮同时进入啮合,使换挡困难。图3-3b)所示方案能获得较大的倒挡传动比,缺点是换挡程序不合理。图3-3c)所示方案针对前者的缺点做了修改,因而取代了图3-3b)所示方案。图3-3d)所示方案是将中间轴上的一挡、倒挡齿轮做成一体,将其齿宽加长。图3-3e)所示方案适用于全部齿轮副均为常啮合的齿轮,换挡更轻便。为了充分利用空间,缩短变速器轴向长度,部分货车的倒挡传动采用图3-3f)所示方案。其缺点是一挡、倒挡须各用一根变速器拨叉轴,使变速器上盖中的操纵机构变复杂。

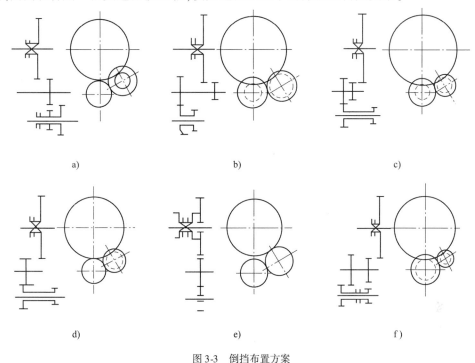

图3-3 倒挡布置方案

二、零部件结构方案分析

1. 齿轮形式

与直齿圆柱齿轮比较,斜齿圆柱齿轮有使用寿命长、工作时噪声低等优点;但制造时稍复杂,工作时有轴向力。尽管斜齿圆柱齿轮会使常啮合齿轮数增加,并导致变速器的转动惯量增大,但变速器中依然使用。直齿圆柱齿轮仅用于低挡和倒挡。

2. 换挡机构形式

变速器换挡机构有滑动齿轮、啮合套和同步器换挡三种形式。

滑动齿轮换挡结构简单、紧凑、容易制造,多采用直齿滑动齿轮,也有采用斜齿滑动齿轮的方案。汽车行驶时各挡齿轮有不同的角速度,因此轴向滑动直齿齿轮换挡会在轮齿端面产生冲击,并伴随有噪声。这使齿轮端部磨损加剧并过早损坏,同时使驾驶人精神紧张,而换挡产生的噪声又使乘坐舒适性降低。只有当驾驶人有熟练的操作技术来使换挡时齿轮冲击减小时,才能克服上述缺点。但是该瞬间驾驶人注意力被分散,会影响行驶安全性。

由于变速器第二轴齿轮与中间轴齿轮处于常啮合状态,所以可用移动啮合套换挡。这时,因同时承受换挡冲击载荷的接合齿齿数多,而决定传动比的轮齿又不参与换挡,它们都不会过早损坏,但不能消除换挡冲击,所以仍要求驾驶人有熟练的操作技术。此外,因增设了啮合套和常啮合齿轮,变速器旋转部分的总惯性矩增大。因此,目前这种换挡方法只在某些要求不高的挡位及重型货车变速器上应用。这是因为重型货车挡位间的公比较小,换挡机构连接件间的角速度差也小,并且能降低制造成本及减小变速器长度。

使用同步器能保证迅速,无冲击、无噪声换挡,而与操作技术的熟练程度无关,从而提高汽车的加速性、经济性和行驶安全性。

上述三种换挡方案可同时用在同一变速器的不同挡中，一般滑动齿轮换挡方式除一挡、倒挡外已很少使用，对于常用的高挡位则常用同步器或啮合套，乘用车要求轻便性和缩短换挡时间，因此采用全同步器换挡方案。

第三节　变速器主要参数选择与计算

一、挡数

增加变速器挡数能改善汽车的动力性和经济性。挡数越多，变速器的结构越复杂，并且轮廓尺寸和质量增大，同时操纵机构复杂，使用时的换挡频率和难度也增高。

一般可依据最大爬坡度以及驱动轮与路面的附着力综合确定一挡传动比（选其中的较小值）。在最低挡传动比不变的条件下，增加变速器的挡数会使变速器相邻的低挡与高挡间传动比比值减小，换挡工作容易进行。相邻挡位之间的传动比比值应在 1.8 以下，该值越小，换挡工作越易进行。对于相邻挡位之间的传动比比值，要求在高挡区小于低挡区。

近年来为了降低油耗，变速器的挡数有增加的趋势。目前，乘用车一般用 4~5 个挡位的变速器，发动机排量大的乘用车变速器多采用 5 个挡位，商用车变速器采用 4~5 个挡位或多挡位。装载质量在 2~3.5t 的货车采用 5 挡变速器，装载质量在 4~8t 的货车采用 6 挡变速器。多挡变速器多用于重型货车和越野汽车。

二、传动比范围

变速器的传动比范围是指变速器最低挡传动比与最高挡传动比的比值。传动比范围的确定与选定的发动机参数、汽车的最高车速和使用条件（如要求的汽车爬坡能力）等因素有关。

目前乘用车的传动比范围在 3~4.5 之间，总质量轻的商用车在 5~8 之间，其他商用车则更大。

三、中心距

对中间轴式变速器，中心距 A 是指中间轴与输出轴轴线间的距离，而两轴变速器则指输入轴与输出轴轴线间距离。该基本参数的大小不仅对变速器的外形尺寸、体积和质量大小有影响，而且对轮齿的接触强度有影响。

可根据经验公式初选中心距 A：

$$A = K_A \sqrt[3]{T_{e\max} i_1 \eta_g} \tag{3-1}$$

式中：A——变速器中心距，mm；

K_A——中心距系数，乘用车取 8.9~9.3，商用车取 8.6~9.6，多挡变速器取 9.5~11.0；

$T_{e\max}$——发动机最大转矩，N·m；

i_1——变速器一挡传动比；

η_g——变速器传动效率，取 0.96。

乘用车变速器的中心距在 65~80mm 范围内变化，而商用车的变速器中心距在 80~

170mm 范围内变化。原则上总质量小的汽车,变速器中心距也较小。

四、齿轮参数

1. 模数 m

齿轮模数是一个重要参数,影响其选取的因素包括齿轮的强度、质量、噪声、工艺要求等。

齿轮模数选取的一般遵守原则是:为减少噪声应合理减小模数,同时增加齿宽;为使质量小些,应增加模数,同时减少齿宽;从工艺方面考虑,各挡齿轮应该选用一种模数,而从强度方面考虑,各挡齿轮应有不同的模数。减少乘用车齿轮工作噪声有较重要的意义,因此齿轮的模数应选得小些;对商用货车,减小质量比减小噪声更重要,故齿轮应该选用大些的模数。

变速器低挡齿轮应选用大些的模数,其他挡位选用另一种模数。少数情况下汽车变速器各挡齿轮均选用相同的模数。

变速器用齿轮模数范围大致如下:发动机排量在 1.0~1.6L 之间的乘用车为 2.25~2.75mm,发动机排量在 1.6~2.5L 之间的乘用车为 2.75~3.00mm;而总质量在 6.0~14t 的货车为 3.5~4.5mm,总质量大于 14t 的货车为 4.5~6.0mm。所选模数值应符合国家标准《通用机械和重型机械用圆柱齿轮 模数》(GB/T 1357—2008)的规定。

啮合套和同步器的接合齿多采用渐开线齿形。由于工艺上的原因,同一变速器中的接合齿模数相同,其取用范围是:乘用车和总质量在 1.8~14t 的货车为 2.0~3.5mm;总质量大于 14t 的货车为 3.5~5.0mm。选取较小的模数值可使齿数增多,有利于换挡。

2. 压力角 α

压力角较小时,重合度较大,传动平稳,噪声较低;压力角较大时,可提高轮齿的抗弯强度和表面接触强度。实际上,因国家规定的标准压力角为 20°,所以此值为变速器齿轮普遍采用。啮合套或同步器的接合齿压力角有 20°、25°、30° 等,但普遍采用 30° 压力角。

3. 平行轴斜齿轮螺旋角 β

平行轴斜齿轮在变速器中有着十分广泛的应用。试验表明:随着螺旋角的增大,轮齿的强度也相应提高,而当螺旋角大于 30° 时,其抗弯强度骤然下降,接触强度则仍继续上升。因此,从提高低挡齿轮抗弯强度的角度考虑,并不希望使用过大的螺旋角;而从提高齿轮的接触强度和增加重合度的角度考虑,应当选取较大的螺旋角。同时,螺旋角对斜齿轮工作噪声也有影响,选用较大的螺旋角时,重合度增加,因而工作平稳、噪声降低。

在选取斜齿轮螺旋角时,还应力求使中间轴上的轴向力互相抵消。对个别使用频率不高的挡位,也允许轴向力合力不为零。如图 3-4 所示,记 F_{a1}、F_{a2} 作用在中间轴齿轮 1、2 上的轴向力;F_{n1}、F_{n2} 为作用在中间轴上齿轮 1、2 上的圆周力;r_1、r_2 为齿轮 1、2 的节圆半径;T 为中间轴传递的转矩。欲使中间轴上两个斜齿轮的轴向力平衡,须满足:

$F_{a1} = F_{n1}\tan\beta_1 , F_{a2} = F_{n2}\tan\beta_2 。$

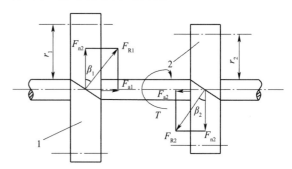

图 3-4 中间轴轴向力的平衡

由于 $T = F_{n1}r_1 = F_{n2}r_2$，为使两轴向力平衡，必须满足：

$$\frac{\tan\beta_1}{\tan\beta_2} = \frac{r_1}{r_2} \qquad (3-2)$$

斜齿轮螺旋角的选用范围：对乘用车变速器，两轴式变速器为20°～25°，中间轴式变速器为22°～34°；对货车变速器为18°～26°。

4. 齿宽 b

齿宽对变速器的轴向尺寸、质量、齿轮工作平稳性、齿轮强度和齿轮工作时受力的均匀程度等均有影响。

通常根据齿轮模数 $m(\text{mm})$ 的大小来选定齿宽 b：直齿 $b = K_c m$，K_c 为齿宽系数，取为4.5～8.0；斜齿 $b = K_c m_n$，K_c 取为6.0～8.5。

采用啮合套或同步器换挡时，其接合齿的工作宽度初选时可取2～4mm。

5. 各挡齿轮齿数的分配

确定变速器各挡齿轮齿数时，应考虑：

(1) 符合动力性、经济性对各挡传动比的要求；

(2) 最少齿数应不至于产生根切（否则应考虑设计变位齿轮传动）；

(3) 为使齿面磨损均匀，互相啮合的齿轮的齿数互质；

(4) 齿数多，可降低齿轮传动噪声。

在初选中心距、齿轮模数和螺旋角后，可根据变速器的挡数、传动比和传动方案来分配各挡齿轮的齿数。以图3-5所示四挡变速器为例，说明分配齿数的方法。

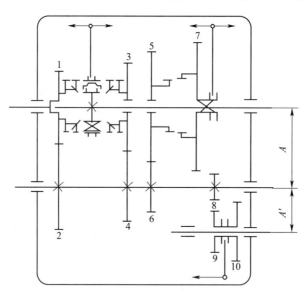

图3-5 四挡变速器传动方案

(1) 确定一挡齿轮的齿数。

一挡传动比：

$$i_1 = \frac{z_2 z_7}{z_1 z_8} \qquad (3-3)$$

如果确定 z_7 和 z_8 的齿数，则可求出 z_2 与 z_1 的传动比。为求 z_7、z_8 的齿数，先按式(3-4)

求其齿数和 z_h(其中第一式为直齿轮,第二式为斜齿轮)。

$$z_h = \begin{cases} \dfrac{2A}{m} \\ \dfrac{2A\cos\beta}{m_n} \end{cases} \tag{3-4}$$

计算后取 z_h 为整数,然后进行大、小齿轮齿数的分配。中间轴上的一挡小齿轮的齿数尽可能取少些,以便使 z_7/z_8 的传动比大些,在 i_1 已确定的条件下,z_2/z_1 的传动比可分配小些,使第一轴常啮合齿轮的齿数多些,以便在其内腔设置第二轴的前轴承,并保证轮辐有足够的厚度。考虑到壳体上的第一轴轴承孔尺寸的限制和装配的可能性,该齿轮齿数又不宜取多。

中间轴上小齿轮的最少齿数还受中间轴轴径尺寸的限制,即刚度的限制。在选定时,对轴的尺寸及齿轮齿数都要统一考虑。乘用车中间轴式变速器一挡传动比 $i_1 = 3.5 \sim 3.8$ 时,中间轴上一挡齿轮齿数 z_8 可在 15~17 选取,货车可在 12~17 选用。一挡大齿轮齿数用 $z_7 = z_h - z_8$ 计算求得。

(2)对中心距 A 进行修正。

因为计算齿数和 z_h 后,经过取整数使中心距有了变化,所以应根据取定的 z_h 和齿轮变位系数重新计算中心距 A,再以修正后的中心距 A 作为各挡齿轮齿数分配的依据。

(3)确定常啮合传动齿轮副的齿数。

由式(3-3)求出常啮合传动齿轮的传动比:

$$\frac{z_2}{z_1} = i_1 \frac{z_8}{z_7} \tag{3-5}$$

而常啮合传动齿轮中心距和一挡齿轮的中心距相等,即:

$$A = \frac{m_n(z_1 + z_2)}{2\cos\beta} \tag{3-6}$$

由式(3-5)和式(3-6)求 z_1 与 z_2,求出的 z_1、z_2 都应取整数;然后核算一挡传动比与原传动比差值,如差值较大,只要调整一下齿数即可;最后根据所确定的齿数,按式(3-6)算出精确的螺旋角值。

(4)确定其他各挡位的齿数。

若二挡齿轮是直齿轮,模数与一挡齿轮相同,则得:

$$i_2 = \frac{z_2 z_5}{z_1 z_6} \tag{3-7}$$

$$A = \frac{m(z_5 + z_6)}{2} \tag{3-8}$$

解两方程式求出 z_5、z_6。用取整数后的 z_5、z_6 计算中心距 A,若与 A 有偏差,通过齿轮变位来调整。

二挡齿轮是斜齿轮,螺旋角 β_6 与常啮合齿轮的 β_2 不同时,由式(3-7)得:

$$\frac{z_5}{z_6} = i_2 \frac{z_1}{z_2} \tag{3-9}$$

而

$$A = \frac{m_n(z_5 + z_6)}{2\cos\beta_6} \tag{3-10}$$

此外,从抵消或减少中间轴上的轴向力出发,参式(3-2)并按端面参数计算化简可得:

$$\frac{\tan\beta_2}{\tan\beta_6} = \frac{z_2}{z_1+z_2}\left(1+\frac{z_5}{z_6}\right) \tag{3-11}$$

联解上述三个方程式,可求出 z_5、z_6 和 β_6 三个参数。此方程组求解,一般采用试凑法,即先选定螺旋角 β_6,解式(3-9)和式(3-10),求出 z_5、z_6,再将 z_5、z_6 及 β_6 代入式(3-11)中,检查是否满足或近似满足轴向力平衡的关系。如相差太大,则要调整螺旋角 β_6,重复上述过程,直至符合设计要求为止。

其他各挡齿轮的齿数确定方法类同。

(5)确定倒挡齿轮齿数。

倒挡齿轮选用的模数往往与一挡相近。图3-5中倒挡齿轮10的齿数 z_{10} 一般在 21~23 之间,初选 z_{10} 后,可计算出中间轴与倒挡轴的中心距 A':

$$A' = \frac{1}{2}m(z_8 + z_{10}) \tag{3-12}$$

为保证倒挡齿轮的啮合和不产生运动干涉,齿轮8和9的齿顶圆之间应保持0.5mm以上的间隙,则齿轮9的齿顶圆直径 D_{e9} 应为:

$$\frac{D_{e8}}{2} + 0.5 + \frac{D_{e9}}{2} = A' \tag{3-13}$$

根据求得的 D_{e9},再选择适当的齿数及采用变位齿轮,使齿顶圆 D_{e9} 符合式(3-13)。最后计算倒挡轴与输出轴的中心距 A''。

6. 变速器齿轮强度计算与校核

(1)齿轮损坏形式。

轮齿折断、齿面疲劳点蚀、移动换挡齿轮端部破坏以及齿面胶合是变速器齿轮的主要损坏形式。

(2)轮齿强度计算。

与其他机械行业比较,不同用途汽车的变速器齿轮使用条件仍是相似的。此外,汽车变速器齿轮用的材料、热处理方法、加工方法、精度级别、支承方式也基本一致。如汽车变速器齿轮用低碳合金钢制作,采用剃齿或磨齿精加工,齿轮表面采用渗碳淬火热处理工艺,齿轮精度一般不低于7级。汽车变速器齿轮强度计算与校核可用下述简化公式。

①轮齿弯曲强度计算。

直齿轮弯曲应力 σ_w 按照式(3-14)计算:

$$\sigma_w = \frac{F_1 K_\sigma K_f}{bty} \tag{3-14}$$

式中:σ_w——弯曲应力,MPa;

F_1——圆周力,取 $\frac{T_g}{d}$,N;

T_g——计算载荷,N·mm;

d——节圆直径,mm;

K_σ——应力集中系数,可近似取 1.65;

K_f——摩擦力影响系数,主、从动齿轮在啮合点上的摩擦力方向不同,对弯曲应力的影响也不同,主动齿轮取 1.1,从动齿轮取 0.9;

b——齿宽,取 $K_c m$,mm;

t——端面齿距,取 πm,mm;

m——模数,mm;

y——齿形系数(图3-6)。

因为齿轮节圆直径 $d = mz$,其中 z 为齿数,所以将上述有关参数代入式(3-14)后得:

$$\sigma_w = \frac{2T_g K_\sigma K_f}{\pi m^3 z K_c y} \qquad (3-15)$$

当计算载荷 T_g 取作用到变速器第一轴上的最大转矩 $T_{e\max}$ 时,一、倒挡直齿轮许用弯曲应力在 400~850MPa,货车可取下限,承受双向交变载荷作用的倒挡齿轮的许用应力应取下限。

斜齿轮弯曲应力 σ_w 按照式(3-16)计算:

$$\sigma_w = \frac{F_1 K_\sigma}{bty K_\varepsilon} \qquad (3-16)$$

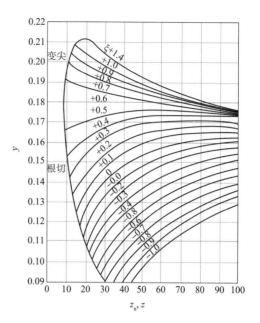

图3-6 齿形系数图(假定载荷作用在齿顶 $\alpha = 20°$, $f_0 = 1$)

式中:F_1——圆周力,取 $\frac{T_g}{d}$,N;

T_g——计算载荷,N·mm;

d——节圆直径,取 $\frac{m_n z}{\cos\beta}$,mm;

m_n——法面模数,mm;

z——齿数;

β——斜齿轮螺旋角(°);

K_σ——应力集中系数,取1.5;

b——齿面宽,mm;

t——法面齿距,取 πm_n,mm;

y——齿形系数,可按当量齿数 $z_n = \frac{z}{\cos^3\beta}$ 在图3-6中查得;

K_ε——重合度影响系数,取2。

将上述有关参数代入式(3-16),整理后得到斜齿轮弯曲应力为:

$$\sigma_w = \frac{2T_g K_\sigma \cos\beta}{\pi z m_n^3 y K_c K_\varepsilon} \qquad (3-17)$$

当计算载荷 T_g 取作用到变速器第一轴上的最大转矩 $T_{e\max}$ 时,对乘用车常啮合齿轮和高挡齿轮的许用应力在 180~350MPa,对货车为 100~250MPa。

②轮齿接触应力计算。

轮齿的接触应力按下式计算:

$$\sigma_j = 0.418\sqrt{\frac{FE}{b}\left(\frac{1}{\rho_z} + \frac{1}{\rho_b}\right)} \qquad (3-18)$$

式中:σ_j——轮齿的接触应力,MPa;

F——齿面上的法向力,取 $\frac{F_1}{\cos\alpha\cos\beta}$,N;

F_1——圆周力,取 $\frac{T_g}{d}$,N;

T_g——计算载荷,N·mm;

d——节圆直径,mm;

α——节点处压力角(°);

β——齿轮螺旋角(°);

E——齿轮材料的弹性模量,MPa;

b——齿轮接触的实际宽度,mm;

ρ_z、ρ_b——主、从动齿轮节点处的曲率半径,直齿轮:$\rho_z = r_z \sin\alpha$,$\rho_b = r_b \sin\alpha$,斜齿轮:$\rho_z = \frac{r_z \sin\alpha}{\cos^2\beta}$,$\rho_b = \frac{r_b \sin\alpha}{\cos^2\beta}$,mm;

r_z、r_b——主、从动齿轮节圆半径,mm。

将作用在变速器第一轴上的载荷 $T_{e\max}/2$ 作为计算载荷时,变速器齿轮的许用接触应力 σ_j 见表3-1。

变速器齿轮许用接触应力　　　　表3-1

齿　　轮	σ_j(MPa)	
	渗碳齿轮	液体碳氮共渗齿轮
一挡和倒挡	1900~2000	950~1000
常啮合齿轮和高挡	1300~1400	650~700

变速器齿轮多数采用渗碳合金钢,其表层的高硬度与芯部的高韧性相结合,能显著提高齿轮的耐磨性及抗弯曲疲劳和接触疲劳强度。

国内汽车变速器齿轮材料主要用 20CrMnTi、20Mn2TiB、15MnCr5、20MnCr5、25MnCr5、28MnCr5。渗碳齿轮在淬火、回火后,要求表面硬度为 HRC58~63,芯部硬度为 HRC33~48。

五、轴的设计计算

1. 轴径估算

变速器工作时,其轴除传递转矩外,还承受来自齿轮作用的径向力,如果是斜齿轮则还有轴向力。在这些力的作用下,变速器的轴必须有足够的刚度和强度。轴的刚度不足会产生弯曲变形,不仅会破坏齿轮的正确啮合,对齿轮的强度和耐磨性均产生不利影响,还会增加工作噪声。

中间轴式变速器的第二轴和中间轴中部直径 $d \approx 0.45A$,轴的最大直径 d 和支承间距离 L 的比值范围为:中间轴的 $d/L = 0.16 \sim 0.18$,第二轴的 $d/L = 0.18 \sim 0.21$。

第一轴花键部分直径 d(mm)可按式(3-19)初选:

$$d = K\sqrt[3]{T_{e\max}} \tag{3-19}$$

式中:K——经验系数,$K = 4.0 \sim 4.6$;

$T_{e\max}$——发动机最大转矩,N·m。

2. 轴的刚度与强度校核

一般而言,在估算轴径后,即可初步进行其结构设计,进而对轴进行刚度和强度验算。欲求中间轴式变速器第一轴的支点反作用力,必须先求第二轴的支点反力。挡位不同,不仅圆周力、径向力和轴向力不同,而且力到支点的距离也有变化,所以应当对每个挡位都进行验算。验算时将轴看作铰接支承的梁。作用在第一轴上的转矩应取 $T_{e\max}$。

在进行轴的挠度和转角计算时,仅计算齿轮所在位置处轴的挠度和转角。第一轴常啮合齿轮副,因距离支承点近、负荷小,通常挠度不大,故不必计算。变速器齿轮在轴上的位置如图3-7所示时,若轴在垂直面内挠度为 f_c,在水平面内挠度为 f_s,转角为 δ,则可分别用式(3-20)~式(3-22)计算。

$$f_c = \frac{F_1 a^2 b^2}{3EIL} \quad (3-20)$$

$$f_s = \frac{F_2 a^2 b^2}{3EIL} \quad (3-21)$$

$$\delta = \frac{F_1 ab(b-a)}{3EIL} \quad (3-22)$$

式中:F_1——齿轮齿宽中间平面上的圆周力,N;

F_2——齿轮齿宽中间平面上的径向力,N;

E——弹性模量,取 2.1×10^5,MPa;

I——惯性矩,实心轴取 $\frac{\pi d^4}{64}$,mm^4;

d——轴的直径,花键处按平均直径计算,mm;

a、b——齿轮上作用力距支座 A、B 的距离,mm;

L——支座间距离,mm。

如果用 f_c 和 f_s 分别表示轴在垂直面和水平面的挠度,则轴的全挠度为 $f = \sqrt{f_c^2 + f_s^2} \leq [f]$。$[f]$ 为许用挠度,参考有关设计手册、规范确定。

轴在垂直面和水平面挠度的允许值为 $f_c = 0.05 \sim 0.10 \text{mm}$,$f_s = 0.10 \sim 0.15 \text{mm}$。齿轮所在平面的转角不应超过 0.002rad。

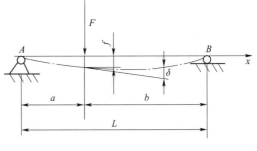

图3-7 变速器轴的挠度和转角

与中间轴齿轮常啮合的第二轴上的齿轮,通过青铜衬套或滚针轴承装在轴上,部分也省去衬套或滚针轴承直接装在轴上,这就能够增大轴的直径,使轴的刚度增加。

作用在齿轮上的径向力使轴在垂直面内弯曲变形,而圆周力使轴在水平面内弯曲变形。在求取支点的垂直面和水平面内的支反力 F_c 和 F_s 后,计算相应的弯矩 M_c、M_s。轴在转矩 T_n 和弯矩同时作用下,其应力为:

$$\sigma = \frac{M}{W} = \frac{32M}{\pi d^3} \quad (3-23)$$

式中:$M = \sqrt{M_c^2 + M_s^2 + T_n^2}$,N·mm;

d——轴的直径,花键处取内径,mm;

W——抗弯截面系数,mm^3。

在低挡工作时,许用应力$[\sigma] \leq 400$MPa。变速器的轴采用与齿轮相同的材料制造。

六、轴承的确定

变速器轴承常采用圆柱滚子轴承、球轴承、滚针轴承、圆锥滚子轴承、滑动轴套等。至于何处应当采用何种轴承,应综合考虑结构限制、极限转速和载荷条件。一般是根据结构位置并参考同类车型的相应轴承类型后,按国家规定的轴承标准选定,再进行其疲劳寿命的验算。

七、变速器外形尺寸

变速器的横向外形尺寸,可根据齿轮直径以及倒挡中间(过渡)齿轮和换挡机构的布置初步确定。乘用车四挡变速器壳体的轴向尺寸为$(3.0 \sim 3.4)A$。商用车变速器壳体的轴向尺寸与挡数有关,可参考下列数据选用:四挡为$(2.2 \sim 2.7)A$;五挡为$(2.7 \sim 3.0)A$;六挡为$(3.2 \sim 3.5)A$。

当变速器选用的挡数和同步器多时,中心距系数K应取给出范围的上限。为了检测方便,中心距A最好取为整数。

第四节 同步器设计

同步器分为常压式、惯性式和惯性增力式三种。目前,广泛使用的是惯性式同步器。

一、惯性式同步器

从结构上分,惯性式同步器又可分为锁销式、滑块式、锁环式、多片式和多锥式几种。虽然它们的具体结构不同,但是都有摩擦元件、锁止元件和弹性元件。

1. 锁销式同步器

(1) 锁销式同步器的结构。

图 3-8 所示为锁销式同步器。齿轮 3 的左端带有接合齿圈,与滑动齿套 1 上的接合齿进入啮合,把齿轮与轴连接起来,即挂入挡位,传递转矩。同步器的摩擦元件是齿轮左端面凸出的外锥面和同步环 2 的内锥面,在挂挡时,这两个锥面相互接触,形成摩擦面。同步器的锁止元件是在滑动齿套 1 圆盘部分(上部)孔中做出的锥肩角及装在这个孔中的锁销 4,锁销 4 和同步环 2 刚性连接,再用弹簧下面的钢球 5 和销 6 使滑动齿套 1 和同步环 2 弹性连接。

在惯性式同步器中,弹性元件非常重要,它在使有关部分保持在中立位置的同时,又不妨碍锁止、解除锁止和换挡。

(2) 锁销式同步器的工作原理。

同步器换挡过程由三个阶段组成。

① 第一阶段。驾驶人用手推换挡手柄,通过换挡拨叉把力 F 传给滑动齿套,再通过弹簧—钢球 5—销 6 传给同步环 2,使同步器离开中间位置,轴向移动并使同步环 2 的内锥面压靠在齿轮 3 的外锥面上。在摩擦面相互接触瞬间,由于齿轮 3 的角速度 ω_3 和滑动齿套 1 的角速度 ω_1 不同,在摩擦力矩作用下,锁销 4 相对滑动齿套 1 转动一个小角度,并占据锁止位置。此时锁止面接触,阻止滑动齿套 1 向换挡方向移动。

②第二阶段。驾驶人用力推换挡手柄,通过换挡拨叉把力 F 传给滑动齿套,再经过锁止元件作用在摩擦面上。因 $\omega_3 \neq \omega_1$,故在摩擦面上产生摩擦力。在摩擦力矩的作用下,滑动齿套 1 和齿轮 3 的转速逐步趋近,即角速度差不断减少。

③第三阶段。滑动齿套 1 和齿轮 3 转速相等,即达到同步,摩擦力矩消失,而轴向力 F(驾驶人作用的换挡力)仍作用在锁止元件上,整个输入端转动一个角度,从而使锁止元件解除锁止状态。这时滑动齿套 1 和锁销上的斜面相对移开,滑动齿套相对锁销 4 做轴向移动,与齿轮 3 上的接合齿进入啮合,完成同步换挡。

锁销式同步器根据同步环锥面的不同,分为外锥式和内锥式(图 3-8)两种。

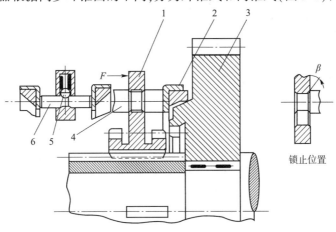

图 3-8　内锥式锁销同步器
1-滑动齿套;2-同步环;3-齿轮;4-锁销;5-钢球;6-销

2. 锁环式同步器

(1)锁环式同步器的结构。

图 3-9 所示为锁环式同步器的基本结构。锁环式同步器的结构特点是同步器的摩擦元件位于锁环 1 或 4 和齿轮 5 或 8 凸轴肩部分的锥形斜面上。锁止元件在锁环 1 或 4 上的齿和啮合套 7 上齿的端部,且端部均为斜面,称为锁止面。弹性元件位于啮合套座两侧的弹簧圈 3。弹簧圈将置于啮合套座花键上中部呈凸起状的滑块压向啮合套。

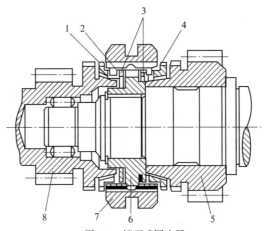

图 3-9　锁环式同步器
1,4-锁环;2-滑块;3-弹簧圈;5、8-齿轮;6-啮合套座;7-啮合套

在不换挡的中间位置,滑块凸起部分嵌入啮合套中部的内环槽中,使同步器用来换挡的零件保持在中立位置。滑块两端伸入两端缺口内,而缺口的尺寸比滑块宽一个接合齿。

(2) 锁环式同步器的工作原理。

换挡时,沿轴向作用在啮合套上的换挡力,推啮合套并带动滑块和锁环移动,直至锁环锥面与被接合齿轮上的锥面接触为止。之后,因作用在锥面上的法向力与锥面之间存在角速度差 $\Delta\omega$,致使在锥面上作用有摩擦力矩,它使锁环相对啮合套和滑块转过一个角度,并由滑块予以定位。接下来,啮合套的齿端与锁环面的锁止端的锁止面接触,如图3-10a)所示,使啮合套的移动受阻,同步器处于锁止状态,换挡的第一阶段的工作至此已完成。换挡力将锁环继续压靠在锥面上,并使摩擦力矩增大,与此同时,将作用在锁止面的法向力沿圆周方向的分力产生的力矩称为拨环力矩(该力矩有试图使锁环相对于啮合套向后退转的趋势)。齿轮与锁环的角速度逐渐接近,在角速度相等的瞬间,同步过程结束,完成了换挡的第二个阶段。之后,摩擦力矩随之消失,而拨环力矩使锁环回位,两锁止面分开,同步器解除锁止状态,啮合套上的啮合齿在换挡力作用下通过锁环与齿轮上的接合齿啮合,如图3-10b)所示,完成同步换挡。

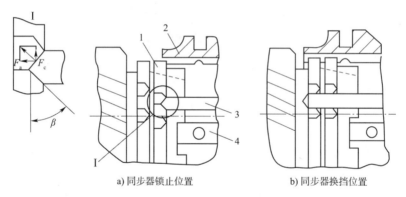

a) 同步器锁止位置　　　　b) 同步器换挡位置

图 3-10　锁环式同步器工作原理
1-锁环;2-啮合套;3-啮合套接合齿;4-滑块

锁环式同步器有工作可靠、零件耐用等优点,但因结构布置上有限制、转矩容量不大,而且由于锁止面在锁环的接合齿上,会因齿端磨损而失效,因而主要用于乘用车和总质量不大的火车变速器中。

(3) 锁环式同步器的主要尺寸。

①接近尺寸 b。同步器换挡第一阶段中间,在滑块侧面压在锁环缺口侧边的同时,且啮合套相对滑块做轴向移动前,啮合套接合齿与锁环接合齿倒角间的轴向距离 b,如图3-11所示,称为接近尺寸。尺寸 b 应大于零,取 $b=0.2\sim0.3\mathrm{mm}$。

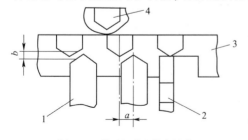

图 3-11　接近尺寸和分度尺寸
1-啮合套接合齿;2-滑块;3-锁环;4-齿轮接合齿

②分度尺寸 a。滑块侧面与锁环缺口侧面接触时,称啮合套接合齿与锁环接合齿中心线间的距离 a 为分度尺寸,如图3-11所示。a 应等于 0.25 倍接合齿齿距。a 和 b 是保证同步器处于正确锁止位置的重要尺寸,应予以控制。

③滑块转动距离 c。滑块在锁止环缺口内转

动距离 c 影响分度尺寸 a,如图 3-12 所示。滑块宽度 d、滑块转动距离 c 与缺口宽度 E 之间的关系为:$E = d + 2c$;滑块转动距离 c 与接合齿齿距 t 的关系为:$c \approx \dfrac{R_1 t}{4R_2}$,其中 R_1 为滑块轴向移动后的外半径(即锁环缺口外半径);R_2 为接合齿分度圆半径。

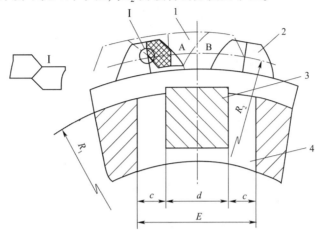

图 3-12　滑块移动距离

1-啮合套;2-锁环;3-滑块;4-锁环缺口

④滑块端隙 δ_1。滑块端隙 δ_1 指滑块端面与锁环缺口端面间的间隙,如图 3-13 所示。同时,啮合套端面与锁环端面的间隙为 δ_2,要求 $\delta_2 > \delta_1$。若 $\delta_2 < \delta_1$,则换挡时,在摩擦锥面尚未接触时,啮合套接合齿与锁环接合齿的锁止面已位于接触位置,即接近尺寸 b 小于 0,此刻因锁环浮动,摩擦面处于无摩擦力矩作用的状态,使啮合套可以通过同步环,同步器失去锁止作用。为保证 b 大于 0,应使 $\delta_2 > \delta_1$,通常取 $\delta_1 = 0.5\text{mm}$ 左右。

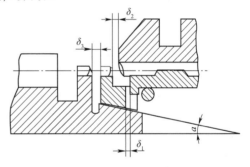

图 3-13　滑块端隙

锁环端面与齿轮接合齿端面应留有间隙 δ_3,并称之为后备行程。预留后备行程的原因是锁环的摩擦锥面会因摩擦而磨损,后续换挡时,锁环要向齿轮方向增加少量移动量。随着磨损的增加,这种移动量也逐渐增多,导致间隙 δ_3 逐渐减少,直至为零;此后,两摩擦锥面间会在这种状态下出现间隙和失去摩擦力矩。而此刻,若锁环上的摩擦锥面还未达到许用磨损的范围,同步器也会因失去摩擦力矩而不能实现锁环等零件与齿轮同步后换挡,故属于因设计不当而影响同步器寿命。一般应取 $\delta_3 = 1.2 \sim 2.0\text{mm}$。在空挡位置,锁环锥面的轴向间隙应保持在 $0.2 \sim 0.5\text{mm}$。

3. 惯性增力式同步器

惯性增力式同步器又称为波尔舍同步器,如图 3-14 所示。它能可靠地保证只在同步状态下换挡。只要啮合套和换挡轮之间存在转速差,弹簧片的支承力就阻止同步环缩小,从而也就阻止啮合套移动。只有在转速差为零时,弹簧片才卸除载荷,于是对同步环直径的缩小失去阻力,这样才可能实现换挡。波尔舍式同步器的摩擦力矩大、结构简单、工作可靠、轴向尺寸短,适用于商用变速器。

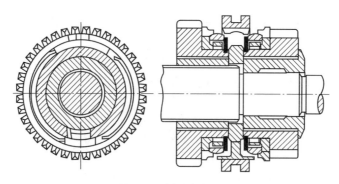

图 3-14 波尔舍同步器

二、同步器锁止条件的建立

同步器锁止条件建立的过程即确定摩擦锥面角度的过程。这些角度不仅要满足在连接件角速度完全相等前不进行换挡,还用来计算摩擦力矩和同步时间。

汽车换挡时,一般近似认为汽车的速度保持不变,即变速器的输出轴转速保持不变;为达到同步换挡,就要改变输入轴的转速。换挡时为保证无冲击地连接齿轮和轴,必须使它们的转动角速度相等。如图 3-15 所示,此时同步器必需的摩擦力矩 M_f 为:

$$M_f = \frac{J_r \Delta \omega}{t} \tag{3-24}$$

式中:J_r——离合器从动盘、变速器第一轴、变速器中间轴和变速器第二轴上与中间轴上齿轮常啮合的齿轮的转动惯量;

t——同步时间;

$\Delta \omega$——同步元件间的角速度差。

换挡时,驾驶人用力推变速杆,设手的推力为 F_s(对乘用车和大客车,取 60N;对货车,取 100N),变速杆到啮合套的传动比为 i_{gs},则作用在同步器摩擦表面上的轴向力为:

$$F = F_s i_{gs} \eta \tag{3-25}$$

式中:η——换挡传动机构的效率。

摩擦锥面上的法向合力为:

$$F_N = \frac{F}{\sin \alpha} \tag{3-26}$$

式中:α——摩擦锥面的半锥角。

而摩擦面上的摩擦力矩为:

$$M_f = F_N f R = \frac{F f R}{\sin \alpha} \tag{3-27}$$

式中:f——摩擦锥面间的摩擦因数;

R——摩擦锥面平均半径。

将式(3-27)代入(3-24),得到换挡时的摩擦力矩方程式为:

$$\frac{F f R}{\sin \alpha} = J_r \frac{\Delta \omega}{t} \tag{3-28}$$

为防止连接杆在转动角速度相等前接合换挡,就要满足式(3-29):

$$F_1 > F_2 \tag{3-29}$$

式中：F_1——由摩擦力矩 M_f 产生的、防止在未达到同步时换挡的力；
　　　F_2——力图分开锁止面的力。

由式(3-27)，可得：

$$F_1 = \frac{M_f}{r} = \frac{FfR}{r\sin\alpha} \tag{3-30}$$

式中：r——锁止面平均半径。

由图 3-15 可得：

$$F_2 = F\tan\beta \tag{3-31}$$

式中：β——锁止锥面的锁止角。

将式(3-30)、式(3-31)代入(3-29)，可得：

$$\frac{FfR}{r\sin\alpha} > F\tan\beta \tag{3-32}$$

即欲保证同步前滑动齿套不能继续移动，必须满足：

$$\tan\beta < \frac{fR}{r\sin\alpha} \tag{3-33}$$

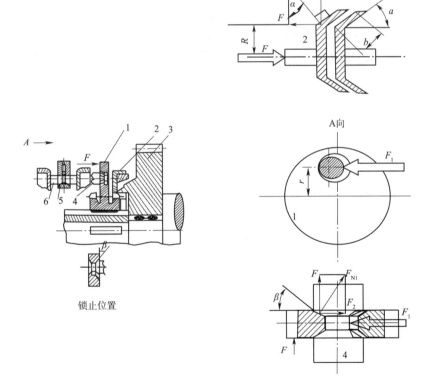

图 3-15　同步器锁止条件的建立
1-滑动齿套；2-同步环；3-齿轮；4-锁销；5-钢球；6-销

三、转动惯量的计算

换挡过程中，依靠同步器改变转速的零件通称为输入端零件。在中间轴式变速器中，它一般包括第一轴以及离合器从动盘、中间轴及其齿轮、在第二轴上，与中间轴上齿轮相啮合的常啮合齿轮。

输入端零件转动惯量一般采用如下方法计算：①求出各零件的转动惯量；②按不同的传动比，把这些转动惯量转换到被同步零件上。对已有的零件，通常用试验方法测出其转动惯量。若零件尚未产出，可以应用计算法，即将这些零件分解成标准几何体，分别计算它们的转动惯量，并按数学公式求出转动惯量值。其中试验法较准确；计算法误差较大，因为其不可避免地要做一些简化。图3-16所示为转动惯量转换的过程示意图。其中，Z_1、Z_2为齿轮1和2的齿数；ω_1、ω_2为齿轮1和2的角速度；J_1为齿轮1轴上的转动惯量，其转换到齿轮2的轴上后为J_2。

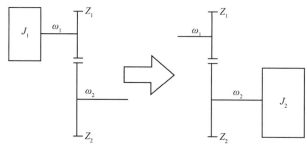

图3-16 转动惯量转换

转动惯量转换前后系统的能量保持相等，即：

$$\frac{J_1 \omega_1^2}{2} = \frac{J_2 \omega_2^2}{2} \tag{3-34}$$

而

$$\omega_1 Z_1 = \omega_2 Z_2 \tag{3-35}$$

所以

$$J_2 = J_1 \frac{\omega_1^2}{\omega_2^2} = J_1 \frac{Z_2^2}{Z_1^2} \tag{3-36}$$

下面以图3-17给出的变速器的传动方案为例，计算挂一挡和直接挡的当量转动惯量。

挂一挡时，输入端总转动惯量J_{q1}为：

$$J_{q1} = J_1 \frac{Z_2^2}{Z_1^2} + J_c + J_3 \frac{Z_4^2}{Z_3^2} + J_5 \frac{Z_6^2}{Z_5^2} \tag{3-37}$$

挂直接挡时，输入端总转动惯量J_{qd}为：

$$J_{qd} = J_1 + \left(J_c + J_3 \frac{Z_4^2}{Z_3^2} + J_5 \frac{Z_6^2}{Z_5^2}\right) \frac{Z_1^2}{Z_2^2} \tag{3-38}$$

式中：J_1——变速器第一轴及离合器从动盘转动惯量；
　　　J_c——中间轴的转动惯量；
　　　J_3——齿轮3的转动惯量；
　　　J_5——齿轮5的转动惯量。

四、主要参数的确定

1. 摩擦因数f

摩擦因数f对同步器的性能有很大影响。摩擦因数大，则换挡省力，达到的同步的时间较短,因此较大的摩擦因数对同步器工作有利。汽车在行驶过程中换挡,特别是在高挡位区换挡次数较多,意味着同步器工作频繁,因此又要求摩擦因数性能稳定。同时,同步器在油中工作,使摩擦因数减小,这就为设计工作带来困难。

摩擦因数与摩擦副材料、工作表面粗糙度、润滑油种类和温度等因素有关。与同步环锥面接触的齿轮上的锥面部分与齿轮做成一体,用低碳合金钢制成。对锥面的表面粗糙度要求较高,以保证在使用过程中摩擦因数变化小。若锥面的表面粗糙度值大,则在使用初期容易损害同步环锥面。同步环常选用具有足够高强度、硬度、耐磨性能良好的黄铜合金制造,如锰黄铜、铝黄铜和锡黄铜

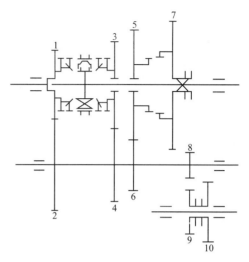

图 3-17 变速器传动图

等。早期用青铜合金制造的同步环,因使用寿命短,已被淘汰。由黄铜合金与钢材构成的摩擦副,在油中工作的摩擦因数 f 取为 0.1。摩擦因数 f 对换挡齿轮和轴的角速度能迅速达到相同有重要作用。如果摩擦因数小,会导致换挡费力或同步时间变长,甚至失去同步作用。

2. 摩擦锥面半锥角 α

摩擦锥面半锥角 α 是同步器的主要参数之一。摩擦面半锥角 α 越小,摩擦力矩越大。为增大同步器容量,α 应取小些,但也不能太小,否则摩擦锥面将产生自锁现象。而避免自锁的条件是 $\tan\alpha \geq f$,一般 $\alpha = 6° \sim 8°$。$\alpha = 6°$ 时摩擦力矩较大,但在锥面粗糙度控制不严时,有黏着和咬住的倾向;而在 $\alpha = 7°$ 时,很少出现咬住现象。

3. 同步环锥面上螺纹槽

为保持摩擦因数,在摩擦表面制有破坏油膜的细牙螺纹槽及沿轴线方向的泄油槽,如图 3-18a)、b)所示。试验表明,螺纹槽的齿顶宽对摩擦因数 f 的影响很大。摩擦因数 f 随齿顶的磨损而降低,换挡费力,故齿顶宽不易过大。螺纹槽设计得大些,可把刮下来的油存于螺纹间的间隙中,但螺距增大又会使接触面积减少,增加磨损速度。图 3-18a)所示尺寸适用于轻、中型汽车;图 3-18b)所示尺寸适用于重型汽车。通常轴向泄油槽为 6~12 个,槽宽 3~4mm。

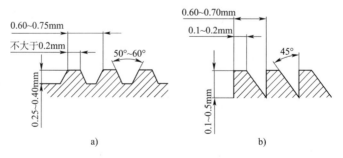

图 3-18 同步环螺纹槽形式

4. 摩擦锥面平均半径 R

在 F、f、α 一定情况下,增大 R 可以增大摩擦力矩并缩短同步时间。因此,设计时,在结构布置允许的条件下,锥面平均半径 R 应尽可能取大些。但取大 R 后,同步环径向厚度尺寸

应小,这也受同步强度要求限制。原则上应尽可能将 R 取大些。

5. 同步环摩擦锥面工作长度 b

同步环摩擦锥面工作长度 b 的选择与摩擦材料、表面压力、表面形状等因素有关。设计时可根据下式计算确定：

$$b = \frac{M_f}{2\pi f p R^2} \tag{3-39}$$

式中：M_f——摩擦力矩；

p——摩擦锥面上的许用压力,对钢与黄铜摩擦副,$p \approx 1.0 \sim 1.5 \text{MPa}$；

f——摩擦因数；

R——摩擦锥面的平均半径。

摩擦锥面的面积 $S = 2\pi R b$,这是假定在没有螺纹槽的条件下进行计算的。

6. 同步环径向厚度

与摩擦锥面平均半径一样,同步环的径向厚度受结构布置限制,包括变速器中心距及相关零件特别是锥面平均半径 R 和布置限制,不宜取得很厚,但必须保证同步器有足够强度。

同步环有锻造和铸造两种形式,其中乘用车同步环厚度比商用车小,应选用锻件或精密锻造工艺加工制成,以提高材料的屈服强度和疲劳寿命。而铸造同步环多用于中型、重型货车。选用材料时不仅要考虑摩擦因数,还要考虑耐磨性,其中锻造同步环常采用锰黄铜等材料,铸造同步环常采用铝黄铜等材料。

近年来,出现了高强度、高耐磨性的钢与钼配合的摩擦副,即在钢质或球墨铸铁同步环的锥面上喷镀一层钼(厚约 0.3 ~ 0.5m),以提高其耐磨性和强度。也有部分同步环是在铜环基体的锥孔表面喷上厚 0.07 ~ 0.12mm 的钼制成,喷钼环的寿命是铜环的 2 ~ 3 倍。以钢质为基体的同步环不仅可以节约成本,还可以提高同步环强度。

7. 锁止角 β

正确选取锁止角 β,可以保证只有在换挡两部分间角速度差达到 0 时才能进行换挡。影响锁止角选取的因素主要有摩擦因数 f、摩擦锥面平均半径 R、锁止面平均半径和锥面半锥角 α。已有结构的锁止角在 26°~42°。

8. 同步时间 t

同步器工作时,连接的两个部分达到同步的时间越短越好。除去同步器的结构尺寸、转动惯量对同步时间的影响外,变速器输入轴、输出轴的角速度差及作用在同步器摩擦锥面上的轴向力均对同步时间有影响。轴向力大,则同步时间减少。轴向力与作用在变速杆手柄上的力有关,而驾驶人操纵变速杆的力因车型不同而不同,并且应对其予以控制,避免过大。同步时间与车型有关,计算时可在下述范围选取；对乘用车变速器,高挡取 0.15 ~ 0.3s,低挡取 0.5 ~ 0.8s；对商用车变速器,高挡取 0.3 ~ 0.8s；低挡取 1 ~ 1.5s。

第五节　变速器操纵机构

根据汽车使用条件,驾驶人利用变速器的操纵机构完成选挡、换挡、退到空挡的工作。

变速器操纵机构应满足如下要求：换挡时只能挂入一个挡位,换挡后应使齿轮在全齿长上啮合,防止自动脱挡或自动挂挡与误挂倒挡,换挡应轻便。

用于机械式变速器的操纵机构,常见的是由变速杆、拨块、拨叉、变速叉轴及互锁、自锁和倒挡锁装置等构成,并依靠驾驶人手力完成选挡、换挡或退到空挡工作,称为手动换挡变速器。

一、操纵方式

1. 直接操纵手动换挡变速器

当变速器布置在驾驶人座椅附近时,可将变速杆直接安装在变速器上,并依靠驾驶人手力,通过变速杆直接完成换挡功能的手动换挡变速器,称为直接操纵变速器。这种操纵方案因结构简单而得到广泛应用。近年来,单轨式操纵机构应用较多。其优点是减少了变速叉轴,各挡同用一组自锁装置,因而简化操纵机构简化;缺点是要求各挡换挡行程相等。

2. 远距离操纵手动换挡变速器

平头式汽车或发动机后置后轮驱动汽车的变速器,受总体布置限制,变速器距驾驶人座位较远,这时需要在变速杆与拨叉之间布置若干传动件,换挡手力经过这些转换机构完成换挡功能。这种手动换挡变速器称为远距离操纵手动换挡变速器。图 3-19 所示为远距离操纵手动换挡变速器的工作原理。要求整套系统有足够的刚性且各连接件间间隙不能过大,否则换挡手感不明显,并增加了变速杆颤动的可能性。此时,变速杆支座应固定在受车架变形、汽车振动影响较小的地方,最好将换挡传动机构、发动机、离合器、变速器连成一体,避免对操纵产生不利影响。

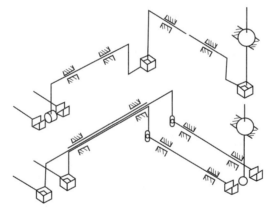

图 3-19 远距离操纵手动挡变速器原理

3. 电控自动换挡变速器

有级式机械变速器尽管应用广泛,但是它有换挡工作复杂、对驾驶人操作技术要求高、容易使驾驶人疲劳等缺点。20 世纪 80 年代以后,在固定轴式机械变速器基础上,通过应用计算机和电子控制技术实现自动换挡,并取消了变速杆和离合器踏板。驾驶人只需控制加速踏板,汽车在行驶过程中就能自动完成换挡时刻的判断,接着自动实现节气门控制、离合器分离、选挡、换挡、离合器接合等一系列动作,使汽车动力性、经济性有所提高,简化操纵并减轻了驾驶人的劳动强度。其工作原理见图 3-20。

二、锁止装置

1. 自锁装置

挂挡后应保证啮合套与接合齿圈全部套合(或滑动齿轮换挡时,全齿长都进入啮合)。

在振动等条件影响下,操纵机构应保证变速器不自行挂挡或自行脱挡。为此,在操纵机构中设有自锁装置,该装置一般设置在变速器盖内或拨叉内。自锁装置设置在变速器盖内时,上方设有凹坑的拨叉轴沿变速器盖内座孔移动,在盖内设有被弹簧压紧的钢珠(对于中型货车,自锁弹簧压力约为100~150N)。当拨叉轴位置处于空挡或某一挡位时,钢珠压在凹坑内,起自锁作用。

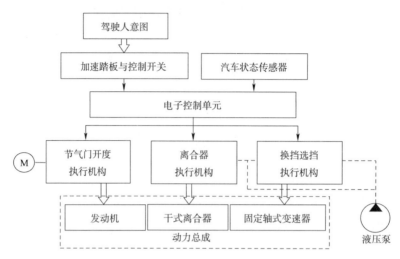

图3-20 电控自动换挡变速器工作原理

2. 互锁装置

互锁装置是保证操纵机构移动任一拨叉轴挂挡时,其余拨叉轴均能被锁住。即防止同时挂上两个挡而使变速器卡死或损坏,起互锁作用。互锁装置的结构主要有互锁销式和转动锁环式等。

(1)互锁销式互锁装置。如图3-21所示,互锁销式互锁装置主要由互锁钢球及互锁顶销组成。互锁销装在中间拨叉轴的孔中,其长度相当于拨叉轴直径减去互锁钢球半径,互锁钢球装于变速器盖的横向孔中。在空挡位置时,左右拨叉轴在对着钢球处有深度相当于钢球半径的凹槽,中间拨叉轴则左右均开有凹槽,凹槽中开有装锁销的孔。这种互锁装置可以保证变速器只有在空挡位置时,驾驶人才可以移动任一个拨叉轴挂挡。若某一拨叉轴被移动而挂挡时,另外两个拨叉轴便被互锁装置固定在空挡位置而不可能再轴向移动。

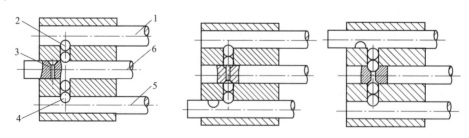

图3-21 互锁销式互锁装置
1、5、6—拨叉轴;2、4—互锁钢球;3—互锁顶销

(2)转动锁环式互锁装置。如图3-22所示,转动锁环式互锁装置选挡时,选挡传动机构转动钳形板,使变速杆头进入某一拨叉轴槽内,此时钳形板的一个或两个钳爪挡住其余拨叉

轴槽而起互锁作用。

3. 倒挡锁

为了防止在汽车前进时误挂倒挡,而导致零件损坏或发生安全事故,在操纵机构中都设有倒挡锁。变速器上多采用弹簧锁销式倒挡锁,如图 3-23 所示。倒挡锁一般由倒挡锁销和倒挡锁弹簧组成。倒挡锁销的杆部装有倒挡锁弹簧,其右端的螺母可调整弹簧的预紧力和倒挡锁销的长度。驾驶人要挂倒挡时,必须用较大的力使变速杆的下端压缩倒挡弹簧,将倒挡锁销推向右方后,才能使变速杆下端进入倒挡拨块的凹槽内,以拨动一挡、倒挡拨叉轴而推入倒挡。

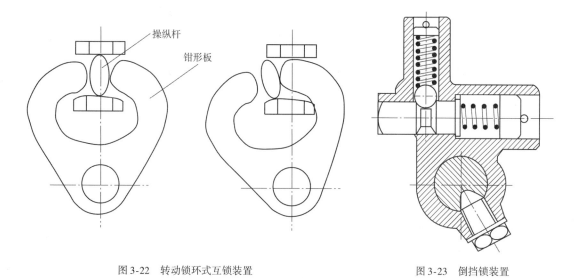

图 3-22　转动锁环式互锁装置　　　　　图 3-23　倒挡锁装置

第六节　自动变速器机械变速传动机构设计

自动变速器具有操作容易、驾驶舒适、能减少驾驶人疲劳的优点,已成为现代轿车配置的一种发展方向。装有自动变速器的汽车能根据汽车行驶工况自动变速变矩,使驾驶人可以全神贯注于路面交通,不会因换挡操作而手忙脚乱。

汽车自动变速器常见的有四种形式,分别是电控液力自动变速器(AT)、无级自动变速器(CVT)、电控机械自动变速器(AMT)和双离合器式自动变速器(DCT 或 DSG)。目前乘用车使用 AT 最为广泛,大家通常所称的自动变速器就是指 AT。

自动变速器(AT)的厂牌型号很多,外部形状和内部结构也有所不同,但它们的组成基本相同,都是由液力变矩器和齿轮式自动变速器组合起来的。常见的组成部分有液力变矩器、行星齿轮机构、离合器、制动器、油泵、滤清器、管道、控制阀体、速度调压器等,按照这些部件的功能,可将它们分成液力变矩器、变速齿轮机构、供油系统、自动换挡控制系统和换挡操纵机构等五大部分。

本节主要讨论变速齿轮机构的设计问题。

自动变速器中的变速齿轮机构采用的形式有普通(定轴)齿轮式和行星齿轮式两种。采用普通齿轮式的变速器,由于尺寸较大、最大传动比较小,只有少数车型采用。目前绝大多数轿车自动变速器采用行星齿轮式齿轮变速器。

作为自动变速器的重要组成部分之一的行星齿轮机构主要由太阳轮(也称中心轮)、内齿圈、行星架和行星齿轮等元件组成。行星齿轮机构是实现变速的机构,速比的改变是通过以不同元件作主动件和限制不同元件运动来实现。在速比改变的过程中,整个行星齿轮组还存在运动,动力传递没有中断,因而实现动力换挡。

一、机械变速传动机构的方案分析

因行星齿轮式是目前绝大多数乘用车自动将变速器中变速齿轮机构的主流方案,一般为四挡,现已开始使用五挡,而六挡还在开发中。为此,将行星齿轮机构的运动学和动力学简述如下。

1. 行星齿轮机构

行星齿轮机构的类型很多,最简单的是由太阳轮 S、齿圈 R、行星架 C 和相对于该支架转动的行星齿轮 P 组成,如图 3-24a)~g)所示。

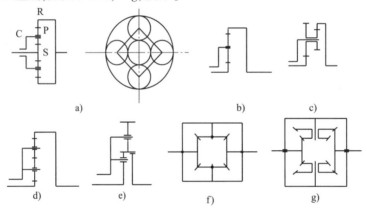

图 3-24　行星齿轮机构简图

(1)行星齿轮机构运动学。

如图 3-24a)所示,给整个系统附加一个与行星架转速 n_C 大小相等方向相反的牵连速度,不改变该系统的相对运动关系,可将其转化为定轴齿轮传动,得:

$$\frac{n_S - n_C}{n_R - n_C} = -\frac{z_R}{z_S} = -\alpha \tag{3-40}$$

式中:n_S、n_R——太阳轮转速和齿圈转速;

z_S、z_R——太阳轮齿数和齿圈齿数;

α——行星排结构参数,$\alpha = \frac{z_R}{z_S}$,通常 $\frac{4}{3} \leq \alpha \leq 4$。

由式(3-40)得单行星排3元件的转速特性方程:

$$n_S + \alpha n_R - (1+\alpha)n_C = 0 \tag{3-41}$$

式(3-41)是三元一次齐次方程,三个未知数清楚地反映了单排是二自由度机构,这正是其与单自由度定轴齿轮传动的不同之处。三构件中任意两者之间均无固定转速联系,必须加一个约束条件(用制动件 B 使其一固定,$n=0$)或用离合器 C 联结二者以同一转速旋转,才能获得确定的传动比 i_g。同时,还可以看出方程的三个系数之和为 0,这说明单行星排的输入与输出轴可实现减(超)速、等速或反转(倒挡),即两个前进一个倒车的 3 个排挡。但实际使用中,轿车目前均多为 4 前 1 倒或 5 前 1 倒,6 前 1 倒的自动变速器也即将投放市场。大客车、重型货车等所需挡位更多。故实际行星齿轮变速器中是多排行星轮系的组合,这时传动比 i_g 可以通过求解各单行星排的运动方程及结构的约束方程组成的联立方程组得到。

对太阳轮经过相互啮合的行星轮才与齿圈相连的双行星排(图 3-24d、e),在行星架不转时,因太阳轮与齿圈旋转方向相同,故在式(3-41)中代入"$-\alpha$"即可。与单行星排相比,α 可应用范围扩大,且能以较少的齿轮组成变速器排挡。但结构复杂、难加工,装配精度要求高。

(2)行星齿轮机构动力学。

仍以单行星排为例,在稳定的等速工况下,不计摩擦损失,分析其三元件的内部理论转矩。由行星轮的平衡条件(图 3-25),得到各力之传动比:

$$F_S : F_R : F_C = 1 : 1 : (-2) \quad (3-42)$$

式中:F_S——太阳轮 S 与行星轮之间的圆周力;

F_R——齿圈 R 与行星轮之间的圆周力;

F_C——行星架 C 与行星轮之间的作用力。

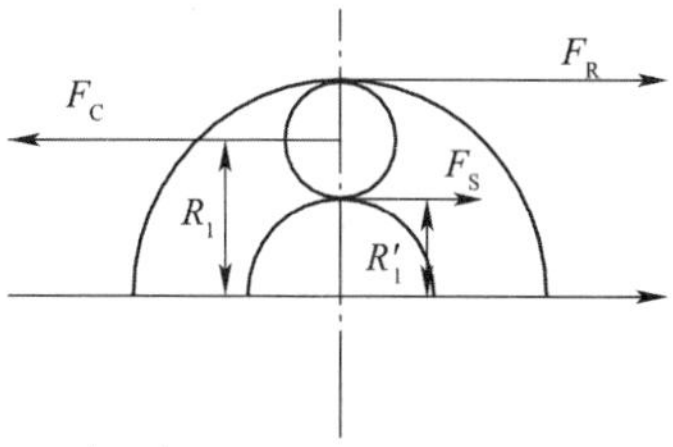

而三个力的作用半径很容易推出为:

$$R_S : R_R : R_C = 1 : \alpha : \frac{1+\alpha}{2} \quad (3-43)$$

式中:$R_S、R_R、R_C$——为 $F_S、F_R、F_C$ 的作用点到太阳轮 S 的中心间距离。

图 3-25 行星轮受力平衡图
R_1-行星轮与太阳轮 S 的中心距;
R'_1-太阳轮节圆半径

则可知三元件的理论转矩关系式为:

$$T_S : T_R : T_C = 1 : \alpha : -(1+\alpha) \quad (3-44)$$

(3)行星齿轮传动的效率。

由于行星齿轮机构一般既传递牵连功率(行星架),又传递相对功率,甚至还有功率循环,故在获得同样传动比时,选择不同组合方案,其效率值可能相差很大,所以要对其十分重视。效率计算时假设:①行星轮系的牵连损失小,只计与相对运动有关的齿轮啮合损失;②齿轮啮合损失,整体旋转效率为 1,一对外啮合齿轮效率为 $0.97 \sim 0.98$,内啮合为 $0.98 \sim 0.99$,则单行星排的相对运动效率 $\eta_{PS} = 0.95 \sim 0.97$;双行星排的相对运动效率 $\eta_{PD} = 0.92 \sim 0.97$。

齿轮传动中转速无损失,其效率反映在力矩传递中,行星变速器在某挡传动比为 i 时,其效率公式为:

$$\eta_{io} = \frac{1+(i-1)\eta_{iB}^u}{i} \quad (3-45)$$

式中:η_{io}——该挡传动比为 i 时,输入轴 i 至输出轴 o 的整体行星轮系效率;

η_{iB}^u——该挡时,输入轴 i 传至制动件 B 时的该段行星轮系效率。

对于 η_{iB}^u,对单行星排太阳轮主动时,u 取"$+$",太阳轮从动时取"$-$",但对多排组成的

复杂轮系,需进一步判断功率流向,可用虚位移原理推导 u 的判别式:

$$u_f = \frac{\text{sign}\partial \ln i}{\partial \alpha_f} \tag{3-46}$$

$u_f > 0$ 为"$+$",$u_f < 0$ 为"$-$"。

2. 几种典型的三自由度行星变速器

(1) 自由度 W。

上述已指出单行星排为二自由度,即仅需控制一个换挡执行机构即可实现一个挡位,CA770 为二自由度(图 3-26、表 3-2)。但如需多排组合实现多挡变速,仍用二自由度,则相同挡数时需更多行星排,导致质量和体积均大。故目前多为三自由度的行星机构,它可以减少行星排,由于要给定两个运动后才有稳定输出,其执行机构比二自由度增多。通常有两种途径获得三自由度:

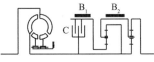

图 3-26 两挡 Simpson 结构

① 串联式三自由度变速器(串联两个二自由度机构),因连接两个机构时减少了一个自由度,故:

$$W = W_1 + W_2 - 1 = 2 + 2 - 1 = 3 \tag{3-47}$$

② 换联式三自由度行星变速器,即换联主动件或从动件,换前自由度为 W_f,换后增加了一个自由度,则:

$$W = W_f + W_2 + 1 = 2 + 1 = 3 \tag{3-48}$$

现以辛普森式为例,简述目前车辆广泛应用的三自由度行星变速器。

两挡 Simpson 结构换挡执行元件工作规律　　表 3-2

挡位	B_1	B_2	C	i
I	+	−	−	1.72
II	−	−	+	1.00
R	−	+	−	2.39

(2) 辛普森式自动变速器。

辛普森式自动变速器是以发明者 Simpson 工程师命名的结构,如图 3-26 ~ 图 3-28 所示,其结构特点是由两个完全相同齿轮参数的行星排组成。优点:齿轮种类少,加工量少,工艺性好,成本低;以齿圈输入、输出,强度高;组成的元件转速低,换挡平稳;虽然是三自由度的变速器,每次换挡需操纵两个执行机构,但因安排合理,实际仅需更换一个执行机构。

① 三挡辛普森式自动变速器。

我国的 CA774(图 3-27、表 3-3)、通用公司的 THM125C、日产 3N71B 等均是这种结构。

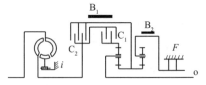

图 3-27 三挡 Simpson 结构

以 CA774 为例,求各挡的传动比:

其 $\alpha_1 = \alpha_2 = \alpha = z_R/z_S = 62/68$;输入转速 n_i,输出转速为 n_o;求 i_1:

第 1 排:$n_{S1} + \alpha n_{R1} - (1+\alpha)n_{C1} = 0$

第 2 排:$n_{S2} + \alpha n_{R2} - (1+\alpha)n_{C2} = 0$

从辅助构件知 $n_{S1} = n_{S2}$,$n_{C2} = n_{R2} = n_o$;从执行机构知:$n_i = n_{R1}$,$n_{C2} = 0$,联解并消去 n_S,则:

$$i_1 = \frac{n_i}{n_o} = \frac{1+\alpha+\alpha}{\alpha} = \frac{1+2\alpha}{\alpha} = 2.45$$

同理按上述方法可求：$i_2 = 1.45$。

三挡 Simpson 结构换挡执行元件工作规律　　　　　　　　　　表 3-3

挡位	C_1	C_2	F	B_1	B_2	i
Ⅰ	+	−	+	−	−	2.45
Ⅱ	+	−	−	+	−	1.45
Ⅲ	+	+	−	−	−	1.00
R	−	+	−	−	+	2.21

C_1 与 C_2 均接合，使 $i_3 = 1$，从表 3-3 中可看出：此变速器倒挡通过 C_2 换联了主动件，故属换联主动件的三自由度；虽为三自由度，但实际每换一次挡，仅操纵一个执行机构。

为了进一步提高换挡品质，图 3-28（表 3-4）由二挡换三挡时，释放制动器 B_1 与接合离合器 C_1 的交换应及时，否则 C_1 接合过早，各元件间产生运动干涉；B_1 释放太快，则发动机出现空转、轰响，且使换挡冲击增加。为提高换挡品质，在 B_1 与太阳轮元件间串联一个单向离合器 F_2，可使换挡平顺，但为了在需要时二挡能产生发动机制动，又增设了制动器 B_3，这样使结构更为复杂。

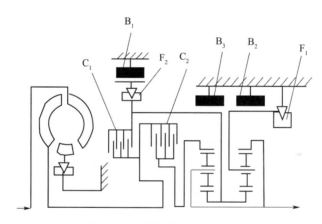

图 3-28　改进的三挡 Simpson 结构

改进的三挡换挡执行元件工作规律　　　　　　　　　　表 3-4

挡位		C_1	C_2	B_1	B_2	B_3	F_1	F_2
Ⅰ			*				*	
Ⅱ			*	*				*
Ⅲ		*	*					
R		*			*			
强制	Ⅰ		*		*			
	Ⅱ		*			*		

②四挡辛普森式自动变速器。

为了进一步提高燃料经济性和降低噪声，车辆向多挡化发展，四挡自动变速器已成为轿

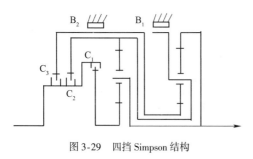

图 3-29 四挡 Simpson 结构

车的标准装备,其前后行星排除用一个辅助构件相连外,其他完全独立,形成具有 5 个独立元件(上述为 4 个独立元件)的辛普森机构,故可用增加一个执行机构的办法(离合器或制动器)即实现四挡(图 3-29、表 3-5)。Hydra—Matic700—R4、R—EL 都是采用该结构。其特点是尺寸小、质量轻。

四挡 Simpson 结构换挡执行元件工作规律   表 3-5

挡位	C_1	C_2	C_3	B_1	B_2
Ⅰ	+	−	−	+	−
Ⅱ	+	−	−	−	+
Ⅲ	+	+	−	−	−
Ⅳ	−	+	−	−	+
R	−	−	+	+	−

3. 六挡自动变速器

过去汽车界曾对轿车是否要采用六挡自动变速器有争议,但目前部分汽车厂家已在开发六挡自动变速器,以进一步降低发动机转速,从而降低油耗、噪声,减少发动机的磨损与排放,保护环境。德国大众汽车公司认为它不仅可匹配大、中、小排量的发动机,即使在超经济型轿车上采用该技术也会获益。

六挡与六挡以上的变速器在大客车和重型载货汽车上十分普遍,阿里逊不久前研发了拥有专利的面向 21 世纪的 WT 全球六挡变速器,以替换目前广泛应用的 AT—MT—HT 诸系列变速器,它只有 3 个行星排、6 个构件、5 个执行元件,实现了 6 前 1 倒的挡位,变速器尺寸小、价格低,但提高了性能。该公司还针对不同用途、工艺、空间、造价等制约条件开发了不同系列的行星变速器,使用户可在充分选择的基础上得到最好的匹配。

4. 系列化与组合式设计

(1) 系列化设计。

要适应多种功率和挡位数目,并且满足制造工艺方面的要求,系列化设计应做到如下几点:

① 采用规范化行星排,各齿轮的不同齿数与模数种类尽可能少;

② 对承受不同转矩的行星排,在允许范围内,尽量采用加大齿宽的方式,如有限制,还可通过增减行星轮数目来调整;

③ 通过增减摩擦片数目来适应系列化中离合器或制动器承受的不同转矩;

④ 电子控制系统可更好地覆盖不同类型的自动变速器,以提高换挡品质。

(2) 组合式设计。

组合式设计可用较少的构件满足名目繁多的用户要求,从而降低生产与经营成本,并且提高相邻系列间零件的通用化、互换性程度。如 Allison 的 AT—540 与 MT—640 之间通用 32%;MT—640 与 HT—740 之间通用 17%;HT—740 与 AT—540 之间通用 22%。ZF 的 HP500 系列具有类似特点,它能方便地得到 4~7 个挡的 4 种不同结构,此外,还可有多种外围装置,如在变速器前加连接盖板,可使其与发动机分开安装;在其后加分动器,则可组成前驱动;亦可在其后改为角传动,用于后置大客车;还可选装液力减速器,满足山区行驶需要等。

二、变速齿轮机构的设计

1. 行星齿轮传动的配齿计算

将行星齿轮传动中分配各齿轮齿数应满足的条件如下。

(1) 传动比条件。

在行星齿轮传动中,各轮齿数的选择必须确保实现所给定的传动比 i_p 的大小。

(2) 邻接条件。

在设计行星齿轮传动时,为进行功率分流来提高其承载能力,同时也为了减小其结构尺寸,常在太阳轮 a 与内齿轮 b 之间均匀对称地设置几个行星轮 c。为使各行星轮不产生碰撞,必须保证其齿顶之间在其连心线上有一定间隙,即两行星轮的顶圆半径之和小于其中心距 L_c。即:

$$2r_{ac} < L_c \tag{3-49}$$

$$D_{ac} < a'_{ac} \sin \frac{\pi}{n_p} \tag{3-50}$$

式中:r_{ac}、D_{ac}——行星轮 c 的齿顶圆半径和直径;

n_p——行星轮个数;

a'_{ac}——a、c 齿轮啮合副的中心距;

L_c——相邻两个行星轮中心间的距离。

(3) 同心条件。

由中心轮 a、b 与行星轮 c 的所有啮合齿轮副实际中心距必须相等。对于所采用的 $-X(A)$ 型行星齿轮传动,其同心条件为:

$$a'_{ac} = a'_{cb} \tag{3-51}$$

式(3-51)两端为啮合齿轮副的实际中心距。亦可用各轮齿数表示不变位或高度变位啮合传动的同心条件:

$$z_a + 2z_c = z_b \tag{3-52}$$

(4) 安装条件。

两中心轮 a 和 b 的齿数和 $(z_a + z_b)$ 应为行星轮数的 n_p 倍,但一般情况下,齿数 z_a 和 z_b 都不是 n_p 的整数倍。即:

$$\frac{z_a + z_b}{n_p} = c(取整数) \tag{3-53}$$

总之,行星齿轮传动中分配各齿轮齿数,除必须考虑上述要求外,在满足给定传动比条件下,为了尽量减小行星机构的径向尺寸,中心轮 a 和行星轮 c 的尺寸应尽可能小,同时还要考虑轮齿根切和轴承安装等的限制条件。

2. 结构设计、零件三维实体建模与虚拟装配

自动变速器变速传动机构的结构设计是其零部件三维建模和虚拟装配的基础,必须综合考虑匹配车型、动力总成特性参数以及汽车工况条件。为此,将其结构设计主要内容和思路简述如下。

(1)结构设计。

①在方案设计中,需进一步确定行星齿轮组的类型、自动变速器挡位数、行星排特性参数等。这里以可实现四挡的辛普森式行星齿轮组为例介绍其结构设计、零件三维实体建模与虚拟装配要点。

②离合器结构设计内容有:活塞、复位弹簧、弹簧座、弹性挡圈、钢片、摩擦片、压盘、卡环等。

③制动器结构设计包括片式制动器与带式制动器。带式制动器主要包括摩擦带、受力块、推杆、顶杆、液压缸、活塞、复位弹簧、弹簧座等。片式制动器主要包括活塞、弹簧座、复位弹簧、弹性挡圈、弹簧座圈、卡环、钢片、摩擦片、压盘等。

④变速齿轮结构设计一般需依据汽车设计规范,查阅设计公式图表进行变速机构齿轮(包括行星齿轮、中心轮、齿圈)基本参数(包括各齿轮齿数、模数、压力角、行星齿轮安装尺寸等)选择,再进行变速机构齿轮几何尺寸计算与强度校核包括弯曲强度校核和齿面接触强度校核,强度校核中齿轮的材料可选为 2rMnTi、2rMoTi 和 2rMo 等。

⑤自动变速器壳结构设计包括安装带式制动器的孔槽,与片式制动器 B1 的外鼓相固接的键槽等。

(2)各零件的三维实体建模。

完成自动变速器结构设计后,就可以使用各零件的结构参数在 UG 或 Pro/Engineer 等软件中进行三维实体精确建模,这项工作可为其各零件数控加工等提供精确的模型信息。为便于表达,将自动变速器各零件分为齿轮类、轴类、壳体类、支承类等四类,其三维建模过程如下。

①齿轮类零件包括各行星排的中心轮、行星轮、齿圈等,在依据基本结构参数,如各齿轮齿数、模数、压力角、齿轮安装尺寸等进行各空间齿轮的三维实体建模时涉及 UG 中高级操作,主要思路简述有:由于齿轮齿廓是复杂曲线(渐开线),可以通过选取一定密度的渐开线数据点来拟合轮齿渐开线,这种"自文件创立基准曲线"方法建模的精度不高。为给数控加工提供精确的模型信息,在中心轮、行星轮和齿圈的三维建模中采用"规律曲线,根据方程"的方式,即通过直接输入渐开线方程,创建一个齿型的两侧渐开线,再利用扫掠特征生成该齿型,最后通过阵列特征完成全部齿轮齿廓的三维建模。第一行星排的行星轮三维建模效果如图 3-30 所示,齿圈三维建模效果如图 3-31 所示。

图 3-30　第一行星排行星轮　　　　图 3-31　第一行星排齿圈

②轴类零件包括输入轴,输出轴,第一、二行星排中心轮所连接的轴,与第二行星排齿圈相连接的轴,与第三行星排行星架相连接的轴等,因轴的三维建模仅涉及 UG 或 Pro/Engineer 的基本特征,操作相对简单。

③壳体类零件如自动变速器壳体,可用拉伸、孔、阵列和倒角等特征生成。自动变速器

壳的三维建模效果如图 3-32 所示。

④支承类零件包括深沟球轴承、推力轴承等,利用基本特征,如旋转、阵列等生成其三维实体模型。深沟球轴承的三维效果如图 3-33 所示。

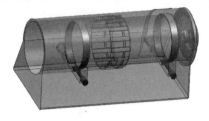
图 3-32 变速器壳体

图 3-33 深沟球轴承

3. 总成的虚拟装配

在 UG 环境中建立自动变速器各零件的三维实体模型后,可定义各零部件间的装配配合关系,进而建立自动变速器总成三维实体模型。UG 软件中,装配树(多叉树)的层次关系体现了实际形成产品的装配顺序,形象地表达了产品、部件、零件之间的父子从属关系,其层次结构表达方法可满足人机交互装配规划和装配过程仿真功能的要求。

根据自动变速器总成中各零件三维模型结构特点及其功能要求,可确定各零部件间的装配约束关系。UG 中提供了 7 种标准配合约束关系,即,配对、对齐、角度、平行、垂直中心、距离和相切等。

自动变速器总成装配图如图 3-34 所示。建立该三维装配模型时,应先建立部件,如各轴承总成、第一行星排总成、片式制动器总成、带式制动器总成等,再将以上各零部件在软件环境下实施虚拟装配,生成的爆炸图如图 3-35 所示。

图 3-34 变速机构总成装配图

a)

b)

图 3-35 自动变速器变速机构总成爆炸图

行星排各部件总成装配中主要用到同心与对齐两种约束关系。以第一行星排总成装配为例，可利用将元件添加到组件等操作，生成行星排总成装配图。在根据实际的装配关系对自动变速器零件进行装配时，应注意进行零件之间干涉分析和检验，以便及时发现问题并更改零件结构设计参数。

第七节 设 计 实 例

一、题目及要求

设计某商用货车变速器，其直接挡为该车最高挡，相关匹配基本参数为：额定载荷为1820kg；最大转矩为235N·m；满载总质量为4020kg；最大爬坡度为33%；最高车速为110km/h；主减速器速比为4.44；最大功率为76kW。

根据题目给定参数和总体设计结果可以确定，前置后驱的货车应该选用中间轴式多挡位机械式变速器。

二、确定挡数和各挡速比

1. 确定最大传动比

一般来说，汽车发挥最大车速时对应的发动机转速就是最大功率时转速 n_p。轻型车轮胎尺寸根据国家标准可选用6.01T，即轮胎名义宽度（6.00）英寸，轮辋名义直径16英寸，货车轮胎扁平率为90~100，在此取90，则轮胎直径可以计算为：

$$d = \frac{(6.0 \times 2 \times 90\% + 16) \times 25.4}{1000} = 0.68(\text{m}) \tag{3-54}$$

则车轮半径为 $r = 0.3\text{m}$。

确定传动系最大传动比 $i_{t\,max}$ 要考虑三方面问题：最大爬坡度或一挡最大动力因数、附着力和汽车最低稳定车速。传动系最大传动比通常是变速器一挡传动比 i_{g1} 与主减速器传动比 i_0 的乘积，即：

$$i_{t\,max} = i_{g1} i_0 \tag{3-55}$$

当汽车爬坡时车速很低，可以忽略空气阻力，已知滚动阻力 F_f、最大坡度阻力 $F_{i\,max}$，汽车的最大驱动力应为：

$$F_{t\,max} = F_f + F_{i\,max} \tag{3-56}$$

各表达式展开：

$$\frac{T_{tq\,max} i_{t\,max} \eta_T}{r} = Gf\cos\alpha_{max} + G\sin\alpha_{max} \tag{3-57}$$

则

$$i_{g1} \geq \frac{G(f\cos\alpha_{max} + \sin\alpha_{max})r}{T_{tq\,max} i_0 \eta_T} \tag{3-58}$$

该货车最大爬坡度为33%，即 $\alpha \approx 18.3°$，其他参数为 $\eta_T = 0.8$，$f = 0.02$，$i_0 = 4.44$，$r = 0.3\text{m}$，$m_a = 4020\text{kg}$，$T_{tq\,max} = 235\text{N} \cdot \text{m}$。代入计算可得 $i_{g1} \geq 4.65$，则该车实际爬坡度 $\geq 33\%$，动力性满足要求。

一挡传动比还应满足附着条件：

$$F_{t\,max} = \frac{T_{tq\,max} i_{g1} i_0 \eta_T}{r} \leqslant F_\varphi \tag{3-59}$$

对于后轮驱动汽车，最大附着力如下：

$$F_\varphi = F_{Z2}\varphi = G_2\varphi = m_2 g\varphi \tag{3-60}$$

取 $\varphi = 0.7$，m_2 为后轴轴荷，可从汽车设计手册中查取 $m_2 = m_a \times 65\%$，代入求得：$i_{g1} \leqslant 6.35$，取 $i_{g1} = 6.00$。

因此，变速器传动比范围是 $1 \sim 6$，传动系统最大传动比 $i_{t\,max} = 26.64$。

2. 挡位数确定

增加变速器的挡数能够改善汽车的动力性和经济性。挡数越多，变速器的结构越复杂，轮廓尺寸和质量增大，而且在使用时换挡频率也增高。

在最低挡传动比不变的条件下，增加变速器的挡数会使变速器相邻的低挡与高挡间的传动比比值减小，使换挡工作容易进行。在确定汽车最大和最小传动比之后，应该确定中间各挡的传动比。实际上，汽车传动系统各挡传动比大体上是按照等比级数分配的。因此，各挡传动比大致关系为：

$$\frac{i_{g1}}{i_{g2}} = \frac{i_{g2}}{i_{g3}} = \cdots = q$$

其中 q 为各挡之间的公比。

因此，各挡的传动比为：

$$i_{g1} = q i_{g2}$$
$$i_{g2} = q i_{g3}$$
$$i_{g3} = q i_{g4}$$
$$\cdots$$

若为五挡变速器，且 $i_{g5} = 1$，则各挡传动比与 q 有如下关系：

$$i_{g4} = q i_{g5} = q$$
$$i_{g3} = q i_{g4} = q^2$$
$$i_{g2} = q^3$$
$$i_{g1} = q^4$$

或

$$q = \sqrt[4]{i_{g1}}$$

当挡位数为 n 时，有：

$$q = \sqrt[n-1]{i_{g1}} \tag{3-61}$$

暂定挡位数为 4，则 $q = \sqrt[n-1]{i_{g1}} = \sqrt[3]{6} = 1.817$。

但是挡数选择要求：

(1) 为了减小换挡难度，相邻挡位之间的传动比在 1.8 以下。

(2) 高挡区相邻挡位间传动比比值要比低挡区相邻挡位间比值小。

因此，改为五挡进行验算：

$$q = \sqrt[n-1]{i_{g1}} = \sqrt[4]{6} = 1.56 < 1.8$$

满足要求，确定挡位数为 5。

则 $i_{g1}=6.0, i_{g2}=q^3=3.796\approx 3.8, i_{g3}=q^2=2.43, i_{g4}=q=1.56, i_{g5}=1$。

三、中间轴式五挡变速器传动方案和零部件方案确定

1. 传动方案初步确定

（1）变速器第一轴（输入轴）后端与常啮合主动齿轮做成一体，第二轴（输出轴）前端经轴承支承在第一轴后端的孔内，且保持两轴轴线在同一条直线上，经啮合套连接后可得到直接挡。挡位高的齿轮采用常啮合齿轮传动，一挡采用滑动直齿齿轮传动。

（2）倒挡利用率不高且都是在制动后挂入，因此可以采用支持滑动齿轮作为换挡方式。倒挡齿轮采用联体齿轮，避免中间齿轮在最不利的正负交替对称变化的弯曲应力状态下工作以提高寿命，并使倒挡传动比有所增加。图 3-36 所示方案中，装在靠近支承处的中间轴一挡齿轮处。

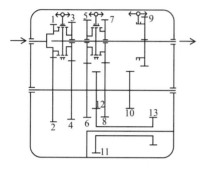

图 3-36　五挡变速器传动方案示意图

（3）各挡速比计算式如下。

一挡传动比为：

$$i_{g1}=\frac{z_2}{z_1}\cdot\frac{z_9}{z_{10}} \tag{3-62}$$

二挡传动比为：

$$i_{g2}=\frac{z_2}{z_1}\cdot\frac{z_7}{z_8} \tag{3-63}$$

三挡传动比为：

$$i_{g3}=\frac{z_2}{z_1}\cdot\frac{z_5}{z_6} \tag{3-64}$$

四挡传动比为：

$$i_{g4}=\frac{z_2}{z_1}\cdot\frac{z_3}{z_4} \tag{3-65}$$

五挡传动比为：

$$i_{g5}=1 \tag{3-66}$$

倒挡传动比为：

$$i_R=\frac{z_2}{z_1}\cdot\frac{z_{11}}{z_{12}}\cdot\frac{z_9}{z_{13}} \tag{3-67}$$

2. 零部件结构方案

（1）齿轮形式。

采用斜齿圆柱齿轮和（或）直齿圆柱齿轮。两者相比较，斜齿圆柱齿轮有使用寿命长、工作时噪声低的优点；但制造时稍复杂，工作时有轴向力。变速器中的常啮合齿轮均采用斜齿圆柱齿轮。直齿圆柱齿轮仅用于低挡和倒挡。

（2）换挡机构形式。

此变速器换挡机构有直齿滑动齿轮、啮合套和同步器换挡三种形式。

(3) 变速器轴承。

变速器轴承常采用圆柱滚子轴承、球轴承、滚针轴承、圆锥滚子轴承等。变速器第一轴、第二轴的后部轴承以及中间轴前、后轴承按直径系列,一般选用中系列球轴承或圆柱滚子轴承,具体选型应参考极限转速和经过匹配后的承载条件确定。中间轴上齿轮工作时产生的轴向力,原则上由前或后轴承承受;但当在壳体前端面布置轴承盖有困难时,必须由后端轴承承受轴向力,前端采用圆柱滚子轴承来承受径向力。滚针轴承、滑动轴套用于齿轮与轴不固定连接(有相对转动的地方),如高挡区域同步器换挡的第二轴齿轮与第二轴的连接,由于滚针轴承滚动摩擦损失小,传动效率高,径向配合间隙小,定位及运转精度高,有利于齿轮啮合,在不影响齿轮结构的情况下,应尽量使用滚针轴承。

四、主要参数的选择和计算

1. 中心距 A

中间轴式变速器中间轴与第二轴之间的距离称为变速器中心距 A。A 是一个基本参数,对变速器的外形尺寸、体积和质量大小,以及轮齿的接触强度有影响。

A 越小,轮齿的接触应力越大,齿轮寿命越短。因此,最小允许 A 应当由保证轮齿有必要的接触强度来确定。

初选 A 时,可根据式(3-1)计算。对于本例的轻型货车,可取 $K_A = 9.5$,其他取值按照已有参数计算:$A = 105 \text{mm}$。

2. 外形尺寸

货车变速器壳体的轴向尺寸与挡数有关,可参考下列数据选用。

四挡:$(2.2 \sim 2.7)A$;五挡:$(2.7 \sim 3.0)A$。

当变速器选用的常啮合齿轮对数和同步器多时,应取给出范围的上限。

对于本例的轻型货车,五挡变速器壳体的轴向尺寸取 $2.8A$,则 $L = 294 \text{mm}$。

3. 齿轮参数

(1) 模数的选取。

参照齿轮模数选取的一般原则,结合汽车变速器齿轮法向模数范围和汽车变速器常用的齿轮模数系列(参考《通用机械和重型机械用圆柱齿轮 模数》),这里一挡直齿齿轮选用模数 $m = 3.5$,其余挡位斜齿轮选 $m_n = 3$。

啮合套和同步器的接合齿多数采用渐开线齿形,由于工艺上的原因,同一变速器中的接合齿模数相同。按照取用范围,选取较小的模数可使齿数增多,有利于换挡。在此取 2。

(2) 压力角 α。

遵照国家规定,取齿轮压力角为 20°,啮合套或同步器压力角为 30°。

(3) 螺旋角 β。

对货车变速器,斜齿轮螺旋角选用范围为 18°~26°。

(4) 齿宽 b。

齿宽对变速器的轴向尺寸、齿轮工作平稳性、齿轮强度和齿轮工作时受力的均匀程度等均有影响。选用较小的齿宽可以缩短变速器的轴向尺寸和减小质量,但齿宽减少使斜齿轮传动平稳的优点被削弱,齿轮的工作应力增加;选用较大的齿宽,工作时会因轴的变形导致齿轮倾斜,使齿轮沿齿宽方向受力不均匀并在齿宽方向磨损不均匀。

通常根据齿轮模数 m(或 m_n)的大小来选定齿宽 b。

直齿:$b = K_c m$,K_c 为齿宽系数,取为 $4.5 \sim 8.0$。

斜齿:$b = K_c m_n$,K_c 为齿宽系数,取为 $6.0 \sim 8.5$。

啮合套或同步器接合齿的工作宽度初选时可取为 $2 \sim 4\mathrm{mm}$。

第一轴常啮合齿轮副的齿宽系数 K_c 可取大些,使齿轮接触线长度增加、接触应力降低,以提高传动平稳性和齿轮寿命。

因此,一挡第一轴常啮合直齿齿轮宽度 b_1 取 $8 \times 3 = 24$,第二轴常啮合直齿齿轮宽度 b_2 取 $6 \times 3.5 = 21$,其余挡位斜齿齿轮宽度 b_n 取 $7 \times 3 = 21$。

(5)齿顶高系数。

齿顶高系数取 1。

(6)各挡齿轮齿数的分配。

在初选中心距 A、齿轮模数 m_n 和螺旋角 β 以后,可根据变速器的挡数、传动比和传动方案来分配各挡齿轮的齿数。

①确定一挡齿轮的齿数。参考本章第三节中所述方法,结合式(3-61),本例中,一挡采用滑动直齿齿轮 9 传动,模数为 3.5,中心距为 $105\mathrm{m}$,代入式(3-4)计算后得 $z_h = 60$,然后进行大、小齿轮齿数分配。中间轴上的一挡齿轮 z_{10} 齿数尽量少些,以便使 z_9/z_{10} 的传动比大些。因此 z_{10} 取 12,一挡大齿轮齿数为 $z_9 = z_h - z_{10} = 48$。

②对中心距 A 进行修正。若因计算齿数和 z_h 后,经取整使中心距有了变化,则应根据取定的 z_h 和齿轮变位系数重新计算中心距 A,再通过选用正角度变位系数,以修正后的中心距 A 作为各挡齿轮齿数分配的依据。本例中齿数和 z_h 计算结果为整数,未影响中心距,故不需再对中心距进行修正。

③确定常啮合传动齿轮副的齿数。结合式 $q^{n-1}\sqrt{i_{g1}}$,参考式(3-3)求出常啮合传动齿轮的传动比,常啮合传动齿轮 z_1、z_2 中心距和一挡齿轮的中心距相等,由式(3-6),常啮合齿轮 z_1、z_2 采用斜齿圆柱齿轮,模数 $m_n = 3.0$,初选螺旋角 $\beta = 25°$,代入式(3-5)、式(3-6)求得:$z_1 = 25.376$,取整为 25,则 $z_2 = 38.064$,取整为 38。

核算传动比,如相差较大,只要调整一下齿数即可。

对于本例(一挡实际传动比):$i_{g1} = \dfrac{z_2 z_9}{z_1 z_{10}} = 6.03 \approx 6$,齿数分配合适。

根据所确定的齿数,按式(3-6)算出精确的螺旋角 β_2 为 $24°$。符合选用范围为 $18° \sim 26°$。

④确定其他各挡齿轮的齿数。现将二到四挡齿轮齿数计算过程简述如下。

a. 二挡齿轮齿数。若二挡齿轮是直齿轮,模数与一挡齿轮相同时,则结合 $i_{g1} = \dfrac{z_2 z_9}{z_1 z_{10}}$ 及本章第三节中相关公式得:$i_{g2} = \dfrac{z_2 z_7}{z_1 z_8}$ 和 $A = \dfrac{m(z_7 + z_8)}{2}$,联立可求解出 z_7、z_8。用取整数后的 z_7、z_8 计算中心距,若与中心距 A 有偏差,通过齿轮变位来调整。

若二挡齿轮是斜齿轮,螺旋角与常啮合轮的不同时,则结合式(3-62)及本章第三节中相关公式得:

$$\frac{z_7}{z_8} = i_{g2} \frac{z_1}{z_2} \tag{3-68}$$

$$A = \frac{m_n(z_7 + z_8)}{2\cos\beta_8} \tag{3-69}$$

此外,从抵消或减少中间轴上的轴向力出发,还必须满足下列关系式:

$$\frac{\tan\beta_2}{\tan\beta_8} = \frac{z_2}{z_1 + z_2}\left(1 + \frac{z_7}{z_8}\right) = \frac{z_1 i_{g2} + z_2}{z_1 + z_2} \tag{3-70}$$

联解上述三个方程式,可求出 z_7、z_8 和 β_8 三个参数。但解此方程组比较麻烦,对于本例,其中 $i_{g2} = q^3 = 3.8$,先选定螺旋角 $\beta_8 = 22°$,计算得:

$$\frac{z_1 i_{g2} + z_2}{z_1 + z_2} = 2.1, \quad \frac{\tan\beta_2}{\tan\beta_8} = 1.21$$

为尽量缩小差距,取 $\beta_8 = 18°$,已是极限值,代入计算,得:

$$\frac{\tan\beta_2}{\tan\beta_8} = 1.5 < 2.1$$

尽管相差较大,但满足基本要求,因为该挡采用斜齿轮,由于常啮合产生的轴向力不可能完全消除,且二挡为较低挡,使用频率也较低,而在设计过程中主要是将使用频率高的挡位轴向力尽量减小。

将 β_8 回代求得:$z_8 = 19.02, z_7 = 47.55$,分别取整为:$z_8 = 19, z_7 = 48$。

根据确定的齿数,核算传动比 $i_{g2} = 3.84$,接近于 3.8,满足设计要求。

b. 三挡齿轮齿数。三挡常啮合齿轮通常是斜齿圆柱齿轮,计算过程与二挡相似。结合式(3-63)及本章第三节中相关公式,有:

$$\frac{z_5}{z_6} = i_{g3}\frac{z_1}{z_2} \tag{3-71}$$

$$A = \frac{m_n(z_5 + z_6)}{2\cos\beta_6} \tag{3-72}$$

以及从抵消或减少中间轴上的轴向力出发,还必须满足关系式:

$$\frac{\tan\beta_2}{\tan\beta_6} = \frac{z_1 i_{g3} + z_2}{z_1 + z_2} \tag{3-73}$$

对于本例,先选定螺旋角 $\beta_6 = 18°$,$i_{g3} = q^2 = 2.43$,计算式(3-73)左右两端得:$\frac{z_1 i_{g3} + z_2}{z_1 + z_2} = 1.567, \frac{\tan\beta_2}{\tan\beta_6} = 1.50$。相差不大,基本满足要求。

将 β_6 回代可求得:$z_6 = 25.6, z_5 = 40.9$,分别取整为 $z_6 = 26, z_5 = 41$。

根据所确定的齿数,核算传动比 $i_{g3} = 2.396$,接近于 2.43,满足设计要求。

按算出精确的螺旋角 β_6 值为 16.8°,偏小,调整齿数重新计算:$z_6 = 26, z_5 = 40$。

核算传动比:$i_{g3} = 2.34$,接近于 2.43,基本满足设计要求。

按式(3-72)算出精确的螺旋角 β_6 值为 19.5°。

c. 四挡齿轮齿数。四挡常啮合齿轮计算过程与二挡相似。结合式(3-64)及本章第三节中相关公式,有:

$$\frac{z_3}{z_4} = i_{g4}\frac{z_1}{z_2} \tag{3-74}$$

$$A = \frac{m_n(z_3 + z_4)}{2\cos\beta_4} \tag{3-75}$$

$$\frac{\tan\beta_2}{\tan\beta_4} = \frac{z_1 i_{g4} + z_2}{z_1 + z_2} \tag{3-76}$$

这里,先选定螺旋角 $\beta_4 = 22°$,$i_{g4} = q = 1.56$,计算式(3-75)左右两端得:$\frac{z_1 i_{g4} + z_2}{z_1 + z_2} = 1.22$,$\frac{\tan\beta_2}{\tan\beta_4} = 1.21$。相差不大,满足基本要求。

将 β_6 回代求得:$z_4 = 32.03$,$z_3 = 32.87$,分别取整为 $z_4 = 32$,$z_3 = 33$。

根据所确定的齿数,核算传动比:$i_{g4} = 1.567$,接近于 1.56,满足设计要求。

按式(3-74)算出精确的螺旋角 β_4 值为 21.8°。

五挡为直接挡,啮合套设计略。

⑤ 确定倒挡齿轮齿数、中心距及传动比。注意到前述式(3-66),倒挡选用的模数与一挡齿轮相同,图 3-34 所示的中间轴上倒挡齿轮 z_{12} 和 z_{11} 的齿数一般在 21~23,初选 z_{12} 和 z_{11} 后,可计算出中间轴与倒挡轴的中心距 A':

$$A' = \frac{m(z_{11} + z_{12})}{2} \tag{3-77}$$

这里,z_{11} 取 21,z_{12} 取 23,$m = 3.5$,则 $A' = 77\text{mm}$。

倒挡齿轮 z_{13} 与一挡齿轮 z_{10} 可选择相同齿轮,则可计算倒挡轴与第二轴的中心距 A''。

$$A'' = \frac{m(z_9 + z_{13})}{2} \tag{3-78}$$

这里,$z_{13} = 12$,$z_9 = 48$,$m = 3.5$,则 $A'' = 105\text{mm}$。

则可根据所确定的齿数,确定倒挡传动比:$i_R = 5.55$。

五、主要零部件的设计与校核计算

关于变速器齿轮强度校核计算,应在齿轮材料及热处理方法确定后,结合本章第三节进行轮齿弯曲疲劳强度和轮齿接触疲劳强度的校核计算;各齿轮轴的设计则应初选轴的直径后进行结构设计,再结合本章第三节进行轴的强度校核计算和轴的刚度验算。

本章小结

基于定轴齿轮系和基于周转齿轮系的变速齿轮机构是目前变速器设计中的主流方案。本章针对工程实践中在发动机和主减速器间进行变速器匹配设计问题,通过其布置方案分析和设计思路阐述,并结合具体设计实例,完整地再现了从原理方案设计到结构设计的最终实现过程。

传统的固定轴式机械变速器设计一般包括:变速传动机构的方案分析(确定采用两轴式还是中间轴式变速器,确定倒挡布置方案);零部件结构方案分析(确定齿轮形式和换挡机构形式);变速器主要参数选择与计算(确定挡数、传动比范围、中心距等参数,进行齿轮参数如模数、压力角、螺旋角、齿宽、齿数等的设计计算与校核);轴的设计计算与校核;轴承的设计计算与校核;变速器外形尺寸的确定;变速器操纵机构的设计以及同步器的设计等。必须强调指出,车型匹配的思想应贯穿机械式变速器设计全过程,这样才能使机械变速器各零部件(如轴、齿轮、轴承、同步器等)在发动机最大力矩和汽车处于不同道路工况条件下满足强度和刚度等要求。

因目前乘用车广泛使用 AT(电控液力自动变速器),还就与 AT 设计密切相关的机械变速传动机构方案分析和基于周转齿轮系的变速齿轮机构的设计两部分内容进行了介绍。

 思考与练习

3-1 分析图 3-5 中变速器的结构特点,说明它有几个前进挡? 包括倒挡在内,分别阐述各挡采用的换挡方式。

3-2 变速器主要参数的选择依据是什么?

3-3 为什么中间轴式变速器中间轴上斜齿轮的螺旋方向一律要求取为右旋,而第一轴、第二轴上的斜齿轮螺旋方向则取为左旋?

3-4 为什么变速器的中心距 A 对轮齿的接触疲劳强度有影响? 请说明是如何影响的。

第四章 万向传动轴设计

【内容提要】 本章主要对万向传动轴系统总布置方案、万向节的结构设计方案、传动轴的结构设计方案进行了分析,介绍了万向传动轴设计计算的基本知识,并结合实例进行了设计。

【目标要求】 通过本章学习,了解万向传动轴系统及其组成的结构设计方案,并能够对不同的结构设计方案进行对比分析;深入理解和掌握十字轴万向节和传动轴设计计算的基本过程。

第一节 引 言

汽车万向传动系统主要由万向节、轴管及伸缩花键等部件组成,对于一些长轴距的汽车,有时还需要加装中间支承装置。它主要用于在不同轴心的两轴间或在工作过程中相对位置不断变化的两轴间传递动力,在汽车上的应用比较广泛。万向传动系统设计应满足如下基本要求。

(1) 当所连接两轴的相对位置在预定的范围内变动时,万向传动系统应能可靠而稳定地传递动力。

(2) 保证所连接的两轴尽可能等速旋转,并确保因万向节夹角存在而引起的振动、噪声及在附加载荷允许范围内,不应在使用车速范围内产生共振现象。

(3) 尽可能地提高传动效率,降低能耗。

(4) 零部件结构简单、制造方便、维修容易,使用寿命长。

第二节 万向传动轴结构方案分析

一、万向传动轴系统总布置方案分析

在汽车万向传动系统中,考虑到不同的动力传输需求以及实际结构条件的限制,通常采用不同的万向传动装置布置方案。

在传统发动机前置后轮驱动汽车上,由于变速器、离合器和发动机连成一体被支承在车架上,而驱动桥则是通过悬架系统与车架连接,变速器的输出轴与主减速器的输入轴轴线常常不在同一轴线上。同时由于悬架系统在汽车的行驶过程中一般存在较大的弹性变形,使变速器输出轴与主减速器输入轴间的相对位置经常发生变化。因此当驱动桥与变速器间距离不大时,通常采用通过两个万向节和一根可伸缩的传动轴进行动力传递的系统布置方案以消除变速器与驱动桥间相对运动带来的不利影响,如图4-1a)所示。当驱动桥与变速器相距较远而使传动轴的长度超过1.5m时,常将传动轴分成两根或三根,用三个或四个万向节连接,并加设中间支承,如图4-1b)所示。

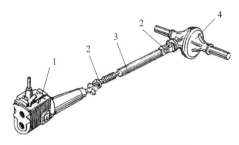 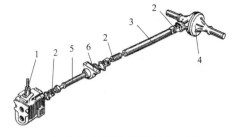

a) 采用两个万向节和一根可伸缩的传动轴 b) 具有中间支承结构的万向传动方案
进行动力传递的系统布置方案

图 4-1　汽车传动系统中的万向传动设计方案

1-变速器；2-万向节；3、5-传动轴；4-驱动桥；6-中间支承

在变速器与分动器分开安装的场合通常也需要采用万向传动装置，如图 4-2 所示。多轴汽车如果采用非贯通式布置方案，其后桥传动轴还需要加中间支承。

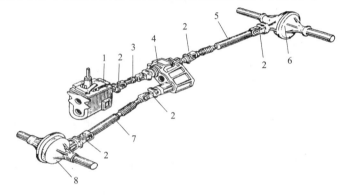

图 4-2　汽车分动器传动中的万向节传动方案

1-变速器；2-万向节；3、5、7-传动轴；4-分动器；6、8-驱动桥

在转向驱动桥中，车轮既是驱动轮又为转向轮，要求该车轮能在最大转角范围内任意偏转某一角度，并能不间断地传递驱动力。因此转向驱动桥的半轴不能制成整体而要分段，在半轴和车轮间常用等速万向节将二者连接起来，如图 4-3a) 所示。在采用独立悬架时，为了满足左右半轴的跳动条件，还需要在靠近主减速器处加一万向节，如图 4-3b) 所示。

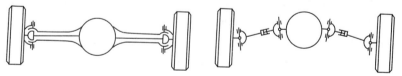

a) 转向驱动桥上的万向传动方案　　b) 采用独立悬架时的万向传动方案

图 4-3　车桥中的万向传动方案

此外，在一些重型汽车上，由于总布置要求，常将离合器与变速器分开一段距离，此时也需要在二者间采用万向节传动装置；在转向系统中，为满足转向盘和转向器间布置上的需要，往往也采用万向节传动装置。

二、万向节的结构方案分析

万向节按其在扭转方向上是否存在明显的弹性变形，可以分为刚性万向节和挠性万向节。其中，挠性万向节主要是靠弹性零件传递动力，在扭转方向上有明显的弹性变形，因而具有缓冲减振作用;刚性万向节主要是靠零件的铰链式连接传递动力,无明显变形。根据所传递运动特性的不同,又可以将刚性万向节分为不等速万向节(常用普通十字轴式)、等速万向节、准等速万向节。

1. 普通十字轴式万向节

单个普通十字轴万向节是一种不等速万向节,其特点是当主动轴与从动轴间有夹角时,不能进行等速传递,使主、从动轴的角速度周期性地不相等,而合理采用双十字轴万向节传动的设计方案可以实现等速传递。

如图4-4所示,普通十字轴式万向节一般由两个万向节叉及与它们相连的十字轴、滚针轴承及其轴向定位件和油封等组成。

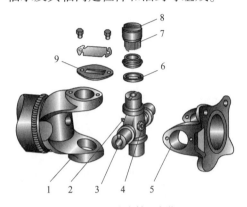

图4-4 十字轴万向节

1、5-万向节叉;2-油嘴;3-十字轴;4-安全阀;6-油封;7-滚针;8-轴承碗;9-轴承盖

十字轴轴颈通过与滚针轴承配合来安装在万向节叉的孔中。为了防止滚针轴承轴向窜动,在进行结构方案设计时,要采取轴承轴向定位措施。根据滚针轴承轴向定位方式和万向节连接方式不同,十字轴式万向节可分为内卡式、外卡式、翼型式等多种形式。

为了防止十字轴轴向窜动和发热,保证十字轴在任何工况下端隙始终为零,部分结构在十字轴轴端与轴承碗间加装端面止推滚针或滚柱轴承。重型汽车有时采用较粗的滚针并分成两段以提高寿命,也有采用以滚柱代替滚针的结构方案。

万向节在工作中承受着较大的转矩和交变载荷,其主要损坏形式是十字轴轴颈和滚针轴承的磨损、十字轴轴颈和滚针轴承碗工作面的压痕与剥落。通常认为当磨损或压痕超过0.25mm时,十字轴万向节必须报废并更换。为了提高其使用寿命,常采用包括组合式润滑密封装置在内的多种设计方案以润滑和保护十字轴轴颈与滚针轴承,如图4-5所示。

传统的毛毡油封由于漏油多,防尘、防水效果差,加注润滑油时,个别滚针轴承中可能出现空气阻塞而造成缺油,已不能满足越来越高的使用要求。轿车、轻型客车和轻型货车常在装配时就封入润滑脂润滑以减少车辆的润滑点,且采用密封效果较好的双刃口或多刃口橡胶油封,如图4-6所示。

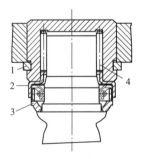 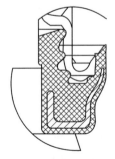

图4-5 十字轴的润滑与密封　　图4-6 多刃口橡胶油封

1-卡环;2-油封座圈;3-防尘罩;4-滚针

滚针轴承中滚针直径的公差、轴承的径向间隙和周向总间隙应控制在合理范围内。滚针轴承中的滚针直径差值应控制在 0.003mm 内,否则会加重载荷在滚针间分配的不均匀性。滚针轴承的径向间隙过大会使受载的滚针数减少及引起滚针歪斜,间隙过小则可能令滚针受热卡住,合适的间隙为 0.009~0.095mm。滚针的周向总间隙取 0.08~0.30mm 为宜。

单十字轴万向节两轴的夹角不宜过大,否则会严重缩短滚针轴承的使用寿命。当夹角由 4°增至 16°时,万向节中滚针轴承的寿命将下降为原来的 1/4。

2. 等速万向节

主、从动轴的角速度在两轴间夹角变动时仍然相等的万向节,称为等角速度万向节或等速万向节。这种万向节在工作过程中传力点永远位于两轴交点的平分面上,因此可实现等速。等速万向节分为球叉式、球笼式、三枢轴式等。球笼式万向节是应用较广泛的等速万向节,图 4-7 所示为 Rzeppa 型球笼式万向节,球形壳的内表面与星形套的球表面上各有沿圆周均匀分布的六条同心圆弧滚道,在两者间装着六个传力钢球,钢球由球笼保持在同一平面内。当万向节两轴之间的夹角发生变化时,靠比例合适的分度杆推动导向盘,并带动球笼使六个钢球处于轴间夹角的平分面上。无论转向如何,这种等速万向节的六个钢球全部传递转矩。

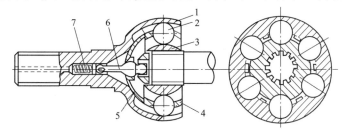

图 4-7 Rzeppa 型球笼式万向节
1-球形壳;2-钢珠;3-星形套;4-球笼;5-导向盘;6-分度杆;7-弹簧

3. 准等速万向节

准等速万向节是一种近似等速万向节,可以通过分度机构等部件实现主、从动轴之间的近似等速传递。准等速万向节分为双联式、凸块式、三销轴式等。双联式万向节是一种近似等速万向节,可以将其看成是由两个十字轴万向节组合而成,如图 4-8 所示。为了保证这两个十字轴万向节的工作转速趋于相等,可设分度机构。偏心十字轴双联式万向节取消了分度机构,也可以保证所连接的两轴接近等速转动。无分度杆的双联式万向节在军用越野车的转向驱动桥中广泛应用。

4. 挠性万向节

挠性万向节依靠橡胶弹性元件的弹性变形来保证在相交两轴(两轴夹角不大或有一定轴向位移)间传动时不发生干涉,如图 4-9 所示。这种万向节结构简单、不需润滑,可以减小传动系统的扭振、动载荷和噪声。它常作为轿车三万向节传动中靠近变速器的第一万向节,或安装在重型汽车中用于发动机和变速器间、变速器与分动器间,以消除制造安装误差和车架变形对传动的影响。

三、传动轴的结构方案分析

万向传动轴的结构与其所连接的万向节的结构有关。常见的传动轴总成主要由传动轴及其两端焊接的花键轴和万向节叉组成。传动轴中一般设有由滑动叉和花键轴组成的滑动花键,以实现传动长度的变化。为减少传动轴管内部零件的磨损,还装有油封、堵盖、防尘套和用以加注润滑脂的润滑脂嘴。为减小滑动花键的轴向滑动阻力和磨损,有时对花键齿进行磷化处理或喷涂尼龙层;有的则在花键槽中放入滚针、滚柱或滚珠等滚动元件,以滚动摩擦代替滑动摩擦,提高传动效率,如图 4-10 所示。但这种结构较复杂,成本较高。有时对于有严重冲击载荷的传动,还采用具有弹性的传动轴。传动轴上的花键齿与键槽间隙不宜过大,且应按对应标记装配,以避免装错破坏传动轴总成的动平衡。此外,部分轿车的断开式后驱动桥中采用半轴滚动花键的连接方案。

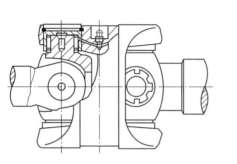

图 4-8　双联式万向节　　　　图 4-9　挠性万向节

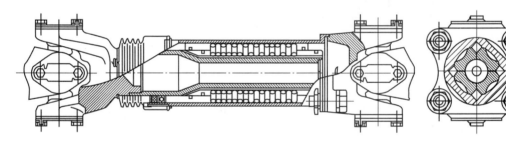

图 4-10　传动轴滚动花键

传动轴中间部分可为实心轴或为空心的轴管,实心轴仅作为与等速万向节相连的转向驱动桥的半轴或断开式驱动桥的摆动半轴;空心的轴管具有较小的质量但能传递较大的转矩,且比实心轴具有更高的临界转速,主要应用于传动系统的万向传动轴。

在长度一定时,传动轴的断面尺寸应保证传动轴具有足够高的强度和临界转速。传动轴的临界转速指当传动轴在运转中发生振动时,振幅随转速的增大而增大,到某一转速时振幅达到最大值(即共振),此时传动轴会失去稳定性的最低转速。传动轴临界转速的大小与传动轴长度和断面尺寸等有关。

传动轴的长度和夹角以及它们的变化范围均由汽车总布置设计确定,设计时应保证足够的传动轴长度变化量。即应保证在传动轴长度达到最大值时,花键套与轴有足够的配合长度,而在最小时不顶死。确定传动轴夹角时,必须考虑到当悬架上下变形至极限位置时的情况。传动轴夹角的大小影响万向节、十字轴和滚针轴承的寿命、万向传动效率和十字轴旋转的不均匀性。

传动轴管由低碳钢板卷制的电焊钢管制成,轴管外径及壁厚(或内径)根据所传递的最大转矩、最高转速及长度按有关标准选定,并校核临界转速及扭转强度。

第三节 十字轴式万向传动轴设计

一、万向节传动的运动分析和受力分析

1. 单十字轴式万向节传动

（1）运动分析。

单个十字轴万向节不是等速万向节,在两轴夹角不为零的情况下,其不能传递等角速转动,使主、从动轴的角速度周期性地不相等。

如图 4-11 所示,设主动叉由初始位置转过 φ_1 角,从动叉相应转过 φ_2 角,根据机械原理分析可以得出如下关系式：

$$\tan\varphi_1 = \tan\varphi_2 \cos\alpha \qquad (4-1)$$

式中：φ_1——主动轴转角,为万向节主动叉所在平面与万向节主、从动轴所在平面的夹角；

φ_2——从动轴转角,为万向节从动叉所在平面与万向节主、从动轴所在平面的夹角；

α——主动轴与从动轴之间的夹角。

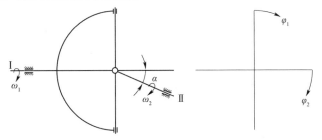

图 4-11　十字轴万向节运动示意图

可将式(4-1)写为：

$$\varphi_2 = \arctan\left(\frac{\tan\varphi_1}{\cos\alpha}\right) \qquad (4-2)$$

设万向节夹角 α 保持不变,将上式对时间求导,整理可得：

$$\frac{\omega_2}{\omega_1} = \frac{\cos\alpha}{1 - \sin^2\alpha \cos^2\varphi_1} \qquad (4-3)$$

式中：ω_1——主动叉轴的角速度,取 $\dfrac{\mathrm{d}\varphi_1}{\mathrm{d}t}$；

ω_2——从动叉轴的角速度,取 $\dfrac{\mathrm{d}\varphi_2}{\mathrm{d}t}$。

由于 $\cos^2\varphi_1$ 是周期为 π 的周期性函数,所以在 α 保持不变的条件下,转速比 ω_2/ω_1 也是个周期为 π 的周期性函数。如果认为 ω_1 保持不变,则 ω_2 每一转变化两次。当 φ_1 为 0、π、2π 时,ω_2 达到最大值,$\omega_{2\max} = \omega_1/\cos\alpha$；当 φ_1 为 $\pi/2$、$3\pi/2$ 时,ω_2 达到最小值,$\omega_{2\min} = \omega_1\cos\alpha$。因此当主动轴以等角速度转动时,从动轴时快时慢,此即普通十字轴万向节传动的不等速性。

十字轴万向节传动的不等速性可用转速不均匀系数 K 来表示：

$$K = \frac{\omega_{2\max} - \omega_{1\min}}{\omega_1} = \sin\alpha\tan\alpha \qquad (4-4)$$

(2)受力分析。

当十字轴万向节的主动叉轴上作用着不变的转矩载荷 T_1 时,则与它成夹角 α 的从动叉轴上的转矩 T_2 将随着叉轴的转角改变而变化,夹角 $\alpha = 0°$ 时除外。如果不计万向节中的摩擦损失,应保持功率平衡,则有:

$$T_1\omega_1 = T_2\omega_2 \tag{4-5}$$

所以

$$\frac{T_2}{T_1} = \frac{\omega_1}{\omega_2} = \frac{1 - \sin^2\alpha\cos^2\varphi_1}{\cos\alpha} \tag{4-6}$$

显然,当 ω_2/ω_1 最小时,从动轴上的转矩最大,$T_{2\max} = T_1/\cos\alpha$;当 ω_2/ω_1 最大时,从动轴上的转矩最小,$T_{2\min} = T_1\cos\alpha$。当 T_1 与 α 一定时,T_2 在其最大值与最小值间每一转变化两次。

对于具有夹角 α 的十字轴万向节,由于其主、从动叉轴上的转矩 T_1、T_2 作用在不同的平面上,因此仅在主动轴驱动转矩和从动轴反转矩的作用下是不能平衡的,如图 4-12 所示。

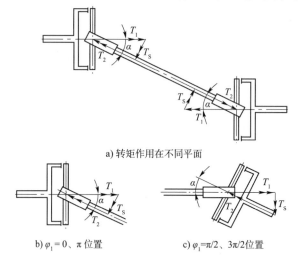

a) 转矩作用在不同平面

b) $\varphi_1 = 0$、π 位置   c) $\varphi_1 = \pi/2$、$3\pi/2$ 位置

图 4-12 十字轴万向节的力偶矩平衡与附加弯矩

这是夹角为 α 的十字轴万向节,它受到主动轴的转矩 T_1。其十字轴受到 T_1 和从动轴的反转矩 T_2。可以看出,这两个转矩向量互成一角度,所以不能使万向节的十字轴达到受力平衡。而在工作时,万向节的力偶矩是平衡的。因此,除 T_1 和 T_2 外,万向节十字轴上必然还作用有另外的力偶矩 T_S(附加弯矩)。

由图 4-12 及式(4-3)、式(4-5)和式(4-6)可得:

$$\begin{aligned}T_S^2 &= T_1^2 + T_2^2 - 2T_1T_2\cos\alpha \\ &= T_1^2\tan^2\alpha[1 - 2\sin^2\alpha\cos^2\varphi_1 + \sin^2\alpha\cos^4\varphi_1]\end{aligned} \tag{4-7}$$

由式(4-7)可知,当主动叉处于 $\varphi_1 = 0$、π 位置时,如图 4-12b)所示,$T_S = T_1\sin\alpha$;当主动叉处于 $\varphi_1 = \pi/2$、$3\pi/2$ 位置时,如图 4-12c)所示,$T_S = T_1\tan\alpha$。

附加弯矩(又称为二阶弯矩)是周期性变化的,其变化周期为 π,即每转变化两次,它可激起与万向节相连零部件的弯曲振动。在万向节主、从动轴支承上引起周期性变化的径向载荷,从而激起支承处的振动,使传动轴产生附加应力和变形,从而降低传动轴的疲劳强度。

若十字轴万向节的主动叉轴转速不变,则从动叉轴周期地加速、减速旋转,由此产生的惯性力矩为：
$$T_{2G} = J_2 \varepsilon_2 \quad (4\text{-}8)$$
式中：J_2——从动叉轴旋转质量的转动惯量；
ε_2——从动叉轴的角加速度。

通过对式(4-3)求导可得：
$$\varepsilon_2 = \frac{\omega_1^2 \cos\alpha \sin^2\alpha \sin 2\varphi_1}{1 - \sin^2\alpha \cos^2\varphi_1} \quad (4\text{-}9)$$

可见，当输入轴转速很高，且输入轴与输出轴之间夹角较大时，从动叉轴旋转不均匀加剧而产生的惯性力矩可能会超过结构许用值，应采取有效方法降低此惯性力矩。

2. 双十字轴式万向节传动

由单十字轴万向节输入轴与输出轴转速关系式可以看出，当输入轴与输出轴间有一定夹角时，单十字轴万向节的输出轴相对于输入轴做不等速旋转。为使处于同一个平面内的输出轴与输入轴等速旋转，在汽车传动系统中常采用双万向节传动设计方案，如图4-13a)、图4-13c)所示。

图4-13a)、图4-13c)所示是两种通常采用的方案，其共同的特点是，与传动轴相连的两个万向节叉布置在同一平面内且两万向节与传动轴的夹角相等，即 $\alpha_1 = \alpha_2$。

在采用这种布置方案的情况下，有 $\tan\varphi_1 = \tan\varphi_2 \cos\alpha_1$，$\tan\varphi_3 = \tan\varphi_2 \cos\alpha_2$，即 $\frac{\tan\varphi_1}{\tan\varphi_3} = \frac{\cos\alpha_1}{\cos\alpha_2}$，因而当 $\alpha_1 = \alpha_2$ 时，必有 $\varphi_1 = \varphi_3$，即可以保证等角速传动。

在双万向节传动中，直接与输入轴和输出轴相连的万向节叉所受的附加弯矩分别由相应轴的支承反力平衡。

（1）当输入轴与输出轴平行时，如图4-13a)所示：与传动轴直接相连的两万向节叉所受的附加弯矩彼此相互平衡；但传动轴会发生弹性弯曲变形现象，如图4-13b)虚线所示，从而引起传动轴的弯曲振动。

（2）当输入轴与输出轴相交时，如图4-13c)所示：与传动轴相连的两万向节叉上所受到的附加弯矩方向相同，不能彼此相互平衡，从而对两端的十字轴产生大小相等、方向相反的径向力。此径向力作用在滚针轴承碗上，并在输入轴和输出轴的支承上引起反力。同时，传动轴还会发生弹性变形现象，如图4-13d)虚线所示。

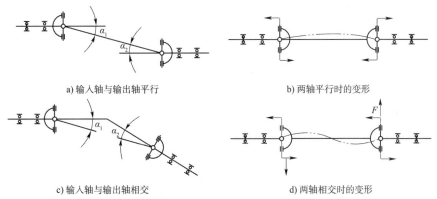

图4-13 附加弯矩对传动轴的作用

3. 多十字轴式万向节传动

多万向节传动的从动叉相对主动叉的转角差 $\Delta\varphi$ (rad) 的计算公式与单万向节相似,可写成:

$$\Delta\varphi = \frac{\alpha_e^2}{4}\sin2(\varphi_1 + \theta) \tag{4-10}$$

式中:α_e——多万向节传动的当量夹角;
θ——主动叉的初相位角;
φ_1——主动轴转角。

式(4-10)表明,多万向节传动输出轴与输入轴的运动关系,同具有夹角为 α_e,而主动叉具有初相位角 θ 的单万向节传动一样。

假如多万向节传动的各轴轴线均在同一平面,且各传动轴两端万向节叉平面间的夹角为 0 或 $\pi/2$,则当量夹角 α_e 为:

$$\alpha_e = \sqrt{|\alpha_1^2 \pm \alpha_2^2 \pm \alpha_3^2 \pm \cdots|} \tag{4-11}$$

式中:α_n——各万向节的夹角,$n=1,2,3,\cdots$。

式(4-11)中的正负号确定如下:当第一万向节的主动叉处于各轴轴线所在的平面内,在其余的万向节中,如果其主动叉平面与此平面重合定义为正,垂直定义为负。为使多万向节传动输出轴与输入轴等速旋转,应使 $\alpha_e = 0$。

万向节传动输出轴与输入轴的转角差不仅会引起动力总成支承和悬架弹性元件的振动,还能引起与输出轴相连齿轮的冲击和噪声及驾驶室内的谐振噪声。因此在设计多万向节传动时,总是希望其当量夹角 α_e 尽可能小。一般设计时,应使空载和满载两种工况下的 α_e 不大于 3°,另外,应对多万向节传动输出轴的角加速度幅值 $\alpha_e^2\omega_1^2$ 加以限制。对于乘用车,$\alpha_e^2\omega_1^2 \leq 350\,\mathrm{rad/s^2}$;对于商用车,$\alpha_e^2\omega_1^2 \leq 600\,\mathrm{rad/s^2}$。

二、万向节的设计计算

1. 万向传动轴的计算载荷

万向传动轴因布置位置不同,计算载荷也不同。计算载荷的确定方法主要有三种。

对于用于变速器和驱动桥之间的万向传动轴,按发动机最大转矩和一挡传动比来确定计算载荷时:

$$T_{se1} = \frac{k_d T_{e\max} k i_1 i_f \eta}{n} \tag{4-12}$$

按驱动轮打滑来确定计算载荷时:

$$T_{ss1} = \frac{G_2 m_2' \varphi r_r}{i_0 i_m \eta_m} \tag{4-13}$$

按日常平均使用转矩来确定计算载荷时:

$$T_{sf1} = \frac{F_t r_r}{i_0 i_m \eta_m n} \tag{4-14}$$

对于用于转向驱动桥中的万向传动轴,按发动机最大转矩和一挡传动比来确定计算载荷时:

$$T_{se2} = \frac{k_d T_{e\max} k i_1 i_f i_0 \eta}{2n} \tag{4-15}$$

按驱动轮打滑来确定计算载荷时：

$$T_{ss2} = \frac{G_1 m_1' \varphi r_r}{2 i_m \eta_m} \tag{4-16}$$

按日常平均使用转矩来确定计算载荷时：

$$T_{sf2} = \frac{F_t r_r}{2 i_m \eta_m n} \tag{4-17}$$

式(4-12)~式(4-17)中：k_d 为猛接离合器产生的动载系数，液力自动变速器取1，具有手动操纵的机械变速器的高性能赛车取3；性能系数 $f_j = 0$ 的汽车取1；$f_j > 0$ 的汽车取2或由经验选定。

性能系数由式(4-18)计算：

$$f_j = \begin{cases} \dfrac{16 - 0.195 \dfrac{m_a g}{T_{e\max}}}{100}, & 0.195 \dfrac{m_a g}{T_{e\max}} < 16 \\ 0, & 0.195 \dfrac{m_a g}{T_{e\max}} \geq 16 \end{cases} \tag{4-18}$$

式(4-12)~式(4-18)中：m_a——汽车满载质量(若有挂车，则要加上挂车质量)，kg；

$T_{e\max}$——发动机最大转矩，N·m；

k——液力变矩器变矩系数，$k = \dfrac{k_0 - 1}{2} + 1$；

k_0——最大变矩系数；

i_1——变速器一挡传动比；

i_f——分动器传动比，具体取法见表4-1；

η——发动机到万向传动轴间的传动效率；

n——计算驱动桥数；

i_0——主减速器传动比；

G_2——满载状态下一个驱动桥上的静载荷，N；

m_2'——汽车最大加速度时的后轴负荷转移系数，乘用车取1.2~1.4，商用车取1.1~1.2；

φ——轮胎与路面间的附着系数，对于安装一般轮胎的公路用汽车，在良好的混凝土或沥青路上可取0.85，对于安装防侧滑轮胎的乘用车可取1.25，对于越野车一般取1；

r_r——车轮滚动半径，m；

i_m——主减速器从动齿轮到车轮之间的传动比；

η_m——主减速器从动齿轮到车轮之间的传动效率；

G_1——满载状态下转向驱动桥上的静载荷，N；

m_1'——汽车最大加速度时的前轴负荷转移系数，乘用车取0.80~0.85，商用车取0.75~0.90；

F_t——日常汽车行驶的平均牵引力，N。

i_f 与 n 的选取　　　　　表 4-1

车　　型	高挡传动比 i_{fg} 与低挡传动比 i_{fd} 的关系	i_f	n
4×4	$i_{fg} > \dfrac{i_{fd}}{2}$	i_{fg}	1
	$i_{fg} < \dfrac{i_{fd}}{2}$	i_{fd}	2
6×6	$\dfrac{i_{fg}}{2} > \dfrac{i_{fd}}{3}$	i_{fg}	2
	$\dfrac{i_{fg}}{2} < \dfrac{i_{fd}}{3}$	i_{fd}	3

对万向传动轴进行静强度计算时,计算载荷 T 取 T_{se1} 和 T_{ss1} 的最小值或取 T_{se2} 和 T_{ss2} 的最小值,安全系数一般取 2.5~3.0。当对万向传动轴进行疲劳寿命计算时,计算载荷 T 取 T_{sf1} 或 T_{sf2}。

2. 十字轴万向节设计

对十字轴万向节的设计主要包括对十字轴、万向节叉、凸缘、十字轴轴承和紧固件等零件的分析计算。其一般过程是对各零件的主要失效形式进行分析并制定相应的设计准则,然后根据准则对零部件的主要结构尺寸进行计算、校核。

十字轴万向节的主要损坏形式有十字轴轴颈和滚针轴承的磨损,十字轴轴颈和滚针轴承碗工作表面出现压痕和剥落。一般情况下,当磨损或压痕超过 0.15mm 时便应报废。十字轴的主要失效形式是轴颈根部断裂,所以在设计十字轴万向节时,应保证该处有足够的抗弯强度。

(1)十字轴的设计计算。

设滚针对十字轴轴颈的作用力合力为 F,如图 4-14 所示。则有:

$$F = \frac{T}{2r\cos\alpha} \tag{4-19}$$

式中:T——传动轴计算转矩;
r——合力作用线与十字轴中心间的距离;
α——主、从动叉轴间的最大夹角。

十字轴轴颈根部的弯曲应力 σ 和剪切应力 τ 为:

$$\sigma = \frac{32 d_1 F s}{\pi(d_1^4 - d_2^4)} \tag{4-20}$$

$$\tau = \frac{4F}{\pi(d_1^2 - d_2^2)} \tag{4-21}$$

式中:d_1——十字轴轴颈直径,mm;
d_2——十字轴油道孔直径,mm;
s——合力作用点到轴颈根部的距离,mm。

十字轴常用材料为 20CrMnTi、20Cr、20MnVB、12CrNi3A 等低碳合金钢,轴颈表面进行渗碳淬火处理,渗碳层深度为 0.8~1.2mm,表面硬度为 58~64HRC,轴颈端面硬度不低于 55HRC,心部硬度为 33~48HRC。十字轴弯曲应力应不大于 250~350MPa;剪切应力应不大于 80~120MPa。

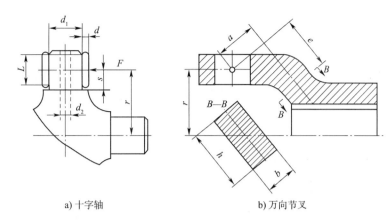

a) 十字轴　　　　　　　　　　b) 万向节叉

图 4-14　十字轴及万向节叉受力简图

d_1-十字轴轴颈直径；d_2-十字轴油孔直径；d-滚针直径；s-合力作用点到轴颈根部的距离；r-合力作用线与十字轴中心间的距离；L-滚针工作长度；h、b-矩形截面的高、宽；e、a-尺寸参数

（2）十字轴滚针轴承的设计计算。

十字轴滚针轴承的接触应力应满足：

$$\sigma_j = 272\sqrt{\left(\frac{1}{d_1}+\frac{1}{d}\right)\frac{F_n}{L}} \leqslant [\sigma_j] \quad (4\text{-}22)$$

式中：d——滚针直径，mm；

L——滚针工作长度，mm；

d_1——十字轴轴颈直径，mm；

F_n——在力 F 作用下一个滚针所受的最大载荷，N。

F_n 由式（4-23）确定：

$$F_n = \frac{4.6F}{iZ} \quad (4\text{-}23)$$

式中：i——滚针列数；

Z——每列中的滚针数。

当滚针和十字轴轴颈表面硬度在 HRC58 以上时，许用应力 $[\sigma_j]$ 为 3000～3200MPa。

（3）万向节叉的设计计算。

万向节叉与十字轴组成连接支承，在力 F 作用下产生支承反力，在与十字轴轴孔中心线成 45°的 B—B 截面处，万向节叉承受弯曲和扭转载荷，其弯曲应力 σ_w 和扭应力 τ_b 应满足：

$$\sigma_w = \frac{Fe}{W} \leqslant [\sigma_w] \quad (4\text{-}24)$$

$$\tau_b = \frac{Fa}{W_t} \leqslant [\tau_b] \quad (4\text{-}25)$$

式中：W、W_t——截面 B—B 处的抗弯截面系数和抗扭截面系数，矩形截面 $W=\dfrac{bh^2}{6}$、$W_t=kb^2h$，椭圆形截面 $W=\dfrac{bh^2}{10}$、$W_t=\dfrac{\pi b^2 h}{16}$；

h、b——矩形截面的高和宽或椭圆形截面的长轴和短轴。

k 是与 h/b 有关的系数，按表 4-2 选取；e、a 如图 4-14b）所示。

系数 k 的选取　　　　　　　　　表 4-2

h/b	1.0	1.5	1.75	2.0	2.5	3.0	4.0	10
k	0.208	0.231	0.239	0.246	0.258	0.267	0.282	0.312

万向节叉一般采用 35、40、45 中碳钢或中碳合金钢 40CrNiMoA，经调质处理，硬度为 18～33HRC。万向节叉弯曲应力的许用值 $[\sigma_w]$ 为 50～80MPa，扭应力的许用值 $[\tau_b]$ 为 80～160MPa。

(4) 十字轴万向节的传动效率。

十字轴万向节的传动效率与两轴的轴间夹角、十字轴的支承结构和材料、加工、装配精度以及润滑条件等有关。当 $\alpha \leqslant 25°$ 时，可按式(4-26)计算：

$$\eta_0 = 1 - f\left(\frac{d_1}{r}\right)\frac{2\tan\alpha}{\pi} \tag{4-26}$$

式中：η_0——十字轴万向节传动效率；

f——轴颈与万向节叉的摩擦因数，滑动轴承 $f = 0.15 \sim 0.20$，滚针轴承 $f = 0.05 \sim 0.10$。

通常情况下，十字轴万向节的传动效率约为 97%～99%。

三、传动轴的设计计算

传动轴设计的主要内容是选择传动轴长度和断面尺寸。在选择传动轴长度和断面尺寸时，要着重考虑使传动轴有足够高的临界转速、扭转强度。

1. 传动轴的临界转速分析

传动轴的临界转速 $n_c(\text{r/min})$ 为：

$$n_c = 1.2 \times 10^8 \frac{\sqrt{D^2 + d^2}}{L^2} \tag{4-27}$$

式中：D、d——传动轴管的外径及内径，mm；

L——传动轴的支承长度，取两万向节的中心距，mm。

从式(4-26)可知，在 D、L 一定时，空心轴($d > 0$)的临界转速要比实心轴($d = 0$)高，并且节省材料。这是广泛采用空心传动轴的重要原因之一。此外，当传动轴长度超过 1.5m 时，为提高 n_c 以及考虑到总布置，常将传动轴断开成两根或三根，万向节用三个或四个，而在中间传动轴上加设中间支承。

在设计传动轴时，由于传动轴动平衡的误差、伸缩花键连接的间隙以及支承的非刚性等，传动轴的实际临界转速要低于按式(4-27)计算的值。因此一般需要引入安全系数 K，K 取 1.2 时，用于精确动平衡、高精度的伸缩花键及间隙比较小的万向节：

$$K = \frac{n_c}{n_{\max}} = 1.2 \sim 2.0 \tag{4-28}$$

式中：$n_{\max}$——传动轴的最高转速，r/min。

2. 传动轴轴管、花键轴及花键的设计计算

传动轴轴管的断面尺寸除应满足临界转速要求外，还应保证有足够的扭转强度。轴管

的扭转应力 τ_c(MPa)应满足：

$$\tau_c = \frac{16DT}{\pi(D^4 - d^4)} \leq [\tau_c] \qquad (4-29)$$

式中：T——传动轴的计算转矩，N·mm；

$[\tau_c]$——许用扭转应力，$[\tau_c] = 300$MPa。

对于传动轴上的花键轴，通常以底径计算其扭转应力 τ_h(MPa)为：

$$\tau_h = \frac{16T}{\pi d_h^3} \qquad (4-30)$$

式中：d_h——花键轴的花键内径，mm。

传动轴花键的齿侧挤压应力 σ(MPa)应满足：

$$\sigma = \frac{TK'}{\left(\frac{D_h + d_h}{4}\right) \times \left(\frac{D_h - d_h}{2}\right) L_h n_0} \leq [\sigma] \qquad (4-31)$$

式中：K'——花键转矩分布不均匀系数，$K' = 1.3 \sim 1.4$；

D_h、d_h——花键外径和内径，mm；

L_h——花键的有效工作长度，mm；

n_0——花键齿数；

$[\sigma]$——许用挤压应力，MPa。

当花键的齿面硬度大于 35HRC 时，$[\sigma] = 25 \sim 50$MPa；对于非滑动花键，$[\sigma] = 50 \sim 100$MPa。

3. 传动轴总成设计分析

传动轴总成的不平衡是传动系弯曲振动的一个激励源，会引起振动和噪声。为减少这种振动与噪声，就要设法改善传动轴的不平衡度。不同车型对传动轴的不平衡度有不同要求：乘用车在 3000～6000r/min 时，应不大于 25～35g·cm；商用车在 1000～4000r/min 时，应不大于 50～100g·cm，传动轴总成的径向全跳动应不大于 0.5～0.8mm。

在传动轴装车以前一般要经过动平衡调整（利用专用试验机）。降低传动轴不平衡度的主要措施有：减小十字轴的轴向窜动、提高传动轴刚度、提高滑动花键的耐磨性和配合精度等。为平衡传动轴，可以在传动轴上适当位置点焊平衡片。为消除点焊平衡片的热影响，应等冷却后再进行不平衡度的检验。

第四节　中间支承结构分析与设计

在长轴距汽车上，常常将传动轴分成两段或三段，目的主要是缩短每一段的长度以提高刚度，从而提高传动轴的临界转速。在乘用车中，有时为了提高传动系统的弯曲刚度、改善传动系统弯曲振动特性，减少噪声，也将传动轴分成两段。当传动轴分段时，往往需要加中间支承。

中间支承一般安装在车架横梁上或车身底架上，以补偿传动轴轴向和角度方向的安装误差以及由于动力总成弹性悬置和车架等变形所引起的位移。目前的中间支承广泛采用坐落在橡胶弹性元件上的单列滚珠轴承，如图 4-15 所示，中间传动轴通过单列滚珠轴承支承。其中，橡胶元件能吸收传动轴的振动，允许中间传动轴轴线相对车架运动。这种弹性中间支

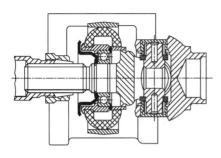

图 4-15 橡胶弹性中间支承

承不能传递轴向力,主要承受由传动轴不平衡、偏心等因素引起的径向力,以及万向节上的附加弯矩引起的径向力。

中间支承所承受的径向力是变化的,有些每转变化一次(传动轴的不平衡、偏心引起的径向力),另一些每转变化两次(万向节上附加弯矩引起的径向力)。当这些激振力的频率与弹性中间支承悬置质量的固有频率重合时,便会发生共振。

中间支承悬置质量 m 的固有频率 f 按式(4-32)计算:

$$f = \frac{1}{2\pi}\sqrt{\frac{C_R}{m}} = \frac{1}{2\pi}\sqrt{\frac{C_R g}{mg}} = \frac{1}{2\pi}\sqrt{\frac{C_R g}{G}} \qquad (4\text{-}32)$$

式中:C_R——中间支承橡胶元件径向刚度,N/mm;

G——与中间支承悬置质量 m 对应的重力,它等于传动轴落在中间支承上的那一部分重力与中间支承轴承及其轴承座所承受重力之和,N;

g——重力加速度,m/s²。

在设计中间支承时,应合理选择其弹性元件的径向刚度 C_R,使固有频率 f 对应的临界转速 $n = 60f(\text{r/min})$ 尽可能低于传动轴的常用转速范围以避免共振,保证隔振效果。一般许用临界转速为 1000~2000r/min,对乘用车取下限。当中间支承悬置质量的固有频率依照上述数据确定时,由于传动轴不平衡引起的共振转速为 1000~2000r/min;而由于万向节上的附加弯矩引起的共振转速为 500~1000r/min。由此可见,要完全避免中间支承的共振是不可能的,关键是使临界转速尽可能地低于传动轴的常用转速范围。

第五节 设 计 实 例

一、题目及要求

已知某商用车总质量为 14t,其动力系统采用的发动机是型号为 EQB210 的直列六缸柴油机,最大功率输出 $P_{e\max}$ 为 155kW(2500r/min),最大输出扭矩 $T_{e\max}$ 为 658N·m;传动系统中变速器的最大传动比 $i_{\max} = 6.938$。试对该车辆的十字轴式万向传动系统进行设计。

基本过程如下:

二、计算载荷的确定

按发动机最大转矩和一挡传动比来确定:

$$T_{\max} = T_{e\max} i_{\max} = 658 \times 10^3 \times 6.938 = 4.565 \times 10^6 (\text{N·mm})$$

三、十字轴万向节设计

参照相关结构尺寸和设计手册,初定以下结构尺寸。

(1)滚针轴承:滚针长度为 24mm,滚针有效工作长度为 17.1mm,滚针直径为 3mm,滚针数为 28。

(2) 十字轴:轴颈为 24mm,端面距为 168mm,油孔直径为 6mm。
(3) 万向节叉轴最大允许夹角为 20°。

1. 十字轴滚针轴承的设计计算

由式(4-19)可得滚针对十字轴轴颈的作用力合力 F 为:

$$F = \frac{T_{max}}{2r\cos a} = \frac{4.565 \times 10^6}{2 \times 72 \times \cos 20°} = 33725(\text{N})$$

由式(4-20)和式(4-21)分别得到十字轴轴颈根部的弯曲应力 σ 和剪切应力 τ 为:

$$\sigma = \frac{32 d_1 F s}{\pi(d_1^4 - d_2^4)} = \frac{32 \times 24 \times 33725 \times 12}{3.14 \times (24^4 - 6^4)} = 298(\text{MPa})$$

$$\tau = \frac{4F}{\pi(d_1^2 - d_2^2)} = \frac{4 \times 33725}{3.14 \times (24^2 - 6^2)} = 79.6(\text{MPa})$$

十字轴弯曲应力不大于 350MPa;剪切应力不大于 80~120MPa,故符合要求。

2. 十字轴滚针轴承的设计计算

由式(4-23)得在力 F 作用下一个滚针所受的最大载荷 F_n(N)为:

$$F_n = \frac{4.6F}{iZ} = \frac{4.6 \times 33725}{28 \times 1} = 5540.5(\text{N})$$

由式(4-22)得十字轴滚针轴承的接触应力为:

$$\sigma_j = 272 \sqrt{\left(\frac{1}{d_1} + \frac{1}{d}\right)\frac{F_n}{L}} = 272 \times \sqrt{\left(\frac{1}{24} + \frac{1}{3}\right) \times \frac{5540.5}{17.1}} = 2998(\text{MPa})$$

小于许用接触应力 3000~3200MPa,符合要求。

3. 万向节叉的设计计算

(略)

4. 十字轴万向节的传动效率

由式(4-26)十字轴万向节的传动效率:

$$\eta_0 = 1 - f\left(\frac{d_1}{r}\right)\frac{2\tan a}{\pi} = 1 - 0.1 \times \frac{24}{72} \times \frac{2\tan 20°}{\pi} = 99.2\%$$

四、传动轴的设计计算

参照相似类型车辆结构,拟订传动轴的结构形式为开式圆管状,由前后传动轴及中间支承等组成。中间支承轴承由单列滚子轴承改为圆锥滚子轴承,可以提高寿命。为了改善套管叉的工艺性,降低传动噪声,采用组焊的套管叉和防尘装置。

传动轴的结构尺寸参数初定为:

(1) 前传动轴长 L_1 为 1090mm,后传动轴长 L_2 为 1400~1450mm。
(2) 轴管外径 D 为 89mm,内径 d 为 82mm。
(3) 传动轴花键(矩形)外径 D_h 为 48mm,内径 d_h 为 42mm,齿数 n_0 为 8,齿宽为 12mm,定心方式为齿侧,满载静止时花键的啮合长度 L_h 为 130mm。

1. 传动轴的临界转速分析

由式(4-27)可得传动轴临界转速 n_c 为:

$$n_c = 1.2 \times 10^8 \frac{\sqrt{D^2 + d^2}}{L_2^2} = 1.2 \times 10^8 \times \frac{\sqrt{89^2 + 82^2}}{1450^2} = 6907(\text{r/min})$$

发动机最大功率时的转速为 $n_p = 2500\text{r/min}$,故当汽车以最高速度行驶时,安全系数 $K = n_c/n_{max} = 6907/2500 = 2.76$,满足使用需求。

2. 传动轴轴管扭转应力的校核计算

根据式(4-28)可得传动轴轴管扭转应力为:

$$\tau_c = \frac{16DT_{max}}{\pi(D^4 - d^4)} = \frac{16 \times 89 \times 4.565 \times 10^6}{\pi(89^4 - 82^4)} = 118 \leqslant [\tau_c] = 300(\text{MPa})$$

可见传动轴管能保证足够的扭转强度。

3. 花键轴扭转应力的校核计算

根据式(4-30)可得扭转应力 $\tau_h(\text{MPa})$ 为:

$$\tau_h = \frac{16T_{max}}{\pi d_h^3} = \frac{16 \times 4.565 \times 10^6}{\pi \times 42^3} = 314(\text{MPa})$$

根据式(4-31)可得传动轴花键的齿侧挤压应力 $\sigma(\text{MPa})$ 为:

$$\sigma = \frac{T_{max}K'}{\left(\dfrac{D_h + d_h}{4}\right) \times \left(\dfrac{D_h - d_h}{2}\right) L_h n_0} = \frac{4.565 \times 10^6 \times 1.4}{\left(\dfrac{48 + 42}{4}\right) \times \left(\dfrac{48 - 42}{2}\right) \times 130 \times 8} = 91(\text{MPa})$$

符合要求。

其他零部件详细结构尺寸设计计算略。

本章小结

汽车万向传动系统的主要作用是在不同轴心的两轴间或在工作过程中相对位置不断变化的两轴间传递动力。在进行万向传动系统设计时,首先需要根据动力传输需求以及实际结构条件情况来确定万向传动装置的总体布置方案。万向节的种类比较多,主要有不等速万向节、等速万向节和准等速万向节等,每一种类型又有各种不同的结构设计方案,在实际应用中应根据需求进行方案分析和制定。

对十字轴万向节的设计主要包括对其运动学特性和受力情况进行分析,然后通过对零部件失效形式的分析,依据相应的设计准则完成对十字轴、万向节叉、十字轴轴承等主要零部件的分析计算。万向传动轴的结构与其所连接的万向节的结构有关。传动轴设计的主要内容是选择传动轴长度和断面尺寸,设计时要着重考虑使传动轴有足够高的临界转速、扭转强度。当采用传动轴分段传递动力的方案时,需要加中间支承。

4-1 影响万向传动系统总布置方案设计的主要因素有哪些?

4-2 什么是不等速万向节、准等速万向节和等速万向节？采用双十字轴万向节传动，如何才能保证输出轴与输入轴等速旋转？

4-3 什么是传动轴的临界转速？在进行传动轴设计时，如何保证传动轴的转速满足使用需求？

4-4 什么情况下需要采用中间支承的结构设计方案？

4-5 已知某单十字轴万向传动系统中，两轴相交的角度 $a = 30°$，主动轴转速 $n_1 = 1500 \text{r/min}$，当主动轴转角分别为 $0°$、$30°$、$60°$、$90°$、$120°$、$150°$ 及 $180°$ 时，求从动轴相应的角速度，并在坐标图上绘出曲线表示从动轴角速度的变化情况。

第五章　驱动桥设计

【内容提要】　驱动桥处于传动系统末端,具有减速、增扭、差速等基本功能。本章主要讲述驱动桥的设计要求、结构形式及布置,主减速器、差速器、半轴、驱动桥壳的设计计算等基本内容,介绍轮边电机桥的设计过程,还介绍驱动桥的设计实例。

【目标要求】　通过本章学习,要求学生能够了解驱动桥的主要结构形式;掌握主减速器和普通锥齿轮差速器的结构和工作原理;了解半轴和桥壳的结构和功用;了解轮边电机桥主要参数的匹配设计流程。

第一节　引　　言

驱动桥处于动力传动系统的末端,其基本功能是增大由传动轴或变速器传来的转矩,并将动力合理地分配给左、右驱动轮,另外还承受作用于路面和车架或车身之间的垂直力、纵向力和横向力及其力矩。驱动桥一般由主减速器、差速器、车轮传动装置和驱动桥壳等组成。

驱动桥设计应当满足以下基本要求。

(1)所选择的主减速比应能保证汽车具有最佳的动力性和燃料经济性。

(2)外形尺寸要小,保证有必要的离地间隙。

(3)齿轮及其他传动件工作平稳,噪声小。

(4)在各种转速和载荷下具有足够高的传动效率。

(5)在保证足够的强度、刚度条件下,质量应尽量小,尤其是簧下质量,以改善汽车平顺性。

(6)与悬架导向机构运动协调,对于转向驱动桥,还应与转向机构运动相协调。

(7)结构简单,加工工艺性好,制造容易,拆装、调整方便。

第二节　驱动桥的结构形式分析

驱动桥的结构形式与驱动轮的悬架形式密切相关。当车轮采用非独立悬架时,驱动桥应为非断开式(或称为整体式),非断开式驱动桥又可分为普通非断开式驱动桥和带有摆动半轴的非断开式驱动桥;当驱动车轮采用独立悬架时,驱动桥应为断开式,如图5-1所示。

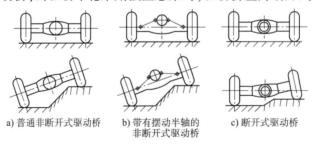

图5-1　驱动桥布置形式简图

一、非断开式驱动桥

具有桥壳的非断开式驱动桥,驱动桥壳是一根连接左右驱动轮的刚性空心梁,如图 5-2 所示,而主减速器、差速器及车轮传动装置(由左、右半轴组成)都装在它里面。非断开式驱动桥结构简单、制造工艺性好、成本低、工作可靠、维修调整容易,广泛应用于各种载货汽车、客车及多数越野汽车和部分小轿车上。但非断开式驱动桥均属于簧下质量,对汽车平顺性和操纵稳定性不利,并且差速器壳的尺寸较大,限制了汽车的离地间隙。

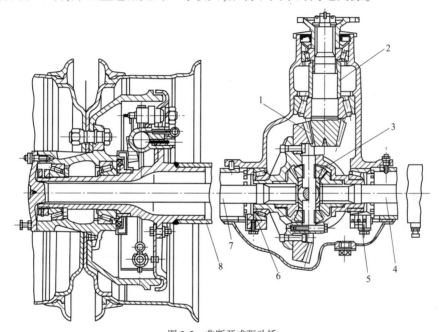

图 5-2 非断开式驱动桥
1-主减速器;2-套筒;3-差速器;4、7-半轴;5-调整螺母;6-调整垫片;8-桥壳

二、断开式驱动桥

断开式驱动桥无刚性的整体外壳,主减速器、差速器及其壳体装在车架或车身上,两侧驱动车轮经独立悬架与车架或车身作弹性连接,并可彼此独立地相对于车架或车身作上下摆动,车轮传动装置采用万向节传动,如图 5-3 所示。为防止车轮跳动时因轮距变化而引起万向传动装置与独立悬架导向装置的运动干涉,应采用滑动花键轴或一种允许两轴能有适量轴向位移的万向传动机构。

断开式驱动桥结构较复杂,成本较高,但它大大地增加了离地间隙,减小了簧下质量,从而改善了行驶平顺性,提高了汽车的平均车速;减小了汽车在行驶时作用于车轮和车桥上的动载荷,提高了零部件的使用寿命;由于驱动轮与地面的接触情况及对各种地形的适应性较好,大大增强了轮胎的抗侧滑能力;与之相配合的独立悬架导向机构设计得合理,可增加汽车的转向不足效应,提高汽车的操纵稳定性。这种驱动桥在乘用车和高通过性的越野汽车上应用相当广泛。

当驱动桥上的驱动轮又作为转向轮时,称此驱动桥为转向驱动桥,例如前置前驱汽车的前驱动桥。

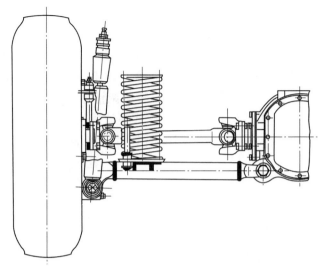

图 5-3 断开式驱动桥

第三节 主减速器设计

一、主减速器结构形式

为适应不同车型和使用要求,主减速器有多种结构形式,主要是根据齿轮类型、减速形式以及主、从动齿轮支承形式的不同而分类。

1. 主减速器的齿轮类型

主减速器的齿轮主要有弧齿锥齿轮、双曲面齿轮、圆柱齿轮和蜗轮蜗杆等形式。

(1) 弧齿锥齿轮传动。

弧齿锥齿轮传动(图 5-4a)的主、从动齿轮轴线垂直相交于一点,齿轮并不同时在全长上啮合,而是逐渐从一端连续平稳地转向另一端。另外,由于轮齿端面重叠的影响,至少有两对轮齿同时啮合,所以它工作平稳,噪声和振动小,能承受较大的载荷,制造也简单。但是弧齿锥齿轮对啮合精度很敏感,齿轮副锥顶稍有不吻合便会使工作条件急剧变坏,并伴随磨损增大和噪声增大。为保证齿轮副的正确啮合,必须将支承轴承预紧,提高支承刚度,增大壳体刚度。

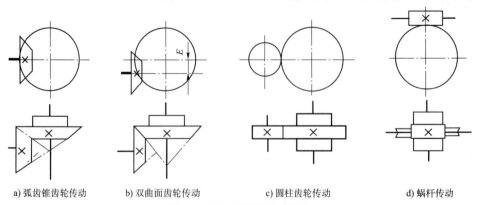

a) 弧齿锥齿轮传动　　b) 双曲面齿轮传动　　c) 圆柱齿轮传动　　d) 蜗杆传动

图 5-4　主减速器齿轮传动形式

(2) 双曲面齿轮传动。

双曲面齿轮传动(图5-4b)的主、从动齿轮的轴线相互垂直而不相交,主动齿轮轴线相对从动齿轮轴线在空间偏移一定距离E,此距离称为偏移距。由于偏移距E的存在,使主动齿轮螺旋角β_1大于从动齿轮螺旋角β_2,如图5-5所示。根据啮合面上法向力相等,可求得主、从动齿轮圆周力之比:

$$\frac{F_1}{F_2} = \frac{\cos\beta_1}{\cos\beta_2} \quad (5-1)$$

式中:F_1、F_2——主、从动齿轮的圆周力;

β_1、β_2——主、从动齿轮的螺旋角。

螺旋角是指在锥齿轮节锥表面展开图上的齿形线任意一点A的切线TT与该点和节锥顶点连线之间的夹角。在齿面宽中点处的螺旋角称为中点螺旋角(图5-5)。通常不特殊说明,则螺旋角指中点螺旋角。

双曲面齿轮传动比i_{0s}为:

$$i_{0s} = \frac{F_2 r_2}{F_1 r_1} = \frac{r_2 \cos\beta_2}{r_1 \cos\beta_1} \quad (5-2)$$

式中:r_1、r_2——主、从动齿轮平均分度圆半径。

弧齿锥齿轮传动比i_{01}为:

$$i_{01} = \frac{r_2}{r_1} \quad (5-3)$$

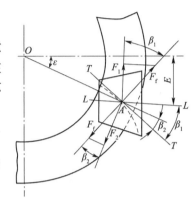

图5-5 双曲面齿轮副受力情况

令$K = \cos\beta_1/\cos\beta_2$,则$i_{0s} = K i_{01}$。由于$\beta_1 > \beta_2$,所以系数$K > 1$,一般为1.25~1.50。

因此,与弧齿锥齿轮传动相比,双曲面齿轮传动具有以下优点:①当双曲面齿轮与弧齿锥齿轮尺寸相同时,双曲面齿轮传动有更大的传动比;②当传动比一定,从动齿轮尺寸相同时,双曲面主动齿轮比相应的弧齿锥齿轮有较大的直径和较高的轮齿强度以及较大的主动齿轮轴和轴承刚度;③当传动比一定,主动齿轮尺寸相同时,双曲面从动齿轮直径比相应的弧齿锥齿轮的尺寸要小,因而有较大的离地间隙;④由于偏移距的存在,使双曲面齿轮副在工作过程中不仅存在沿齿高方向的侧向滑动,而且还有沿齿长方向的纵向滑动,纵向滑动可改善齿轮的磨合过程,使其具有更高的运转平稳性;⑤由于存在偏移距,双曲面齿轮副使其主动齿轮的螺旋角较大,同时啮合的齿数较多,重合度较大,不仅提高了传动平稳性,而且使齿轮的弯曲强度提高约30%;⑥双曲面齿轮传动的主动齿轮直径及螺旋角都较大,所以相啮合轮齿的当量曲率半径较相应的弧齿锥齿轮为大,其结果使齿面的接触应力降低;⑦双曲面主动齿轮的螺旋角较大,则不产生根切的最小齿数可减少,故可选用较少的齿数,有利于增加传动比;⑧双曲面齿轮传动的主动齿轮较大,加工时所需刀盘刀顶距较大,因而切削刃寿命较长;⑨双曲面齿轮传动还有利于实现汽车的总体布置,当采用上偏移双曲面齿轮,即双曲面主动齿轮轴布置在从动齿轮中心上方,便于实现多轴驱动桥的贯通,增大传动轴的离地高度;⑩当采用下偏移双曲面齿轮则可降低万向传动轴的高度,进而有利于降低车身高度。

但是,双曲面齿轮传动也存在如下缺点:①沿齿长的纵向滑动会使摩擦损失增加,降低传动效率,双曲面齿轮副传动效率约为96%,弧齿锥齿轮副的传动效率约为99%;②齿面间大的压力和摩擦功,可能导致油膜破坏和齿面烧结咬死,抗胶合能力较低。因此,双曲面齿轮传动必须采用可改善油膜强度和带有防刮伤添加剂的特种润滑油。

由于双曲面齿轮具有一系列的优点,因而它比弧齿锥齿轮应用更广泛。

一般情况下,当要求传动比大于4.5而轮廓尺寸又有限时,采用双曲面齿轮传动更合理;当传动比小于2.0时,双曲面主动齿轮相对弧齿锥齿轮主动齿轮显得过大,占据了过多空间,这时可选用弧齿锥齿轮传动,因为后者具有较大的差速器可利用空间;对于中等传动比,两种齿轮传动均可采用。

(3)圆柱齿轮传动。

圆柱齿轮传动(图5-4c)一般采用斜齿轮,广泛应用于发动机横置且前置前驱的乘用车驱动桥(图5-6)和双级主减速器驱动桥(图5-8)以及轮边减速器(图5-10)。

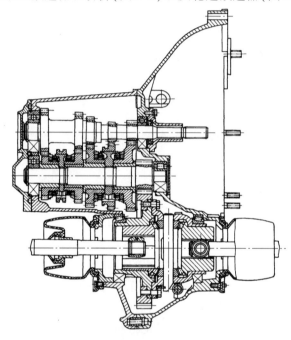

图5-6 发动机横置且前置前驱乘用车驱动桥

(4)蜗杆传动。

蜗杆传动(图5-4d)与锥齿轮传动相比有如下优点:①轮廓尺寸和结构质量较小的情况下,可得到较大的传动比(可大于7,通常为8~14);②在任何转速下使用均能工作得非常平稳且无噪声;③便于汽车的总体布置及贯通式多桥驱动的布置;④能传递大的载荷,使用寿命长;⑤结构简单,拆装方便,调整容易。但是由于蜗轮齿圈要求用高质量的锡青铜制作,故成本较高;此外,传动效率较低。

蜗杆传动主要用于生产批量小且总质量较大的多桥驱动汽车和具有高转速发动机的客车上。

2. 主减速器的减速形式

主减速器的减速形式可分为单级减速、双级减速、双速减速、单双级贯通、单双级减速配以轮边减速等。

影响减速形式选择的因素有汽车类型、使用条件、驱动桥处的离地间隙、驱动桥数和布置形式以及主传动比 i_0。其中,i_0 的大小影响汽车的动力性和燃油经济性。

(1) 单级主减速器。

单级主减速器,如图 5-7 所示,可由一对弧齿锥齿轮或双曲面锥齿轮、一对圆柱齿轮或由蜗轮蜗杆组成,具有结构简单、质量小、成本低、使用简单等优点。但是其主传动比 i_0 不能太大,一般 $i_0 \leq 7$,进一步提高 i_0 将增大从动齿轮直径,从而减小离地间隙,且使从动齿轮热处理困难。

单级主减速器广泛应用于乘用车(一般 $i_0 = 3 \sim 4.5$)和质量较小的商用车的驱动桥中。

(2) 双级主减速器。

双级主减速器,如图 5-8 所示,主要特点是由两级齿轮减速组成的主减速器。与单级主减速器相比,在保证离地间隙相同时可得到大的传动比,i_0 一般为 $7 \sim 12$,但其尺寸、质量均较大,成本较高。它主要应用于总质量较大的商用车,例如中、重型货车、越野车和大客车上。

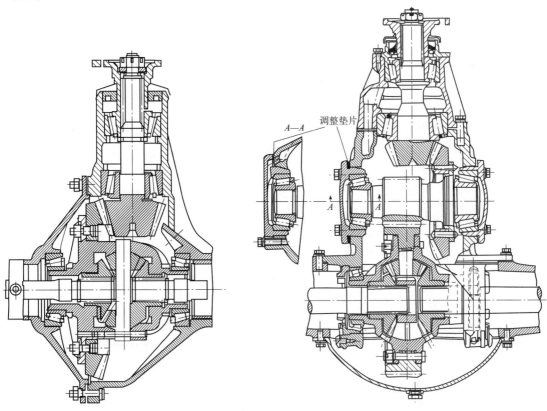

图 5-7　单级主减速器　　　　　图 5-8　双级主减速器

根据结构特点不同,双级主减速器分为整体式和分开式两种。分开式双级主减速器的第一级设于驱动桥中部,称为中央减速器;第二级设于轮边,称为轮边减速器。

整体式双级主减速器有多种结构方案:①第一级为锥齿轮,第二级为圆柱齿轮,如图 5-9a) 所示;②第一级为锥齿轮,第二级为行星齿轮;③第一级为行星齿轮,第二级为锥齿轮,如图 5-9b) 所示;④第一级为圆柱齿轮,第二级为锥齿轮,如图 5-9c) 所示。

对于第一级为锥齿轮、第二级为圆柱齿轮的双级主减速器,可有纵向水平布置(图5-9d)、斜向布置(图5-9e)和垂向布置(图5-9f)三种布置方案。

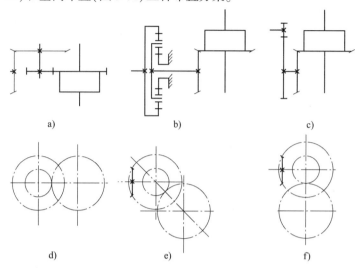

图5-9 双级主减速器布置方案

纵向水平布置可以使总成的垂向轮廓尺寸减小,从而降低汽车的质心高度,但使纵向尺寸增加,用在长轴距汽车上可适当减小传动轴长度,但不利于短轴距汽车的总体布置,会使传动轴过短而导致万向传动轴夹角加大。垂向布置使驱动桥纵向尺寸减小,可减小万向传动轴夹角,但由于主减速器壳固定在桥壳的上方,不仅使垂向轮廓尺寸增大,而且降低了桥壳刚度,不利于齿轮工作。这种布置可便于贯通式驱动桥的布置。斜向布置对传动轴布置和提高桥壳刚度有利。

锥齿轮—圆柱齿轮式双级主减速器在分配传动比时,通常将圆柱齿轮副和锥齿轮副传动比的比值取在1.4~2.0范围内,而且锥齿轮副传动比一般为1.7~3.3,这样可减小锥齿轮啮合时的轴向力和作用在从动锥齿轮及圆柱齿轮上的载荷,同时可使主动锥齿轮的齿数适当增多,使其支承轴颈的尺寸适当加大,改善支承刚度,提高啮合平稳性和工作可靠性。

分开式双级主减速器在保证具有大传动比的条件下,驱动桥中央部分尺寸较小,离地间隙较大,适用于要求离地间隙大、牵引力大的汽车上。分开式双级主减速器必须在每个驱动轮旁增设一个轮边减速器,使其结构复杂,簧下质量增加,成本提高,并且布置轮毂、轴承、车轮和制动器都比较困难。

圆柱行星齿轮式轮边减速器(图5-10a)可以在较小的轮廓尺寸条件下获得较大的传动比,且可以布置在轮毂之内。用作驱动齿轮的太阳轮连接半轴,内齿圈由花键连接在半轴套管上,行星齿轮架驱动轮毂。行星齿轮一般为3~5个均匀布置,使处于行星齿轮中间的太阳轮得到自动定心。行星锥齿轮式轮边减速器(图5-10b)装于轮毂的外侧,具有两个轮边减速比。当换挡用接合轮12位于图示位置时,轮边减速器位于低挡;当接合轮被专门的操纵机构13移向外侧并与侧盖15的花键孔内齿相接合,使半轴直接驱动轮边减速器壳及轮毂时,轮边减速器位于高挡。

普通外啮合圆柱齿轮式轮边减速器根据主、从动齿轮相对位置的不同,可分为主动齿轮上置和下置两种形式。主动齿轮上置式轮边减速器主要用于高通过性的越野汽车上,可提高桥壳的离地间隙;主动齿轮下置式轮边减速器(图 5-10c)主要用于要求降低车身地板高度和汽车质心高度的城市客车和长途客车上,提高了汽车行驶稳定性,方便乘客上、下车。

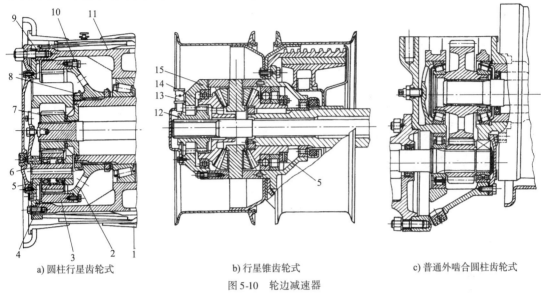

a) 圆柱行星齿轮式　　b) 行星锥齿轮式　　c) 普通外啮合圆柱齿轮式

图 5-10　轮边减速器

1-轮辋;2-环齿轮架;3-环齿轮;4-行星齿轮;5-行星齿轮架;6-行星齿轮轴;7-太阳轮;8-锁紧螺母;9、10-螺栓;11-轮毂;12-接合轮;13-操纵机构;14-外圆锥齿轮;15-侧盖

(3) 双速主减速器。

双速主减速器如图 5-11 所示,内由齿轮的不同组合可获得两种传动比。它与普通变速器相配合,可得到双倍于变速器的挡位。双速主减速器的高、低挡减速比是根据汽车的使用条件、发动机功率及变速器各挡传动比的大小来选定的。大的主减速比用于汽车满载行驶或在困难道路上行驶,以克服较大的行驶阻力并减少变速器中间挡位的变换次数;小的主减速比则用于汽车空载、半载行驶或在良好路面上行驶,以改善汽车的燃油经济性和提高平均车速。

双速主减速器可以由圆柱齿轮组(图 5-11a)或行星齿轮组(图 5-11b)构成。圆柱齿轮式双速主减速器结构尺寸和质量较大,可获得的主减速比较大。只要更换圆柱齿轮轴,去掉一对圆柱齿轮,即可变型为普通的双级主减速器。行星齿轮式双速主减速器结构紧凑,质量较小,具有较高的刚度和强度,桥壳与主减速器壳都可与非双速主减速器通用,但需加强行星轮系和差速器的润滑。

对于行星齿轮式双速主减速器,当汽车行驶条件要求有较大的牵引力时,驾驶人通过操纵机构将啮合套及太阳轮推向右侧(图示位置),接合轮 5 的短齿与固定在主减速器上的接合齿环相接合,太阳轮 1 就与主减速器壳联成一体,与行星齿轮架 3 的内齿环分离,仅与行星齿轮 4 啮合。于是,行星机构的太阳轮成为固定轮,与从动锥齿轮联成一体的齿圈 2 为主动轮,与差速器左壳连在一起的行星齿轮架 3 为从动件,行星齿轮起减速作用,其减速比 $i_0 = (1+a)$,a 为太阳轮齿数与齿圈齿数之比。在一般行驶条件下,通过操纵机构使啮合套及太阳轮移到左边位置,啮合套的接合轮 5 与固定在主减速器壳上的接合齿环分离,太阳轮 1 与行星齿轮 4 及行星齿轮架 3 的内齿环同时啮合,从而使行星齿轮无法自转,行星齿轮机构不再起减速作用。显然,此时双速主减速器相当于一个单级主减速器。

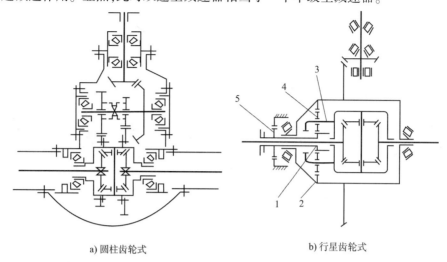

a) 圆柱齿轮式　　　　　　b) 行星齿轮式

图 5-11　双速主减速器

1-太阳轮;2-齿圈;3-行星齿轮架;4-行星齿轮;5-接合轮

双速主减速器的换挡是由远距离操纵机构实现的,一般有电磁式、气压式和电—气压综合式操纵机构。由于双速主减速器无换挡同步装置,因此其主减速比的变换是在停车时进行的。双速主减速器主要在一些单桥驱动且总质量较大的汽车上采用。

(4) 贯通式主减速器。

贯通式主减速器根据其减速形式可分成单级和双级两种。

单级贯通式主减速器具有结构简单、质量较小、结构紧凑等优点,并可使中、后桥的大部分零件,尤其是使桥壳、半轴等主要零件具有互换性等优点,主要用于总质量较小的多桥驱动的汽车上。对于总质量较大的多桥驱动汽车,由于主传动比较大,采用双级贯通式主减速器更多。

3. 主减速器主、从动锥齿轮的支承形式

主减速器中必须保证主、从动齿轮具有良好的啮合状况,才能使它们很好地工作。齿轮的正确啮合,除与齿轮的加工质量、齿轮的装配调整及轴承、主减速器壳体的刚度有关以外,与齿轮的支承刚度密切相关。

(1) 主动锥齿轮的支承形式。

主动锥齿轮的支承形式可分为悬臂式支承和跨置式支承两种,如图 5-12 所示。

悬臂式支承(图 5-12a)的结构特点是,在锥齿轮大端一侧有较长的轴,并在其上安装一对圆锥滚子轴承。为了减小悬臂长度 a 和增加两支承间的距离 b,以改善支承刚度,应使两轴承圆锥滚子的大端朝外,使作用在齿轮上离开锥顶的轴向力由靠近齿轮的轴承承受,而反向轴向力则由另一轴承承受。为了尽可能地增加支承刚度,支承距离 b 应大于悬臂长度 a 的 2.5 倍,且应比齿轮节圆直径的 70% 还大,另外,靠近齿轮的轴径应不小于尺寸 a。为了方便拆装,应使靠近齿轮的轴承的轴径比另一轴承的支承轴径大些。靠近齿轮的支承轴承有时也采用圆柱滚子轴承,这时另一轴承必须采用能承受双向轴向力的双列圆锥滚子轴承。支承刚度除了与轴承形式、轴径大小、支承间距离和悬臂长度大小有关以外,还与轴承与轴及轴承与座孔之间的配合公差有关。

悬臂式支承结构简单,支承刚度较差,用于传递转矩较小的乘用车、轻型商用车的单级主减速器及许多双级主减速器中。

跨置式支承(图5-12b)的结构特点是在锥齿轮的两端均有轴承支承,这样可大大增加支承刚度,又使轴承负荷减小,齿轮啮合条件改善,因此齿轮的承载能力高于悬臂式。此外,由于齿轮大端一侧轴颈上的两个相对安装的圆锥滚子轴承之间的距离很小,可以缩短主动齿轮轴的长度,使布置更紧凑,并可减小传动轴夹角,有利于整车布置。但是跨置式支承必须在主减速器壳体上有支承导向轴承所需要的轴承座,从而使主减速器壳体结构复杂,加工成本提高。另外,因主、从动齿轮之间的空间很小,致使主动齿轮的导向轴承尺寸受到限制,有时甚至布置不下或使齿轮拆装困难。跨置式支承中的导向轴承都为圆柱滚子轴承,并且内、外圈可以分离或根本不带内圈。它仅承受径向力,尺寸根据布置位置而定,是易损坏的一个轴承。

在需要传递较大转矩情况下,最好采用跨置式支承。

(2) 从动锥齿轮的支承形式。

从动锥齿轮的支承(图5-12c),其支承刚度与轴承的形式、支承间的距离及轴承之间的分布比例有关。从动锥齿轮多用圆锥滚子轴承支承。为了增加支承刚度,两轴承的圆锥滚子大端应向内,以减小尺寸 $c+d$。为了使从动锥齿轮背面的差速器壳体处有足够的位置设置加强筋以增强支承稳定性,$c+d$ 应不小于从动锥齿轮大端分度圆直径的70%。为了使载荷能尽量均匀分配在两轴承上,应尽量使尺寸 c 等于或大于尺寸 d。

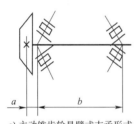
a) 主动锥齿轮悬臂式支承形式

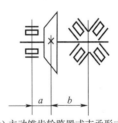
b) 主动锥齿轮跨置式支承形式

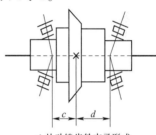
c) 从动锥齿轮支承形式

图5-12 主减速器锥齿轮的支承形式

在具有大的主传动比和径向尺寸较大的从动锥齿轮的主减速器中,为了限制从动锥齿轮因受轴向力作用而产生偏移,在从动锥齿轮的外缘背面加设辅助支承(图5-13a、图5-13b)。辅助支承与从动锥齿轮背面之间的间隙,应保证偏移量达到允许极限,即与从动锥齿轮背面接触时,能制止从动锥齿轮继续偏移。主、从动齿轮受载变形或移动的许用偏移量如图5-14所示。由图示可知,支承面与从动锥齿轮背面间的安装间隙应不大于0.25mm。

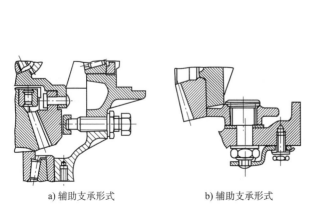

a) 辅助支承形式   b) 辅助支承形式

图5-13 从动锥齿轮辅助支承

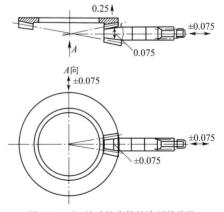

图5-14 主、从动锥齿轮的许用偏移量

二、主减速器基本参数选择与计算载荷的确定

1. 主减速器锥齿轮计算载荷的确定

汽车主减速器锥齿轮的切齿法主要有格里森和奥利康两种方法,这里仅简要介绍格里森齿制锥齿轮计算载荷的三种确定方法。

(1) 按发动机最大转矩和最低挡传动比确定从动锥齿轮的计算转矩 T_{ce}:

$$T_{ce} = \frac{k_d T_{e\max} k i_1 i_f i_0 \eta}{n} \tag{5-4}$$

式中:T_{ce}——计算转矩,N·m;

k_d——猛接离合器所产生的动载系数;

$T_{e\max}$——发动机最大转矩,N·m;

k——液力变矩器变矩系数,$k = \left(\dfrac{k_0 - 1}{2}\right) + 1$;

i_1——变速器一挡传动比;

i_f——分动器传动比;

η——发动机到万向传动轴间的传动效率;

i_0——主减速器传动比。

(2) 按驱动轮打滑转矩确定从动锥齿轮的计算转矩 T_{cs}:

$$T_{cs} = \frac{G_2 m'_2 \varphi r_r}{i_m \eta_m} \tag{5-5}$$

式中:T_{cs}——计算转矩,N·m;

G_2——满载状态下一个驱动桥上的静载荷,N;

m'_2——汽车最大加速度时的后轴负荷转移系数;

φ——轮胎与路面间的附着系数;

r_r——车轮滚动半径,m;

i_m——主减速器从动齿轮到车轮间传动比;

η_m——主减速器从动齿轮到车轮间的传动效率。

(3) 按汽车日常行驶平均转矩确定从动锥齿轮的计算转矩 T_{cf}:

$$T_{cf} = \frac{F_t r_r}{i_m \eta_m n} \tag{5-6}$$

式中:T_{cf}——计算转矩,N·m;

F_t——汽车日常行驶平均牵引力,N。

用式(5-4)和式(5-5)求得的计算转矩是从动锥齿轮的最大转矩,不同于用式(5-6)求得的日常行驶平均转矩。当计算锥齿轮最大应力时,计算转矩 T_c 取前面两种的较小值,即 $T_c = \min [T_{ce}, T_{cs}]$;当计算锥齿轮的疲劳寿命时,$T_c$ 取 T_{cf}。

主动锥齿轮的计算转矩为:

$$T_z = \frac{T_c}{i_0 \eta_g} \tag{5-7}$$

式中:T_z——主动锥齿轮的计算转矩,N·m;

i_0——主传动比;

η_g——主、从动锥齿轮间的传动效率。

计算时,对于弧齿锥齿轮副,η_g 取 95%,对于双曲面齿轮副,当 $i_0 > 6$ 时,η_g 取 85%,当 $i_0 \leq 6$ 时,η_g 取 90%。

2. 锥齿轮主要参数的选择

主减速器锥齿轮的主要参数有主、从动锥齿轮齿数 z_1 和 z_2、从动锥齿轮大端分度圆直径 D_2 和端面模数 m_s、主、从动锥齿轮齿面宽 b_1 和 b_2、双曲面齿轮副的偏移距 E、中点螺旋角 β、法向压力角 α 等。

(1) 主、从动锥齿轮齿数 z_1 和 z_2。

选择主、从动锥齿轮齿数时应考虑如下因素:

① 为了磨合均匀,z_1、z_2 之间应避免有公约数。

② 为了得到理想的齿面重合度和高的轮齿弯曲强度,主、从动齿轮齿数和应不少于 40。

③ 为了啮合平稳、噪声小和具有高疲劳强度,对于乘用车,z_1 一般不少于 9;对于商用车,z_1 一般不少于 6。

④ 当主传动比 i_0 较大时,尽量使 z_1 取得少些,以便得到满意的离地间隙。

⑤ 对于不同的主传动比,z_1 和 z_2 应有适宜的搭配。

(2) 从动锥齿轮大端分度圆直径 D_2 和端面模数 m_s。

对于单级主减速器,增大 D_2 会影响驱动桥壳高度尺寸和离地间隙;减小 D_2 又影响跨置式主动齿轮的前支承座的安装空间和差速器的安装。

D_2 可根据经验公式初选:

$$D_2 = K_{D_2} \sqrt[3]{T_c} \tag{5-8}$$

式中:D_2——从动锥齿轮大端分度圆直径,mm;

K_{D_2}——直径系数,一般为 13.0~15.3;

T_c——从动锥齿轮的计算转矩,$T_c = \min[T_{ce}, T_{cs}]$(见本节计算载荷确定部分),N·m。

m_s 由下式计算

$$m_s = \frac{D_2}{z_2} \tag{5-9}$$

式中:m_s——齿轮端面模数。

同时,m_s 还应满足:

$$m_s = K_m \sqrt[3]{T_c} \tag{5-10}$$

式中:K_m——模数系数,取 0.3~0.4。

(3) 主、从动锥齿轮齿面宽 b_1 和 b_2。

锥齿轮齿面过宽并不能增大齿轮的强度和寿命,反而会导致因锥齿轮轮齿小端齿沟变窄引起的切削刀头顶面宽过窄及刀尖圆角过小。这样,不但减小了齿根圆角半径,加大了应力集中,还降低了刀具的使用寿命。此外,在安装时有位置偏差或由于制造、热处理变形等原因,使齿轮工作时载荷集中于轮齿小端,会引起轮齿小端过早损坏和疲劳损伤。另外,齿面过宽也会引起装配空间减小。但是齿面过窄,轮齿表面的耐磨性会降低。

从动锥齿轮齿面宽 b_2,推荐不大于其节锥距 A_2 的 0.3 倍,即 $b_2 \leq 0.3A_2$,而且 b_2 应满足

$b_2 \leqslant 10 m_s$,一般也推荐 $b_2 = 0.155 D_2$。对于弧齿锥齿轮,b_1 一般比 b_2 大 10%。

(4) 双曲面齿轮副偏移距 E。

E 值过大将使齿面纵向滑动过大,从而引起齿面早期磨损和擦伤;E 值过小,则不能发挥双曲面齿轮传动的特点。一般对于乘用车和总质量不大的商用车,$E \leqslant 0.2 D_2$ 且 $E \leqslant 40\% A_2$;对于总质量较大的商用车,$E \leqslant (0.10 \sim 0.12) D_2$,且 $E \leqslant 20\% A_2$。另外,主传动比越大,则 E 也应越大,但应保证齿轮不发生根切现象。

双曲面齿轮的偏移可分为上偏移和下偏移两种。由从动齿轮的锥顶向其齿面看去,并使主动齿轮处于右侧,如果主动齿轮在从动齿轮中心线的上方,则为上偏移;在从动齿轮中心线下方,则为下偏移。如果主动齿轮处于左侧,则情况相反。图 5-15a)为主动齿轮轴线下偏移情况,图 5-15b)为主动齿轮轴线上偏移情况。

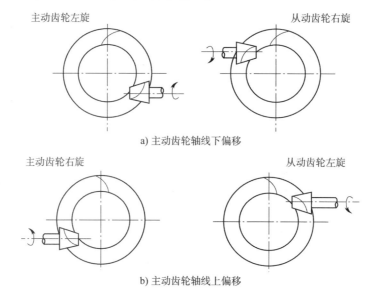

图 5-15 双曲面齿轮的偏移和螺旋方向

(5) 中点螺旋角 β。

螺旋角沿齿宽是变化的,轮齿大端的螺旋角最大,轮齿小端的螺旋角最小。

弧齿锥齿轮副的中点螺旋角是相等的,双曲面齿轮副的中点螺旋角是不相等的。

选择 β 时,应考虑它对齿面重合度 ε_F、轮齿强度和轴向力大小的影响。β 越大,则 ε_F 也越大,同时啮合的齿数越多,传动就越平稳,噪声越低,而且轮齿的强度越高。一般 ε_F 应不小于 1.25,在 1.5 ~ 2.0 时效果最好。但是 β 过大,会导致轴向力过大。

汽车主减速器弧齿锥齿轮螺旋角或双曲面齿轮副的平均螺旋角一般为 35°~ 40°。乘用车选用较大的 β 值以保证较大的 ε_F,使运转平稳,噪声低;商用车选用较小 β 值以防止轴向力过大,通常取 35°。

(6) 螺旋方向。

从锥齿轮锥顶看,齿形从中心线上半部向左倾斜为左旋,向右倾斜为右旋。主、从动锥齿轮的螺旋方向是相反的。螺旋方向与锥齿轮的旋转方向影响其所受轴向力的方向。当变速器挂前进挡时,应使主动齿轮的轴向力离开锥顶方向,这样可使主、从动齿轮有分离趋势,防止轮齿因卡死而损坏。

(7) 法向压力角 α。

法向压力角大一些可以增加轮齿强度,减少齿轮不发生根切的最少齿数。但对于小尺寸的齿轮,压力角大易使齿顶变尖及刀尖宽度过小,并使齿轮端面重合度下降。因此,对于小负荷工作的齿轮,一般采用小压力角,可使齿轮运转平稳,噪声低。对于弧齿锥齿轮,乘用车的 α 一般选用 14°30′ 或 16°,商用车的 α 为 20° 或 22°30′。对于双曲面齿轮,从动齿轮轮齿两侧压力角是相同的,但主动齿轮轮齿两侧的压力角是不等的。选取平均压力角时,乘用车为 19° 或 20°,商用车为 20° 或 22°30′。

三、主减速器锥齿轮的强度计算

在选好主减速器锥齿轮主要参数后,可根据所选择的齿形计算锥齿轮的几何尺寸,而后根据所确定的计算载荷进行强度计算,以保证锥齿轮有足够的强度和寿命。

轮齿损坏形式主要有弯曲疲劳折断、过载折断、齿面点蚀及剥落、齿面胶合、齿面磨损等。下面所介绍的强度计算是采用近似方法,在实际设计中还要依据台架和道路试验及实际使用情况等来检验。

1. 单位齿长圆周力

主减速器锥齿轮的表面耐磨性常用轮齿上的单位齿长圆周力来估算,即:

$$p = \frac{F}{b_2} \tag{5-11}$$

式中:p——轮齿上单位齿长圆周力,N/mm;

F——作用在轮齿上的圆周力,N;

b_2——从动齿轮齿面宽,mm。

按发动机最大转矩计算时:

$$p = \frac{2k_d T_{e\max} k i_g i_f \eta}{n D_1 b_2} \times 10^3 \tag{5-12}$$

式中:i_g——变速器传动比;

D_1——主动锥齿轮中点分度圆直径,mm。

按驱动轮打滑转矩计算时:

$$p = \frac{2G_2 m'_2 \varphi r_r}{D_2 b_2 i_m \eta_m} \tag{5-13}$$

许用的单位齿长圆周力 $[p]$ 见表 5-1。在现代汽车设计中,由于材质及加工工艺等制造质量的提高,$[p]$ 有时高出表中数值的 20%~25%。

单位齿长圆周力许用值 $[p]$　　　　　　表 5-1

汽车类别		参　数				
		按发动机最大转矩计算 $[p]$(N/mm)			按最大附着力矩计算 $[p]$(N/mm)	轮胎与地面附着系数 φ
		一挡	二挡	直接挡		
乘用车		893	536	321	893	0.85
商用车	货车	1429	—	250	1429	
	客车	982	—	214	—	

2. 轮齿弯曲强度

锥齿轮轮齿的齿根弯曲应力为:

$$\sigma_w = \frac{2T_c k_0 k_s k_m}{k_v m_s b D J_w} \times 10^3 \tag{5-14}$$

式中: σ_w——锥齿轮轮齿的齿根弯曲应力, MPa;

T_c——所计算齿轮的计算转矩, 从动齿轮的 $T_c = \min[T_{ce}, T_{cs}]$ 和 T_{cf}, 主动齿轮的 T_c 还要按式(5-10)换算, N·m;

k_0——过载系数, 一般取 1;

k_s——尺寸系数, 它反映了材料性质的不均匀性, 与齿轮尺寸及热处理等因素有关, 当 $m_s \geq 1.6$mm 时取 $(m_s/25.4)^{0.25}$, 当 $m_s < 1.6$mm 时取 0.5;

k_m——齿面载荷分配系数, 跨置式结构取 1.0～1.1, 悬臂式结构取 1.10～1.25;

k_v——质量系数, 当轮齿接触良好, 齿距及径向跳动精度高时取 1.0;

b——所计算的齿轮齿面宽, mm;

D——所讨论齿轮大端分度圆直径, mm;

J_w——所计算齿轮的轮齿弯曲应力综合系数。

上述按 $\min[T_{ce}, T_{cs}]$ 计算的最大弯曲应力不超过 700MPa; 按 T_{cf} 计算的疲劳弯曲应力不应超过 210MPa, 破坏的循环次数为 6×10^6。

3. 轮齿接触强度

锥齿轮轮齿的齿面接触应力为:

$$\sigma_j = \frac{c_p}{D_1} \sqrt{\frac{2T_z k_0 k_s k_m k_f}{k_v b J_j} \times 10^3} \tag{5-15}$$

式中: σ_j——锥齿轮轮齿的齿面接触应力, MPa;

D_1——主动锥齿轮大端分度圆直径, mm;

b——取 b_1 和 b_2 的较小值, mm;

k_s——尺寸系数, 它考虑了齿轮尺寸对淬透性的影响, 通常取 1.0;

k_f——齿面品质系数, 它取决于齿面的表面粗糙度及表面覆盖层的性质(如镀铜、磷化处理等), 对于制造精确的齿轮取 1.0;

c_p——综合弹性系数, 钢对钢齿轮取 232.6, $N^{1/2}/mm$;

J_j——齿面接触强度的综合系数。

上述按 $\min[T_{ce}, T_{cs}]$ 计算的最大接触应力不应超过 2800MPa, 按 T_{cf} 计算的疲劳接触应力不应超过 1750MPa。主、从动齿轮的齿面接触应力是相同的。

四、主减速器锥齿轮轴承的载荷计算

1. 锥齿轮齿面上的作用力

锥齿轮在工作过程中, 相互啮合的齿面上作用有一法向力。该法向力可分解为沿齿轮切线方向的圆周力、沿齿轮轴线方向的轴向力及垂直于齿轮轴线的径向力。

(1) 齿宽中点处的圆周力。

齿宽中点处的圆周力 F 为:

$$F = \frac{2T}{D_{m2}} \tag{5-16}$$

式中：T——作用在从动齿轮上的转矩；

　　D_{m2}——从动齿轮齿宽中点处的分度圆直径，由式(5-17)确定，即：

$$D_{m2} = D_2 - b_2 \sin\gamma_2 \tag{5-17}$$

式中：D_2——从动齿轮大端分度圆直径；

　　b_2——从动齿轮齿面宽；

　　γ_2——从动齿轮节锥角。

由 $F_1/F_2 = \cos\beta_1/\cos\beta_2$ 可知，对于弧齿锥齿轮副，作用在主、从动齿轮上的圆周力是相等的；对于双曲面齿轮副，它们的圆周力是不等的。

（2）锥齿轮的轴向力和径向力。

图 5-16 为主动锥齿轮齿面受力图。

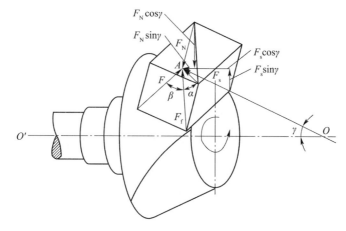

图 5-16　主动锥齿轮齿面上的作用力

其螺旋方向为左旋，从锥顶看旋转方向为逆时针。F_T 为作用在节锥面上的齿面宽中点 A 处的法向力。在 A 点处的螺旋方向的法平面内，F_T 分解成两个相互垂直的力 F_N 和 F_f。F_T 垂直于 OA 且位于 $\angle O'OA$ 所在的平面，F_f 位于以 OA 为切线的节锥切平面内。F_f 在此切平面内又可分解成沿切线方向的圆周力 F 和沿节锥母线方向的力 F_S。F 与 F_f 之间的夹角为螺旋角 β，F_T 与 F_f 之间的夹角为法向压力角 α。这样有：

$$F = F_T \cos\alpha \cos\beta \tag{5-18}$$

$$F_N = F_T \sin\alpha = F\frac{\tan\alpha}{\cos\beta} \tag{5-19}$$

$$F_s = F_T \cos\alpha \sin\beta = F\tan\beta \tag{5-20}$$

于是作用在主动锥齿轮齿面上的轴向力 F_{az} 和径向力 F_{rz} 分别为：

$$F_{az} = F_N \sin\gamma + F_s \cos\gamma \tag{5-21}$$

$$F_{rz} = F_N \cos\gamma - F_s \sin\gamma \tag{5-22}$$

若主动锥齿轮的螺旋方向和旋转方向改变时，主、从动齿轮齿面上所受的轴向力和径向力计算公式见表 5-2。

齿面上的轴向力和径向力计算公式　　　　　　　表 5-2

主动齿轮		轴 向 力	径 向 力
螺旋方向	旋转方向		
右	顺时针	主动齿轮：$F_{az} = \dfrac{F}{\cos\beta}(\tan\alpha\sin\gamma - \sin\beta\cos\gamma)$	主动齿轮：$F_{rz} = \dfrac{F}{\cos\beta}(\tan\alpha\cos\gamma + \sin\beta\sin\gamma)$
左	逆时针	从动齿轮：$F_{ac} = \dfrac{F}{\cos\beta}(\tan\alpha\sin\gamma + \sin\beta\cos\gamma)$	从动齿轮：$F_{rc} = \dfrac{F}{\cos\beta}(\tan\alpha\cos\gamma - \sin\beta\sin\gamma)$
右	逆时针	主动齿轮：$F_{az} = \dfrac{F}{\cos\beta}(\tan\alpha\sin\gamma + \sin\beta\cos\gamma)$	主动齿轮：$F_{rz} = \dfrac{F}{\cos\beta}(\tan\alpha\cos\gamma - \sin\beta\sin\gamma)$
左	顺时针	从动齿轮：$F_{ac} = \dfrac{F}{\cos\beta}(\tan\alpha\sin\gamma - \sin\beta\cos\gamma)$	从动齿轮：$F_{rc} = \dfrac{F}{\cos\beta}(\tan\alpha\cos\gamma + \sin\beta\sin\gamma)$

注：公式中的节锥角 γ 在计算主动齿轮受力时用面锥角代之，在计算从动齿轮受力时用根锥角代之。计算结果中，如轴向力为正值表明力的方向离开锥顶，负值表示指向锥顶；径向力为正值表明力使该齿轮离开相啮合的齿轮，负值表明力使该齿轮趋向相啮合的齿轮。当计算双曲面齿轮受力时，α 为轮齿驱动齿廓的法向压力角。

2. 锥齿轮轴承的载荷

齿面上圆周力、轴向力和径向力确定以后，根据主减速器齿轮轴承的布置尺寸，很容易确定轴承上的载荷，并根据轴承型号来计算其寿命，或根据寿命要求来选择轴承型号。单级主减速器悬臂式支承的尺寸布置如图 5-17 所示，各轴承的载荷计算公式见表 5-3。

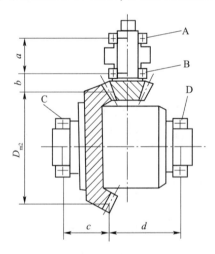

图 5-17　单级主减速器轴承的布置尺寸

轴承上的载荷　　　　　　　表 5-3

轴承 A	径向力	$\sqrt{\left[\dfrac{F(a+b)}{a}\right]^2 + \left[\dfrac{F_{Rz}(a+b)}{a} - \dfrac{F_{az}D_{m1}}{2a}\right]^2}$	轴承 C	径向力	$\sqrt{\left(\dfrac{Fd}{c+d}\right)^2 + \left[\dfrac{F_{Rc}d}{c+d} - \dfrac{F_{ac}D_{m2}}{2(c+d)}\right]^2}$
	轴向力	F_{az}		轴向力	F_{ac}
轴承 B	径向力	$\sqrt{\left(\dfrac{Fb}{a}\right)^2 + \left[\dfrac{F_{Rz}b}{a} - \dfrac{F_{az}D_{m1}}{2a}\right]^2}$	轴承 D	径向力	$\sqrt{\left(\dfrac{Fc}{c+d}\right)^2 + \left[\dfrac{F_{Rc}c}{c+d} - \dfrac{F_{ac}D_{m2}}{2(c+d)}\right]^2}$
	轴向力	0		轴向力	0

五、锥齿轮的材料

驱动桥锥齿轮的工作条件是相当恶劣的,与传动系其他齿轮相比,具有载荷大、作用时间长、变化多、有冲击等特点。它是传动系中的薄弱环节。锥齿轮材料应满足如下要求:

(1)具有高弯曲疲劳强度和表面接触疲劳强度,齿面具有高硬度以保证有高耐磨性。

(2)轮齿心部应有适当的韧性以适应冲击载荷,避免在冲击载荷下发生齿根折断。

(3)锻造性能、切削加工性能及热处理性能良好,热处理后变形小或变形规律易控制。

(4)选择合金材料时,尽量少用含镍、铬元素的材料,而选用含锰、钒、硼、钛、钼、硅等元素的合金钢。

汽车主减速器锥齿轮目前常用渗碳合金钢制造,主要有 20CrMnTi、20MnVB、20MnTiB、22CrNiMo 和 16SiMn2WMoV 等。

渗碳合金钢的优点是表面可得到含碳量较高的硬化层(一般碳的质量分数为 0.8%~1.2%),具有相当高的耐磨性和抗压性,且心部较软,具有良好的韧性,故这类材料的抗弯强度、表面接触强度和承受冲击的能力均较好。由于其碳含量较低,故锻造性能和可加工性较好。其主要缺点是热处理费用高;表面硬化层以下的基底较软,在承受很大压力时可能产生塑性变形;如果渗透层与心部的含碳量相差过多,便会引起表面硬化层剥落。

为改善新齿轮的磨合,防止其在运行初期出现早期的磨损、擦伤、胶合或咬死,锥齿轮在热处理及精加工后,作厚度为 0.005~0.020mm 的磷化处理或镀铜、镀锡处理。对齿面进行应力喷丸处理,可提高 25% 的齿轮寿命。对于滑动速度高的齿轮可进行渗硫处理,以提高耐磨性。渗硫后摩擦因数可显著降低,这样,即使润滑条件较差,也能防止齿面擦伤、咬死和胶合。

第四节 差速器设计

汽车在行驶过程中,左、右车轮在同一时间内所滚过的路程往往不等。例如,转弯时内侧车轮行程比外侧车轮短;左、右车轮接触的路面条件不同,行驶阻力不等而使左、右车轮行程不等;左右两轮胎内的气压不等、胎面磨损不均匀、两车轮上的负荷不均匀而引起车轮滚动半径不相等而使左、右车轮行程不等。如果驱动桥的左、右车轮刚性连接,则行驶时不可避免地会产生驱动轮在路面上的滑移或滑转。这不仅会加剧轮胎磨损与功率和燃料的消耗,而且会使转向沉重,通过性和操纵稳定性变坏。为此,在驱动桥的左、右车轮间都装有轮间差速器,从而保证了驱动桥两侧车轮在行程不等时具有不同的旋转角速度,避免驱动轮在路面上滑移或滑转。在多桥驱动汽车上还常装有轴间差速器,以提高通过性,同时避免在驱动桥间产生功率循环及由此引起的附加载荷而使传动系零件损坏、轮胎磨损和增加燃料消耗等。

差速器用来在两输出轴间分配转矩,并保证两输出轴有可能以不同角速度转动。汽车上广泛采用的差速器为对称锥齿轮式差速器,它具有结构简单、质量较小等优点,故应用广泛。它又可分为普通锥齿轮式差速器、摩擦片式差速器和强制锁止式差速器等。

一、差速器结构形式选择

1. 普通锥齿轮式差速器

普通锥齿轮式差速器由于结构简单、工作平稳可靠,所以广泛应用于一般使用条件的汽车驱动桥中,如图5-18所示。图中 ω_0 为差速器壳的角速度;ω_1、ω_2 分别为左、右两半轴的角速度;T_0 为差速器壳接受的转矩;T_r 为差速器的内摩擦力矩;T_1、T_2 分别为左、右两半轴对差速器的反转矩。

根据运动分析可得:

$$\omega_1 + \omega_2 = 2\omega_0 \qquad (5-23)$$

显然,当一侧半轴不转时,另一侧半轴将以两倍的差速器壳体角速度旋转;当差速器壳体不转时,左右半轴将等速、反向旋转。

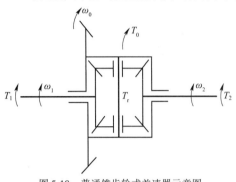

图5-18 普通锥齿轮式差速器示意图

根据力矩平衡可得:

$$\begin{cases} T_1 + T_2 = T_0 \\ T_2 - T_1 = T_r \end{cases} \qquad (5-24)$$

差速器性能常以锁紧系数 k 来表征,定义为差速器的内摩擦力矩与差速器壳接受的转矩之比,由式(5-25)确定:

$$k = \frac{T_r}{T_0} \qquad (5-25)$$

结合式(5-24)可得:

$$\begin{cases} T_1 = 0.5T_0(1-k) \\ T_2 = 0.5T_0(1+k) \end{cases} \qquad (5-26)$$

定义半轴的转矩比为 $k_b = T_2/T_1$,则 k_b 与 k 之间有:

$$k_b = \frac{1+k}{1-k}, \quad k = \frac{k_b - 1}{k_b + 1} \qquad (5-27)$$

普通锥齿轮差速器的锁紧系数 k 一般为 $0.05 \sim 0.15$,两半轴的转矩比为 $1.11 \sim 1.35$,这说明左、右半轴的转矩差别不大,故可以认为分配给两半轴的转矩大致相等,这样的分配比例对于在良好路面上行驶的汽车来说是合适的。当汽车越野行驶或在泥泞路面、冰雪路面上行驶,一侧驱动车轮与地面的附着系数很小时,尽管另一侧车轮与地面有良好的附着,其驱动转矩也不得不随附着系数小的一侧同样地减小,无法发挥潜在的牵引力,以致使汽车停驶。

2. 强制锁止式差速器

当一个驱动轮处于附着系数较小的路面时,强制锁止式差速器可通过液压或气动操纵使内、外接合器(即差速锁)啮合,将差速器壳与半轴锁紧在一起,使差速器不起作用,这样可充分利用地面的附着系数,使牵引力达到可能的最大值,如图5-19所示。使用中,在汽车进入难行驶路段之前操纵差速锁锁止差速器;在驶出难行驶路段并刚进入较好路段时,应及时将差速锁松开,以避免出现因无差速作用带来的不良后果。

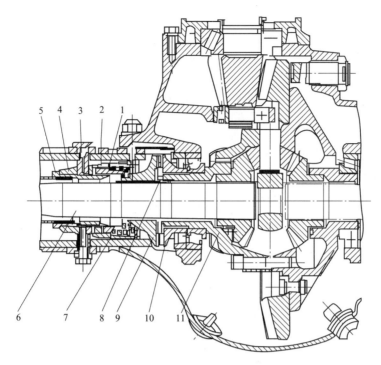

图 5-19 强制锁止式差速器

1-活塞;2-活塞皮碗;3-气管路接头;4-工作缸;5-套管;6-半轴;7-压力弹簧;8-锁圈;9-外接合器;10-内接合器;11-差速器壳

对于装有强制锁止式差速器的 4×2 型汽车,假设一驱动轮行驶在低附着系数 φ_{min} 的路面上,另一驱动轮行驶在高附着系数 φ 的路面上,这样装有普通锥齿轮差速器的汽车所能发挥的最大牵引力 F_t 为:

$$F_t = \frac{G_2}{2}\varphi_{min} + \frac{G_2}{2}\varphi_{min} = G_2\varphi_{min} \tag{5-28}$$

式中:G_2——驱动桥上的负荷,N。

如果差速器完全锁住,则汽车所能发挥的最大牵引力 F'_t 为:

$$F'_t = \frac{G_2}{2}\varphi + \frac{G_2}{2}\varphi_{min} = \frac{G_2}{2}(\varphi + \varphi_{min}) \tag{5-29}$$

可见,采用差速锁将普通锥齿轮差速器锁住,可使汽车的牵引力提高 $(\varphi + \varphi_{min})/2\varphi_{min}$ 倍,从而提高汽车的通过性。

当然,如果左、右车轮都处于低附着系数的路面,虽锁住差速器,但牵引力仍超过车轮与地面间的附着力,汽车也无法行驶。

强制锁止式差速器可充分利用原差速器结构,其结构简单,操作方便。

3. 限滑差速器

限滑差速器是一种能根据路面情况自动改变或控制驱动轮间转矩分配的差速器。根据其工作原理,目前汽车上主要使用的限滑差速器可分为转矩式、转速式和主动控制式三大类。

(1)转矩式限滑差速器。

①摩擦片式差速器如图 5-20 所示。为了增加差速器的内摩擦力矩,在半轴齿轮 7 与

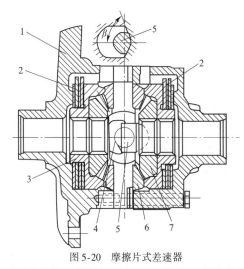

图 5-20 摩擦片式差速器
1-差速器壳体;2-摩擦片;3-压盘;4-V 形面;5-行星齿轮轴;
6-行星齿轮;7-半轴齿轮

差速器壳体 1 之间装上了摩擦片 2。两根行星齿轮轴 5 互相垂直,轴的两端制成 V 形面 4 与差速器壳孔上的 V 形面相配,两个行星齿轮轴 5 的 V 形面是反向安装的。每个半轴齿轮背面有压盘 3 和主、从动摩擦片 2,主、从动摩擦片 2 分别经花键与差速器壳体 1 和压盘 3 相连。

当传递转矩时,差速器壳通过斜面对行星齿轮轴产生沿行星齿轮轴线方向的轴向力,该轴向力推动行星齿轮使压盘将摩擦片压紧。当左、右半轴转速不等时,主、从动摩擦片间产生相对滑转,从而产生摩擦力矩。此摩擦力矩 T_r 与差速器所传递的转矩 T_0 成正比,可表示为:

$$T_r = \frac{T_0 r_f}{r_d} f z \tan\beta \tag{5-30}$$

式中:r_f——摩擦片平均摩擦半径,mm;

r_d——差速器壳体 V 形面中点到半轴齿轮中心线的距离,mm;

f——摩擦因数;

z——摩擦面数;

β——V 形面的半角。

摩擦片式差速器的锁紧系数 k 可达 0.6,k_b 可达 4。这种差速器结构简单,工作平稳,可明显提高汽车通过性。

② 托森式限滑差速器。托森式限滑差速器是一种典型的轮齿式限滑差速器。它利用蜗轮蜗杆传动的不可逆性原理和齿面高摩擦条件,使差速器根据其内部差动转矩(差速器的内摩擦力矩)大小而自动锁止或松开,即在差速器内差动转矩较小时起差速作用,而过大时自动将差速器一定程度的锁止,有效地提高了汽车的通过性。

轴间 T-1 型托森式限滑差速器的内部结构如图 5-21 所示,由空心驱动轴 2、差速器壳 3、后蜗杆 5、前蜗杆 9、蜗轮轴 7(6 个)和直齿圆柱齿轮 6(12 个)、蜗轮 8(6 个)等组成。

当汽车直线行驶时,来自发动机的动力通过空心驱动轴传至差速器壳,再通过蜗轮轴传到蜗轮,最后传到蜗杆。前、后蜗杆轴将动力分别传至前、后桥。由于两蜗杆轴转速相等,故蜗轮与蜗杆之间无相对运动,两相啮合的直齿圆柱齿轮之间也无相对转动,差速器壳与两蜗杆轴均绕蜗杆轴线同步转动,其转矩平均分配。当汽车转弯或某侧车轮陷于泥泞路面时,

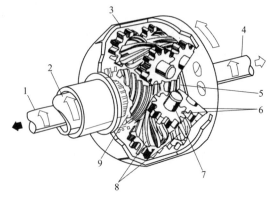

图 5-21 轴间 T-1 型托森式限滑差速器
1-前蜗杆轴;2-空心驱动轴;3-差速器壳;4-后蜗杆轴;
5-后蜗杆;6-直齿圆柱齿轮;7-蜗轮轴;8-蜗轮;9-前蜗杆

两蜗杆轴转速不同。此时两轴之间转速差是通过一对相啮合的圆柱齿轮的相对转动而实现的,因其齿面之间存在很大的摩擦力,从而产生摩擦力矩。

T-1 型托森式限滑差速器转矩比 $S=\tan(\beta+\rho)/\tan(\beta-\rho)$,其中 β 为蜗杆螺旋角,ρ 为摩擦角。一般托森式限滑差速器转矩比 k_b 可达 5.5~9,锁紧系数 k 可达 0.7~0.8。选取不同的螺纹升角可得到不同的锁紧系数,使驱动力既可来自蜗杆,也可以来自蜗轮。为减少磨损,提高使用寿命,转矩比 k_b 一般降低到 3~3.5 较好,这样即使在一端车轮附着条件很差的情况下,仍可以利用附着力大的另一端车轮产生足以克服行驶阻力的驱动力。

(2)转速式限滑差速器。

最典型的转速式限滑差速器为黏性式差速器,常称之为黏性联轴器。它是一种利用液体的黏性摩擦特性来实现限滑的差速器,其限滑功能取决于前、后轴(轴间差速器)或左、右轮(轮间差速器)转速之差。

黏性联轴器结构简图如图 5-22 所示。内叶片 2 与 A 轴 1 以花键连接,叶片可在轴上滑动;外叶片 6 与壳体 3 也以花键连接,但叶片内有隔环 7,防止外叶片轴向移动。隔环的厚度决定了内、外叶片的间隙。叶片上各自加工有孔或槽,壳体内充入作为黏性工作介质的硅油 4,用油封密封。

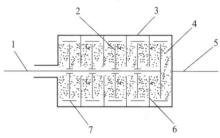

图 5-22 黏性联轴器结构简图
1-A 轴;2-内叶片;3-壳体;4-硅油;5-B 轴;
6-外叶片;7-隔环

黏性联轴器属于液体黏性传动装置,是依靠硅油的黏性阻力来传递动力,即通过内、外叶片间硅油的油膜剪切力来传递动力。一般在密封的壳体内填充了占其空间 80%~90% 的硅油(其余是空气),高黏度的硅油存在于内、外叶片的间隙内。当 A 轴与 B 轴之间有转速差时,内、外叶片间将产生剪切阻力,使转矩由高速轴传递到低速轴。它所能传递的转矩与联轴器的结构、硅油黏度及输入轴、输出轴的转速差有关。

(3)主动控制式限滑差速器。

转矩式和转速式限滑差速器在工作过程中,分别根据对转矩或转速差的感知实现限滑差速作用,使其具有限滑转矩自动适应和自动调整功能,驾驶人无法进行主动控制。为此,近年来在有些轿车和越野车上,采用了主动控制式限滑差速器,目前主要应用的有电磁式、电液式和电机式三种主要结构形式。

随着汽车技术的发展尤其是电子技术的广泛应用,主动控制式限滑差速器将有更大的发展空间。

二、普通锥齿轮差速器齿轮设计

1. 普通锥齿轮差速器齿轮主要参数选择

(1)行星齿轮数 n。行星齿轮数 n 需根据承载情况来选择,在承载不大的情况下 n 可取 2 个,反之应取 $n=4$。

(2)行星齿轮球面半径 R_b。行星齿轮球面半径 R_b 反映了差速器锥齿轮节锥距的大小和承载能力,可根据经验公式来确定:

$$R_b = K_b \sqrt[3]{T_d} \quad (5-31)$$

式中:K_b——行星齿轮球面半径系数,$K_b=2.5~3.0$,对于有四个行星齿轮的轿车和公路用货车取小值，对于有两个行星齿轮的轿车及四个行星齿轮的越野车和矿用车取大值；

T_d——差速器计算转矩，$T_d = \min[T_{ce}, T_{cs}]$，$N \cdot m$；

R_b——球面半径，mm。

行星齿轮节锥距 A_0 为：

$$A_0 = (0.98 \sim 0.99) R_b \tag{5-32}$$

(3) 行星齿轮和半轴齿轮齿数 z_1、z_2。为了使轮齿有较高的强度，希望取较大的模数，但尺寸会增大，于是又要求行星齿轮的齿数 z_1 应取少些，但 z_1 一般不少于 10。半轴齿轮齿数 z_2 在 14～25 选用。大多数汽车的半轴齿轮与行星齿轮的齿数比 z_2/z_1 在 1.5～2.0 的范围内。

为使两个或四个行星齿轮能同时与两个半轴齿轮啮合，两半轴齿轮齿数和必须能被行星齿轮数整除，否则差速齿轮不能装配。

(4) 行星齿轮和半轴齿轮节锥角 γ_1、γ_2 及模数 m。

行星齿轮和半轴齿轮节锥角 γ_1、γ_2 分别为：

$$\begin{cases} \gamma_1 = \arctan\left(\dfrac{z_1}{z_2}\right) \\ \gamma_2 = \arctan\left(\dfrac{z_2}{z_1}\right) \end{cases} \tag{5-33}$$

锥齿轮大端端面模数 m 为：

$$m = \frac{2A_0}{z_1}\sin\gamma_1 = \frac{2A_0}{z_2}\sin\gamma_2 \tag{5-34}$$

(5) 压力角 α。汽车差速齿轮大都采用压力角为 22°30′、齿高系数为 0.8 的齿形。某些总质量较大的商用车采用 25°压力角，以提高齿轮强度。

(6) 行星齿轮轴直径 d 及支承长度 L。

行星齿轮轴直径 d(mm) 为：

$$d = \sqrt{\frac{T_0 \times 10^3}{1.1[\sigma_c]nl}} \tag{5-35}$$

式中：T_0——差速器壳传递的转矩，$N \cdot m$；

n——行星齿轮数；

l——行星齿轮支承面中点到锥顶的距离，约为半轴齿轮齿宽中点处平均直径的一半，mm；

$[\sigma_c]$——支承面许用挤压应力，取 98MPa。

行星齿轮在轴上的支承长度 L 为：

$$L = 1.1d \tag{5-36}$$

2. 差速器齿轮强度计算

差速器齿轮的尺寸受结构限制，而且承受的载荷较大，它不像主减速器齿轮那样经常处于啮合传动状态，只有当汽车转弯或左、右轮行驶不同的路程时，或一侧车轮打滑而滑转时，差速器齿轮才能有啮合传动的相对运动。因此，对于差速器齿轮主要应进行弯曲强度计算。轮齿弯曲应力 σ_w(MPa) 为：

$$\sigma_w = \frac{2T_c k_s k_m}{k_v m b_2 d_2 J n} \times 10^3 \tag{5-37}$$

式中： n——行星齿轮数；

J——综合系数；

b_2、d_2——半轴齿轮齿宽及其大端分度圆直径，mm；

T_c——半轴齿轮计算转矩，$T_c = 0.6T_0$，N·m；

k_v、k_s、k_m——按主减速器齿轮强度计算的有关数值选取。

当 $T_0 = \min[T_{ce}, T_{cs}]$ 时，$[\sigma_w] = 980$ MPa；当 $T_0 = T_{cf}$ 时，$[\sigma_w] = 210$ MPa。

差速器齿轮与主减速器齿轮一样，基本上都是用渗碳合金钢制造，目前用于制造差速器锥齿轮的材料为 20CrMnTi、20CrMoTi、22CrMnMo 和 20CrMo 等。由于差速器齿轮轮齿要求的精度较低，所以精锻差速器齿轮工艺已被广泛应用。

三、多桥驱动汽车的轴间差速器

多桥驱动的汽车在行驶过程中，各驱动桥上的车轮转速会因车轮行程或滚动半径的差异而不等，如果前、后桥间刚性连接，则前、后驱动车轮将以相同的角速度旋转，从而产生前、后驱动车轮运动学上的不协调。通常，后轮由于负荷较大使得滚动半径变小而趋于滑移，而前轮趋于滑转，并分别引起与行驶方向相反或相同的道路切向反作用力，使前轮具有正驱动力，成为真正的驱动轮，而后轮具有负驱动力，成为事实上的制动轮。因此，传到前轮的功率除用于克服车轮的滚动阻力、滑动阻力和汽车空气阻力等所消耗的功率外，还用于克服后轮上的负驱动力所消耗的功率 P_2'。而负驱动力的方向与车轮旋转方向一致，因此 P_2' 为后轮的输入功率。由此形成功率流，即功率 P_2' 由前驱动车轮经地面传给后驱动轮并经传动系重新返回前驱动轮，周而复始地循环传递。通常将 P_2' 称为循环功率或寄生功率。功率流的存在会导致发动机功率的无益消耗，加速轮胎磨损，损坏传动系，降低汽车的动力性、经济性和通过性。当前、后车轮滚动半径差别较大，尤其在硬路面上行驶时，上述现象更为严重。为此，公路用多桥驱动汽车应装有轴间差速器，如图 5-23 所示。轴间差速器的缺点是结构复杂，同时降低了汽车的抗滑转能力，需要安装差速锁或自锁式差速器。

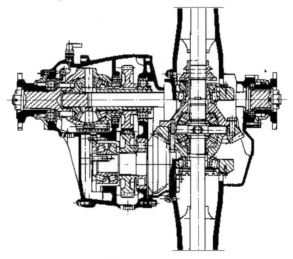

图 5-23 轴间差速器

第五节　车轮传动装置设计

车轮传动装置位于传动系的末端,其基本功用是接受从差速器传来的转矩并将其传给车轮。对于非断开式驱动桥,车轮传动装置的主要零件为半轴;对于断开式驱动桥和转向驱动桥,驱动车轮的传动装置为万向传动装置。以下仅介绍半轴的设计。

一、半轴结构形式分析

半轴根据其车轮端的支承方式不同,可分为半浮式、3/4 浮式和全浮式三种形式,如图 5-24 所示。

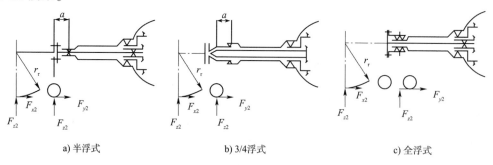

a) 半浮式　　　　　b) 3/4 浮式　　　　　c) 全浮式

图 5-24　半轴结构形式简图及受力情况

半浮式半轴(图 5-24a)的结构特点是半轴外端支承轴承位于半轴套管外端的内孔中,车轮装在半轴上。半浮式半轴除传递转矩外,其外端还承受由路面对车轮的反力所引起的全部力和力矩。半浮式半轴结构简单,所受载荷较大,只用于乘用车和总质量较小的商用车上。

3/4 浮式半轴(图 5-24b)的结构特点是半轴外端仅有一个轴承并装在驱动桥壳半轴套管的端部,直接支承于车轮轮毂,而半轴则以其端部凸缘与轮毂用螺钉连接。该形式半轴受载情况与半浮式相似,只是载荷有所减轻,一般仅用在乘用车和总质量较小的商用车上。

全浮式半轴(图 5-24c)的结构特点是半轴外端的凸缘用螺钉与轮毂相连,而轮毂又借用两个圆锥滚子轴承支承在驱动桥壳的半轴套管上。理论上来说,半轴只承受转矩,作用在驱动轮上的其他反力和弯矩全部由桥壳来承受。但由于桥壳变形、轮毂与差速器半轴齿轮不同心、半轴凸缘平面相对其轴线不垂直等因素,会引起半轴的弯曲变形,由此引起的弯曲应力一般为 5~70MPa。全浮式半轴主要用于总质量较大的商用车上。

二、半轴参数计算

1. 全浮式半轴

全浮式半轴的计算载荷可按车轮附着力矩 M_φ 计算,即:

$$M_\varphi = \frac{1}{2} m'_2 G_2 r_r \varphi \tag{5-38}$$

式中:G_2——驱动桥的最大静载荷;
　　　r_r——车轮滚动半径;
　　　m'_2——负荷转移系数;

φ——附着系数，计算时 φ 取 0.8。

半轴的扭转切应力为：

$$\tau = \frac{16M_\varphi}{\pi d^3} \tag{5-39}$$

式中：τ——半轴扭转切应力；

$\quad d$——半轴直径。

半轴的扭转角为：

$$\theta = \frac{M_\varphi l 180}{GI_p \pi} \tag{5-40}$$

式中：θ——扭转角；

$\quad l$——半轴长度；

$\quad G$——材料的切变模量；

$\quad I_p$——半轴断面的极惯性矩。

半轴的扭转切应力宜为 500~700MPa，转角宜为每米长度 6°~15°。

2. 半浮式半轴

半浮式半轴设计应考虑如下三种载荷工况：

（1）纵向力 F_{x2} 最大和侧向力 $F_{y2}=0$。此时垂向力 $F_{z2}=m'_2 G_2/2$，纵向力最大值 $F_{x2}=F_{z2}\varphi=m'_2 G_2\varphi/2$，计算时 m'_2 可取 1.2，φ 取 0.8。

半轴弯曲应力 σ 和扭转切应力 τ 为：

$$\begin{cases} \sigma = \dfrac{32a\sqrt{F_{x2}^2+F_{z2}^2}}{\pi d^3} \\ \tau = \dfrac{16F_{x2}r_r}{\pi d^3} \end{cases} \tag{5-41}$$

式中：a——轮毂支承轴承到车轮中心平面之间的距离，如图 5-24a) 所示。

合成应力为：

$$\sigma_h = \sqrt{\sigma^2 + 4\tau^2} \tag{5-42}$$

（2）侧向力 F_{y2} 最大和纵向力 $F_{x2}=0$。此时意味着汽车发生侧滑。外轮上的垂直反力 F_{z2o} 和内轮上的垂直反力 F_{z2i} 分别为：

$$\begin{cases} F_{z2o} = G_2\left(0.5 + \dfrac{h_g}{B_2}\varphi_1\right) \\ F_{z2i} = G_2 - F_{z2o} \end{cases} \tag{5-43}$$

式中：h_g——汽车质心高度，mm；

$\quad B_2$——轮距，mm；

$\quad \varphi_1$——侧滑附着系数，计算时 φ_1 可取 1.0。

外轮上侧向力 F_{y2o} 和内轮上侧向力 F_{y2i} 分别为：

$$\begin{cases} F_{y2o} = F_{z2o}\varphi_1 \\ F_{y2i} = F_{z2i}\varphi_1 \end{cases} \tag{5-44}$$

内、外车轮上的总侧向力 F_{y2} 为 $G_2\varphi_1$。

这样，外轮半轴的弯曲应力 σ_o 和内轮半轴的弯曲应力 σ_i 分别为：

$$\begin{cases} \sigma_o = \dfrac{32(F_{y2o}r_r - F_{z2o}a)}{\pi d^3} \\ \sigma_i = \dfrac{32(F_{y2i}r_r + F_{z2i}a)}{\pi d^3} \end{cases} \quad (5\text{-}45)$$

(3)汽车通过不平路面,垂向力 F_{z2} 最大,纵向力 $F_{x2}=0$,侧向力 $F_{y2}=0$。
此时垂直力最大值 F_{z2} 为:

$$F_{z2} = \dfrac{1}{2} k G_2 \quad (5\text{-}46)$$

式中:k——动载系数,乘用车取 1.75,货车取 2.0,越野车取 2.5。
半轴弯曲应力 σ 为:

$$\sigma = \dfrac{32 F_{z2} a}{\pi d^3} = \dfrac{16 k G_2 a}{\pi d^3} \quad (5\text{-}47)$$

半浮式半轴的许用合成应力为 600~750MPa。

3. 3/4 浮式半轴

3/4 浮式半轴计算与半浮式类似,只是半轴的危险断面不同,危险断面位于半轴与轮毂相配表面的内端。

半轴和半轴齿轮一般采用渐开线花键连接,对花键应进行挤压应力和键齿切应力验算。挤压应力不大于 200MPa,切应力不大于 73MPa。

三、半轴的结构设计

对半轴进行结构设计时,应注意如下几点:
(1)全浮式半轴杆部直径可按式(5-48)初步选取。

$$d = K \sqrt[3]{M_\varphi} \quad (5\text{-}48)$$

式中:d——半轴杆部直径,mm;
$\quad M_\varphi$——半轴计算转矩,按式(5-43)计算,N·mm;
$\quad K$——直径系数,取 0.205~0.218。
根据初选的 d,按前面的应力公式进行强度校核。
(2)半轴的杆部直径应小于或等于半轴花键的底径,以便使半轴各部分基本达到等强度。
(3)半轴的破坏形式大多是扭转疲劳损坏,在结构设计时应尽量增大各过渡部分的圆角半径,尤其是凸缘与杆部、花键与杆部的过渡部分,以减小应力集中。
(4)对于杆部较粗且外端凸缘也较大时,可采用两端用花键连接的结构。
(5)设计全浮式半轴杆部的强度储备应低于驱动桥其他传力零件的强度储备,使半轴起到"熔丝"的作用。半浮式半轴直接安装车轮,应视为保安件。

第六节 驱动桥壳设计

一、驱动桥壳设计要求

驱动桥壳的主要功用是支承汽车质量,并承受由车轮传来的路面反力和反力矩,并经悬架传给车架(或车身);它又是主减速器、差速器、半轴的装配基体。

驱动桥壳应满足如下设计要求:

(1)应具有足够的强度和刚度,以保证主减速器齿轮啮合正常并不使半轴产生附加弯曲应力。

(2)在保证强度和刚度的前提下,尽量减小质量以提高汽车行驶平顺性。

(3)保证足够的离地间隙。

(4)结构工艺性好,成本低。

(5)保护装于其上的传动系部件和防止泥水浸入。

(6)拆装、调整、维修方便。

二、驱动桥壳结构形式

驱动桥壳大致可分为可分式、整体式和组合式三种形式。

1. 可分式桥壳

可分式桥壳如图 5-25 所示,由一个垂直接合面分为左右两部分,两部分通过螺栓连接成一体。每一部分均由一铸造壳体和一个压入其外端的半轴套管组成,轴管与壳体用铆钉连接。

这种桥壳结构简单,制造工艺性好,主减速器支承刚度好。但拆装、调整、维修很不方便,桥壳的强度和刚度受结构的限制,曾用于总质量不大的汽车上,现已较少使用。

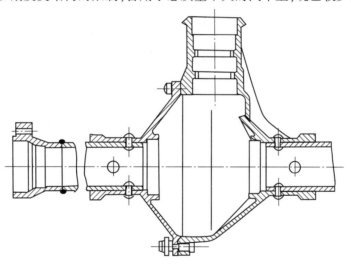

图 5-25 可分式桥壳

2. 整体式桥壳

整体式桥壳,如图 5-26 所示,其特点是整个桥壳是一根空心梁,桥壳和主减速器壳为两体。它具有强度和刚度较大,主减速器拆装、调整方便等优点。

按制造工艺不同,整体式桥壳可分为铸造式(图 5-26a)、钢板冲压焊接式(图 5-26b)和扩张成形式三种。铸造式桥壳的强度和刚度较大,但质量大,加工面多,制造工艺复杂,主要用于总质量较大的商用车上。钢板冲压焊接式和扩张成形式桥壳质量小,材料利用率高,制造成本低,适于大量生产,广泛应用于乘用车和总质量较小的商用车上。

3. 组合式桥壳

组合式桥壳如图5-27所示,是将主减速器壳与部分桥壳铸为一体,而后用无缝钢管分别压入壳体两端,两者间用塞焊或销钉固定。它的优点是从动齿轮轴承的支承刚度较好,主减速器的装配、调整比可分式桥壳方便,但要求有较高的加工精度,常用于乘用车、总质量较小的商用车中。

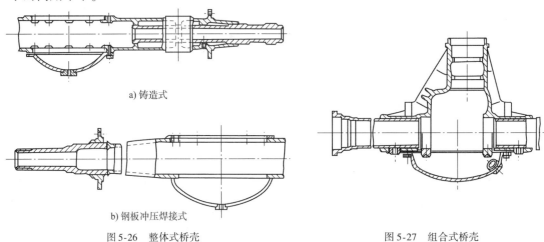

a) 铸造式

b) 钢板冲压焊接式

图5-26 整体式桥壳   图5-27 组合式桥壳

三、驱动桥壳强度计算

对于具有全浮式半轴的驱动桥,桥壳上强度计算的载荷工况与半轴强度计算的三种载荷工况相同。图5-28为驱动桥壳受力图,桥壳的危险断面通常在钢板弹簧座内侧附近,桥壳端部的轮毂轴承座根部也应列为危险断面进行强度验算。

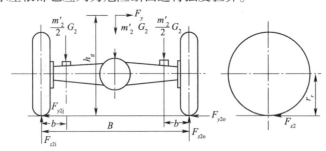

图5-28 桥壳受力简图

(1)当牵引力或制动力最大时,桥壳钢板弹簧座处危险断面的弯曲应力 σ 和扭转切应力 τ 分别为:

$$\begin{cases} \sigma = \dfrac{M_v}{W_v} + \dfrac{M_h}{W_h} \\ \tau = \dfrac{T_T}{W_T} \end{cases} \tag{5-49}$$

式中: M_v——地面对车轮垂直反力在危险断面引起的垂直平面内的弯矩, $M_v = \dfrac{m_2' G_2 b}{2}$;

b——轮胎中心平面到板簧座之间的横向距离;

M_h——一侧车轮上的牵引力或制动力 F_{x2} 在水平面内引起的弯矩, $M_h = F_{x2} b$;

T_T——牵引或制动时,上述危险断面所受转矩,$T_\mathrm{T} = F_{x2}\gamma_\mathrm{r}$;

W_v、W_h、W_T——危险断面垂直平面和水平面弯曲的抗弯截面系数及抗扭截面系数。

(2)当侧向力最大时,桥壳内、外板簧座处断面的弯曲应力 σ_i、σ_o 分别为:

$$\begin{cases} \sigma_\mathrm{i} = \dfrac{F_{z2\mathrm{i}}(b + \varphi_1 r_\mathrm{r})}{W_\mathrm{v}} \\ \sigma_\mathrm{o} = \dfrac{F_{z2\mathrm{o}}(b - \varphi_1 r_\mathrm{r})}{W_\mathrm{v}} \end{cases} \tag{5-50}$$

式中:$F_{z2\mathrm{i}}$、$F_{z2\mathrm{o}}$——内、外侧车轮地面垂直反力;

r_r——车轮滚动半径;

φ_1——侧滑时的附着系数。

(3)当汽车通过不平路面时,危险断面的弯曲应力 σ 为:

$$\sigma = \frac{kG_2 b}{2W_\mathrm{v}} \tag{5-51}$$

式中动载系数 k 的选择同于半轴计算。桥壳的许用弯曲应力为 300~500MPa,许用扭转切应力为 150~400MPa。可锻铸铁桥壳取较小值,钢板冲压焊接桥壳取较大值。

第七节 轮边电机桥设计

轮边电机桥是指取消了桥壳和半轴的电机桥,驱动电机安装在车轮旁边,此种结构仍然是整体桥,但由于取消了桥壳和半轴,机构空间和重量得以大幅降低。与传统内燃机车桥相比,轮边电机桥便于实现电子差速与转矩协调控制,可回收制动能量,具有能量利用率高的独特优势。

一、轮边电机桥的设计要求

轮边电机桥设计时应具有合适的电机和传动系统,以保证汽车有最佳的动力性和经济性,同时具有足够的强度和刚度,以保证可靠的承载,此外还应满足工作平稳、噪声小、质量轻、成本低及可靠性高等要求。

根据轮边电机桥的功能及要求,轮边电机桥的设计任务如下。

(1)根据整车的动力性和经济性要求选型电机及确定传动比。

(2)根据传动比的要求,在保证可靠性和低噪声的要求下选择合适的传动系结构。

(3)根据选择的传动系的结构,在保证可靠性和低噪声的要求下设计合适的传动参数。

(4)根据整车的轴荷及整车的使用工况,设计合理的承载系统结构。

(5)根据整车制动性的要求在轮边电机上合理地布置行车制动器、驻车制动器。

二、轮边电机桥主要参数的匹配设计

1. 电机匹配设计

电机匹配设计参照《轮边电机桥设计指南》(Q/JAS C060—2016)。

2 传动系统匹配设计

(1)传动系统类型选择。传动系统按照输入输出的相对位置关系来说可分为平行式和交错式,如图 5-29 所示。

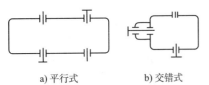

图 5-29 传动系统类型
a) 平行式　　b) 交错式

由于交错式需要用到锥齿轮,噪声较大,成本较高,不建议采用交错式。

轮边电机桥中,输入轴和输出轴相互平行,常用的平行轴齿轮减速机构有两种:①定轴齿轮,单级的普通圆柱外啮合齿轮有结构简单,对制造加工要求相对较低的优点,但也有承载能力差,体积相对较大的缺点,只适合传动比小于 8 的场合;②行星齿轮,与定轴齿轮相比行星齿轮传动具有体积小、重量轻、承载能力大、效率高和工作平稳等优点,传动比推荐在 2.7~9。

在轮边电机桥根据实际的速比要求来匹配传动系统,当速比超过 7 以后,应采用两级减速串联,一般有两级平行轴串联、两级行星齿轮串联以及一级平行轴与一级轮边减速串联三种方案。根据轮边电机桥的特点,由于电机的输出转速较高,采用平行轴齿轮更方便加工,容易保证齿轮精度而降低噪声,同时在后桥中轮边行星减速技术成熟,建议采用一级平行轴与一级轮边行星齿轮减速的串联来实现。

(2) 日常行驶当量转矩计算。汽车的行驶工况复杂,其并非一直稳定工作于某一工况下,汽车的速度从 0 到最高车速是不断变化的,输出的扭矩也是根据工况的不同而改变,传动系统的持续转矩根据日常行驶(当量)转矩来确定计算公式如下:

$$T = \frac{G_a(f_R + f_H + f_j)r_r}{\eta} \tag{5-52}$$

式中:G_a——汽车满载总重量;
　　　f_R——滚动阻力系数;
　　　f_H——日常公路坡度系数;
　　　f_j——汽车性能系数;
　　　r_r——车轮滚动半径;
　　　r——传动比;
　　　η——传动效率,单级减速可取 0.98,双级减速可取 0.95。

$$f_j = \frac{1}{100} \times \left(16 - 0.195 \times \frac{G_a}{T_{e\,max}}\right) \tag{5-53}$$

式中:$T_{e\,max}$——电机的峰值转矩,若 $0.195 \times \frac{G_a}{T_{e\,max}} > 16$,则取为 f_j 为 0。

根据当量转矩,用额定功率可以计算出当量转速 n 为:

$$n = \frac{9550p}{T} \tag{5-54}$$

根据当量转速计算出寿命时间 H 为:

$$H = \frac{10^7 Si}{120\pi r_r n} \tag{5-55}$$

(3) 轮边减速器匹配。由于轮边减速器的限制条件较多,设计时一般从轮边减速器开始进行匹配,根据中心孔的大小确定轮边减速器的最大外径即轮减壳外径,轮边减速器的最大外径为中心孔的直径减去 2mm。轮减壳的厚度一般大于 6.5mm,内齿圈与轮减壳内径间隙大于 2mm,因此,内齿圈的最大外径为轮辋中心孔的直径减去 2mm,再减去 2×2mm。轮边减速器的内齿圈的分度圆直径 $d = D \times m \times (h_a^* + h_f^*) - 2 \times m \times h_f^*$,其中 $h_a^* = 1$,$h_f^* = 1.25$,$d = m \times z$,如图 5-30 所示,因此轮边减速器内齿圈的齿数 Z 可以推导如下:

$$Z \leqslant \frac{D-6}{m} - 6 \qquad (5\text{-}56)$$

由于轮边减速的输入扭矩较大,模数 m 一般大于2,根据选定的模数进行齿数匹配。匹配时行星轮的个数一般为 3~4,太少的行星轮个数不利于提高强度,太多的行星轮个数不利于均载。齿宽系数可以选择 0.6~1;齿形参数先初步选择标准齿形。根据以上信息可以用 KISSsoft 中的 Planetary 模块进行初步匹配,评估方案的可行性。匹配输入参数包括几何结构参数、强度参数和材料参数等,匹配过程可参考标准《轮边电机桥设计指南》(Q/JAS C060—2016)。匹配出多组方案后再进行方案对比,优先选择安全系数高、重合度大、重量轻的方案,方案完成后再进行详细的校核和计算。

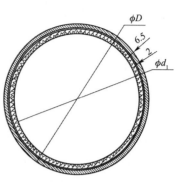

图 5-30 齿圈尺寸示意图

(4)主减速器匹配。轮边减速器速比确定后可以进行主减速器的速比匹配,主减速器的速比计算公式如下:

$$i_0 = \frac{i}{i_{LB}} \qquad (5\text{-}57)$$

式中:i——传动比;

i_0——主减速器速比;

i_{LB}——轮边减速器速比。

速比初步确定后,同样在 KISSsoft 软件中的 Cylindrical gear 模块中进行齿轮的初算,输入几何结构参数、强度参数和材料参数,计算出几组方案,再进行方案对比,优先选择安全系数高、重合度大、重量轻的方案,方案完成后同样需进行详细的校核和计算。

方案确定后还需将齿轮生成三维模型放入整车数模上进行校核,如果由于速比太大而导致齿轮过大,造成在整车上布置干涉时,可以考虑将主减速器改成两级平行轴串联,减小齿轮的直径,必要时也可以采用双中间轴动力分流的方案。

(5)承载系统匹配设计。承载系统主要指在轮边电机桥中起承载作用的零部件的集合,主要包含半轴套管、箱体、横梁、气囊臂、推力杆支架、轮毂等零部件。

①计算载荷确定。承载系统的计算载荷主要有三个方向的力:最大垂向力、最大纵向力和最大侧向力。

a. 最大垂向力工况。

$$F_{zm} = \frac{kM_r g}{2} \qquad (5\text{-}58)$$

式中:F_{zm}——单侧车轮的最大垂向力;

M_r——轴荷;

k——冲击系数,普通商用车取 2.5,越野车取 3。

b. 最大驱动力工况。

当电机发出最大扭矩的情况下,整桥的受力主要有:

$$\begin{cases} F_{z1} = \dfrac{k_1 M_r g}{2} \\ F_{x1} = \dfrac{T_{e\max} i}{2r_s} \end{cases} \qquad (5\text{-}59)$$

式中：F_{z1}——最大驱动力工况下的垂向力；
　　　k_1——载荷转移系数，取1.2；
　　　F_{x1}——最大驱动力。

c. 最大制动力工况。

$$\begin{cases} F_{z2} = \dfrac{k_2 M_r g}{2} \\ F_{x2} = \dfrac{a_1 M_r g}{2} \end{cases} \tag{5-60}$$

式中：F_{z2}——最大制动力工况的垂向力；
　　　k_2——载荷转移系数，取0.8；
　　　F_{x2}——最大制动力；
　　　a_1——最大制动减速度，取0.8。

最大制动力矩 T_j 如下：

$$T_j = 0.001 F_{x2} r_r \tag{5-61}$$

d. 最大侧向力。

$$F_{z3-L} = \dfrac{M_r g}{2} - \dfrac{a_2 M_r H_g}{B} \tag{5-62}$$

$$F_{z3-R} = \dfrac{M_r g}{2} + \dfrac{a_2 M_r H_g}{B} \tag{5-63}$$

$$F_{y-L} = M_r a_2 \times \dfrac{F_{z3-R}}{M_r g} \tag{5-64}$$

$$F_{y-R} = M_r a_2 \times \dfrac{F_{z3-L}}{M_r g} \tag{5-65}$$

式中：F_{z3-L}——左轮边垂向力；
　　　F_{z3-R}——右轮边垂向力；
　　　F_{y-L}——左轮边侧向力；
　　　F_{y-R}——右轮边侧向力。

②材料选型。承载部件的材料尽量选择材料强度好的、制造稳定性好的材料。在零部件结构相对简单的地方可以选用锻造的合金钢材料，如半轴套管可以选用40Cr的材料，在结构复杂，受力较大的位置尽量选择铸造球铁，在受力相对较简单、结构不复杂的地方可以选用铸造铝合金的材料。

③结构设计。结构设计时，在空间允许的情况下尽量加大抗弯截面系数，在零部件结构设计时尽量地提高材料的利用率，数模完成后进行CAE分析，一般要求屈服安全系数大于2或者达到同类型成熟产品的同等水平。

(6) 制动部件的布置。

①行车制动器的布置。行车制动器可以布置在车轴的前方、上方、后方的几个位置，制动器布置时，会对轮毂总成形成一个附加的力，受力分析如图5-31所示。

作用在轮毂轴承处的纵向力和垂向力分别为：

$$\begin{cases} F_{ax} = F_b + F_\mu \sin\alpha \\ F_{az} = F_z + F_\mu \cos\alpha \end{cases} \tag{5-66}$$

如式(5-66),当布置角度为90°时,轮毂轴承受的纵向力和垂向力均最小,在正上方和在前方的时候,轮毂轴承均受一个附件的纵向力和垂向力,不利于轴承的寿命,但是布置在后方制动器容易被甩泥。因此在轮毂轴承寿命安全系数足够的时候制动器尽量布置在前方或后方,当轴承寿命安全系数不足的时候,尽量布置在后方。

②驻车制动器的布置。在轮边电机桥中为保证结构的紧凑性,在驻车制动力可以满足要求的情况下,优先采用行驻一体的制动器,在行驻一体的制动器不能满足要求的情况下,可以考虑单独设置驻车制动器,并通过齿轮将驻车力矩放大以达到驻车的目的。

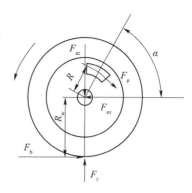

图 5-31　轮毂受力简图

第八节　设计实例

一、题目及要求

已知某商务车主要参数见表 5-4。

某商务车主要参数　　　　　　表 5-4

参　数	数　值	参　数	数　值
驱动形式	4×2(后轮驱动)	发动机最大输出转矩(N·m)	392(在转速为 1400～1700r/min 工况下)
整车整备质量(kg)	3650	变速器一挡传动比	5.06
整车最大载重(kg)	4830	主减速传动比	5.71
前轴最大载重(kg)	3060	轮胎型号	8.25-16
后轴最大载重(kg)	5420	轴距(mm)	4700
发动机型号	CY4102BZQ	最高车速(km/h)	98

要求为其设计一款合适的差速器。

二、差速器选型

差速器结构形式的选择,应从所设计汽车的类型及其使用条件出发,以满足该型汽车在给定的使用条件下的使用性能要求。

对称锥齿轮式差速器在汽车上广泛采用,具有结构简单、质量较小等优点。它们又可分为普通锥齿轮式差速器、摩擦片式差速器和强制锁止式差速器等。本方案以普通锥齿轮式差速器为例进行阐述。

三、圆锥直齿轮的基本参数确定

(1)行星齿轮数的确定。行星齿轮数 n 需根据承载情况来选择。通常情况下,轿车:$n=2$;货车或越野车:$n=4$。此次设计的普通对称式圆锥行星差速器的行星齿轮数取 $n=4$。

(2) 行星齿轮球面半径 R_b 的确定。行星齿轮球面半径 R_b 反映了差速器锥齿轮节锥距的大小和承载能力,可根据经验公式来确定:

$$R_b = K_b \sqrt[3]{T_d} \tag{5-67}$$

式中:K_b——行星齿轮球面半径系数,$K_b = 2.52 \sim 2.99$;
　　　T_d——差速器计算转矩,$T_d = \min[T_{je}, T_{j\varphi}]$,N·m;
　　　R_b——球面半径,mm。

对于有 4 个行星齿轮的轿车和公路载货汽车取最小值;对于有 2 个行星齿轮的轿车以及越野汽车、矿用汽车取大值:

$$T_{je} = \frac{T_{e\,max} i_{TL} k_0 \eta_T}{n} \tag{5-68}$$

$$T_{j\varphi} = \frac{G_2 \varphi r_r}{\eta_{LB} i_{LB}} \tag{5-69}$$

式中:$T_{e\,max}$——发动机最大转矩,N·m;
　　　i_{TL}——由发动机到主减速器齿轮之间的传动系最低档传动比;
　　　η_T——上述传动部分的效率,取 $=0.9$;
　　　k_0——超载系数 η_T,对于一般载货汽车、矿用汽车和越野汽车及液力传动的各类汽车,$k_0 = 1$;
　　　n——该车的驱动桥数;
　　　G_2——汽车满载时一个驱动桥给水平地面的最大负荷,N,对于后桥来说还应考虑到汽车加速时负荷的增大量;
　　　φ——轮胎对路面的附着系数,对于安装一般轮胎的公路汽车,$\varphi = 0.85$;对于越野汽车,$\varphi = 1.0$;对于安装专门的防滑宽轮胎的高级轿车,$\varphi = 1.25$;
　　　r_r——车轮滚动半径,m;
　　　η_{LB}、i_{LB}——由主减速器从动齿轮到驱动轮之间的传动效率和减速比。

查资料,将相关数据代入公式,计算得:

$$T_{je} = \frac{392 \times 5.057 \times 1 \times 0.9}{1} = 1784(\text{N·m})$$

$$T_{j\varphi} = \frac{53116 \times 0.85 \times 0.33}{0.9 \times 5.714} = 2897(\text{N·m})$$

所以

$$R_b = 2.52 \times \sqrt[3]{1784} = 30.56(\text{mm})$$

R_b 确定后,即可根据下式预选其节锥距:

$$A_0 = (0.98 \sim 0.99) R_b$$

取 $A_0 = 0.98 \times 30.56 = 29.9 \approx 30\text{mm}$。

(3) 行星齿轮与半轴齿轮齿数的选择。为了得到较大的模数使齿轮有较高的强度,行星齿轮的齿数 z_1 应尽量少,但不应少于 10。半轴齿轮齿数 z_2 在 14~25 中选用。大多数汽车的半轴齿轮与行星齿轮的齿数比 z_2/z_1 在 1.5~2.0 的范围内,模数 m 应不小于 2。

初取 $z_1 = 12$,$z_2 = 18$,则 $z_2/z_1 = 1.5$,满足 $2z_2/z_1 =$ 整数的条件。

(4) 差速器圆锥齿轮模数及半轴齿轮节圆直径的初步确定。

初步求出行星齿轮和半轴齿轮的节锥角 γ_1, γ_2：

$$\gamma_1 = \arctan\frac{z_1}{z_2} = \arctan\frac{12}{18} = 33.69°$$

$$\gamma_2 = \arctan\frac{z_2}{z_1} = \arctan\frac{18}{12} = 56.31°$$

初步求出圆锥齿轮的大端模数：

$$m = \frac{2A_0}{z_1}\sin\gamma_1 = \frac{2A_0}{z_2}\sin\gamma_2 = 2.77 \approx 3$$

行星齿轮节圆直径：

$$d_1 = mz_1 = 3 \times 12 = 42 (\text{mm})$$

半轴齿轮节圆直径：

$$d_2 = mz_2 = 3 \times 18 = 54 (\text{mm})$$

(5) 差速器圆锥齿轮齿形设计。根据相关齿轮公式，计算出齿轮的参数。

(6) 压力角 α。目前汽车差速器齿轮大都选用 22.5° 的压力角，并且在行星齿轮齿顶不变尖的条件下还可由切向修正加大半轴齿轮齿厚，从而使行星齿轮与半轴齿轮趋于等强度。因此 $\alpha = 22.5°$。

(7) 行星齿轮安装孔直径 d 及其深度 L 的确定。行星齿轮安装孔直径 d 与行星齿轮轴名义直径相同，而行星齿轮安装孔的深度 L 就是行星齿轮在其轴上的支承长度。通常取：

$$L = 1.1d, Ld = 1.1d^2 = \frac{T_0 \times 10^3}{1.1nl[\sigma_c]} \tag{5-70}$$

$$d = \left(\frac{T_0 \times 10^3}{1.1[\sigma_c]nl}\right)^{0.5} \tag{5-71}$$

式中：T_0——差速器传递的转矩，N·m；

n——行星齿轮数；

l——行星齿轮支承面中点到锥顶的距离，mm；

$[\sigma_c]$——支承面的许用挤压应力，取为 98，MPa。

计算得：

$$d = \left(\frac{T_0 \times 10^3}{1.1[\sigma_c]nl}\right)^{0.5} = 12.96 (\text{mm})$$

$$L = 1.1d = 1.1 \times 12.96 = 14.256 (\text{mm})$$

四、差速器圆锥齿轮强度计算

根据差速器工作工况，差速器齿轮主要进行弯曲强度计算校核。汽车差速器齿轮的弯曲应力为：

$$\sigma_w = \frac{2 \times 10^3 T k_0 k_s k_m}{k_v b z m_s^2 J} \tag{5-72}$$

式中：T——差速器一个行星齿轮给予一个半轴齿轮的转矩，N·m，$T = T_j\frac{0.6}{n}$，其中 T_j 为计算转矩，按 T_{je} 和 $T_{j\varphi}$ 中的较小者计算；

n——差速器行星齿轮数目;

k_0——超载系数,对于一般载货汽车、矿用汽车和越野汽车及液力传动的各类汽车,$k_0=1$;

k_v——质量系数,对于汽车驱动桥齿轮,当齿轮接触良好、周节及径向跳动精度高时,可取 $k_v=1$;

k_s——尺寸系数,反映材料性质的不均匀性,与齿轮尺寸及热处理有关,当端面 $m_s \geqslant 1.6\text{mm}$ 时 $ks=\sqrt[4]{m_s/254}$;

k_m——载荷分配系数,当两个齿轮均用骑马式支承型式时,$k_m=1.00\sim1.10$,当一个齿轮用骑马式支承时,$k_m=1.10\sim1.25$,支承刚度大时,取小值;

b——计算齿轮的齿面宽,mm;

z——计算齿轮齿数;

m_s——端面模数。

当 $T_0=\min[T_{ce},T_{cs}]$ 时,$[\sigma_w]=980\text{MPa}$;齿轮材料是20CrMnTi,查阅机械零件手册,计算得:

$$\sigma_w=847.15\text{MPa}<980\text{MPa}$$

因此,设计的齿轮满足弯曲强度要求。

本章小结

驱动桥处于动力传动系的末端,其基本功能是增大由传动轴或变速器传来的转矩,并将动力合理地分配给左、右驱动轮,另外还承受作用于路面和车架或车身之间的垂直力、纵向力和横向力及其力矩。驱动桥的结构形式与驱动车轮的悬架形式密切相关。

主减速器有多种结构形式,主要是根据齿轮类型、减速形式以及主、从动齿轮支承形式的不同而分类。对主减速器锥齿轮进行设计计算时,应先对主减速器锥齿轮的计算载荷进行确定,对主减速器锥齿轮主要参数进行选择,再对主减速器锥齿轮进行强度计算,最后对主减速器锥齿轮轴承进行载荷计算。

差速器按其结构特征不同,分为齿轮式、凸轮式、蜗轮式和牙嵌自由轮式等多种形式。普通锥齿轮差速器的设计计算包括差速器齿轮主要参数的选择及差速器齿轮的强度计算。对于多桥驱动汽车应装有轴间差速器。

对于非断开式驱动桥,车轮传动装置的主要零件为半轴;对于断开式驱动桥和转向驱动桥,驱动车轮的传动装置为万向传动装置。半轴根据其车轮端的支承方式不同分为半浮式、3/4浮式和全浮式三种形式。

驱动桥壳大致可分为可分式、整体式和组合式三种形式。对于具有全浮式半轴的驱动桥,桥壳上强度计算的载荷工况与半轴强度计算的三种载荷工况相同。

思考与练习

5-1 驱动桥主减速器有哪几种结构形式?简述各种结构形式的主要特点及其应用。

5-2 主减速器中,主、从动锥齿轮的齿数应当如何选择才能保证具有合理的传动特性和满足结构布置的要求?

5-3 计算主减速器齿轮强度时,首先要确定计算载荷,问有几种确定方法?并解释如何应用。

5-4 简述多桥驱动汽车安装轴间差速器的必要性。

5-5 半轴的安装形式有哪几种?应用范围如何?

5-6 对驱动桥壳进行强度计算时,绘图分析其受力状况并指出危险断面的位置,验算工况有几种?各工况下强度验算的特点是什么?

5-7 汽车的典型布置方案为驱动桥采用单级主减速器,且从动齿轮布置在左侧。如果将其移到右侧,试问传动系的其他部分需要如何变动才能满足使用要求?为什么?

第六章 悬架设计

【内容提要】 本章主要介绍独立悬架和非独立悬架的设计方案、结构元件,重点讲述悬架主要参数的确定条件,弹性元件和减振器的设计计算。

【目标要求】 了解独立悬架导向机构的设计,减振器及悬架的设计方案、结构元件,熟练掌握悬架主要参数的确定,弹性元件及减振器的设计计算。

第一节 引 言

悬架是现代汽本上的重要总成之一。它把悬梁(或车身)与车轴(或车轮)弹性地连接起来。其主要任务是传递作用在车轮和车架(或车身)之间的一切力和力矩,并且缓和路面传给车架(或车身)的冲击载荷,衰减由此引起的承载系统的振动,保证汽车的行驶平顺性;保证车轮在路面不平和载荷变化时有理想的运动特性,保证汽车的操纵稳定性,使汽车获得高速行驶能力。

悬架由弹性元件、导向装置、减振器组成,有些悬架中还有缓冲块和横向稳定杆。

弹性元件用来传递垂直力,缓和冲击和振动。导向装置由导向杆系统组成,用来决定车轮相对于车架(或车身)的运动特性、并传递除弹性元件传递的垂直力以外的各种力和力矩。当用纵置钢板弹簧作弹性元件时,它兼起导向装置作用。缓冲块用来减轻车轴对车架(或车身)的直接冲撞. 防止弹性元件产生过大的变形。装有横向稳定器的汽车。能减少转弯行驶时车身的侧倾角和横向角振动。

对悬架提出的设计要求有:

(1)保证汽车有良好的行驶平顺性。

(2)具有合适的衰减振动能力。

(3)保证汽车具有良好的操纵稳定性,转向时保证汽车有转向不足特性。

(4)汽车制动或加速时要保证车身稳定,减少车身纵倾,转弯时车身侧倾角要合适。

(5)有良好的降噪能力。

(6)结构紧凑、占用空间尺寸较小。

(7)可靠地传递车身与车轮之间的各种力和力矩,在满足零部件质量要小的同时,保证有足够的强度和使用寿命。

第二节 悬架结构形式分析

一、非独立悬架

悬架可分为非独立悬架和独立悬架两类。非独立悬架的结构特点是左右车轮用一根整体轴连接,再经过悬架与车架(或车身)连接。独立悬架的结构特点是左右车轮通过各自的悬架与车架(或车身)连接,如图 6-1 所示。

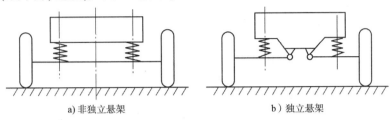

a) 非独立悬架　　　　　　　　　b) 独立悬架

图 6-1　悬架的结构形式简图

非独立悬架的优点是:结构简单,制造成本低,维修方便;缺点是:非簧载质量较大,不利于提高行驶平顺性,用于前悬架时易发生摆振现象。

独立悬架的优点是:簧下质量小;悬架占用的空间小;弹性元件只承受垂直力,所以可以用刚度小的弹簧,使车身振动频率降低,改善了汽车行驶平顺性;由于有可能降低发动机的位置高度,使整车的质心高度下降,又改善了汽车的行驶稳定性;左、右车轮各自独立运动互不影响,可减少车身的倾斜和振动,同时在起伏的路面上能获得良好的地面附着能力。独立悬架的缺点是:结构复杂,成本较高,维修困难。这种悬架主要用于轿车和部分轻型货车、客车及越野车上。

二、独立悬架

独立悬架又分为双横臂式、单横臂式、双纵臂式、单纵臂式、单斜臂式、麦弗逊式和扭转梁随动臂式等几种,如图 6-2 所示。

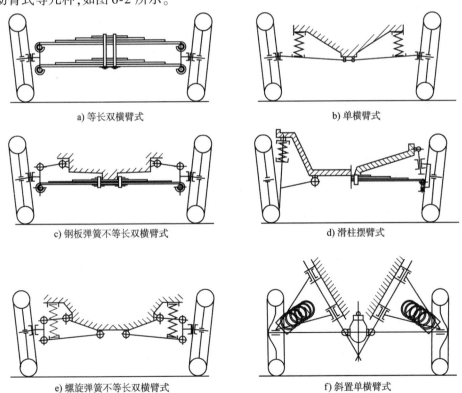

a) 等长双横臂式　　　　　　　　　b) 单横臂式

c) 钢板弹簧不等长双横臂式　　　　d) 滑柱摆臂式

e) 螺旋弹簧不等长双横臂式　　　　f) 斜置单横臂式

图 6-2

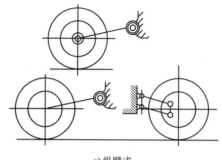

g) 纵臂式

图 6-2 独立悬架结构形式简图

(1) 双横臂式独立悬架。

① 等长双横臂式,如图 6-2a) 所示,为采用钢板弹簧的等长双横臂式独立悬架。在车轮上下跳动时,可以保持主销倾角不变,但轮距变化大,轮胎磨损严重,现已很少采用。

② 不等长双横臂式,如图 6-2c)、e) 所示,分别为采用钢板弹簧和螺旋弹簧的不等长双横臂式独立悬架。只要合理选择上下横臂长度和布置方案,就可以使轮距及前轮定位参数的变化均在理想范围内。这种悬架已经广泛应用于中、高级轿车的前悬架。这种悬架的缺点是结构较复杂,受力点较集中,对承载式车身不利。

(2) 单横臂式独立悬架,结构如图 6-2b) 所示。不宜用在前轮上,因为前轮跳动会引起主销内倾角和车轮外倾角变化太大。这种悬架的主要优点是结构简单,抗侧倾能力较强。

(3) 纵臂式独立悬架,结构如图 6-2g) 所示。可分为单纵臂式和双纵臂式。当车轮跳动时,单纵臂式独立悬架使主销后倾角变化较大,故不宜用于前悬架。但其结构简单,可用于后悬架。双纵臂式独立悬架通常上下摆臂等长。当车轮跳动时,可保持前轮定位参数不变,适用于转向轮。但是,如果横向刚度不足,则可能产生摆振现象。

(4) 单斜臂式独立悬架,结构如图 6-2f) 所示,是单横臂式独立悬架和单纵臂式独立悬架的折中方案。适当选择摆臂轴线与汽车纵轴线的夹角,可不同程度地获得单横臂式和单纵臂式的优点,以满足不同使用性能对悬架的要求。

(5) 麦弗逊式独立悬架,又称滑柱连杆式或滑柱摆臂式,结构如图 6-2d) 所示。结构较紧凑,便于在微型车上布置;车轮跳动时,前轮定位参数变化小,有良好的操纵稳定性。缺点是减振器总成(滑柱)受侧向力大,对减振器寿命影响较大,不宜用在车轮承载重量较大的高级轿车上;隔音效果也较差;不便于调整悬架的运动学关系。

三、辅助元件结构分析

1. 横向稳定器

横向稳定器通过减小悬架垂直刚度 c,能降低车身固有频率 $n(n=\sqrt{c/m_s}/2\pi)$,达到改善汽车平顺性的目的。但因为悬架侧倾角刚度 c_ϕ 和悬架刚度 c 之间是正比关系,所以减小垂直刚度 c 的同时侧倾角刚度 c_ϕ 也减小,并使车厢侧倾角增加,结果车厢中的乘员会感到不舒适和降低了行车安全感。解决这一矛盾的主要方法就是在汽车上设置横向稳定器。有了横向稳定器,就可以做到在不增大悬架垂直刚度 c 的条件下,增大悬架的侧倾角刚度 c_ϕ。

汽车转弯行驶产生的侧倾力矩,使内、外侧车轮的负荷发生转移,并影响车轮侧偏刚度 K 和车轮侧偏角 δ 变化。前、后轴(桥)车轮负荷转移大小,主要取决于前、后悬架的侧倾角刚度值。当前悬架侧倾角刚度 $c_{\phi 1}$ 大于后悬架侧倾角刚度 $c_{\phi 2}$ 时,前轴(轿)的车轮负荷转移大于后轴(桥)车轮上的负荷转移,并使前轮侧偏角 δ_1 大于后轮侧偏角 δ_2,以保证汽车有转向不足特性。在汽车前悬架上设置横向稳定器,能增大前悬架的侧倾角刚度。

2. 缓冲块

缓冲块通常用如图6-3所示形状的橡胶制造。通过硫化将橡胶与钢板连接为一体,再经焊在钢板上的螺钉将缓冲块固定到车架(车身)或其他部位上,起到限制悬架最大行程的作用。

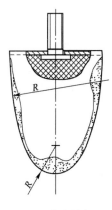

图6-3 橡胶缓冲块

第三节 悬架主要参数确定

一、悬架静挠度 f_c

悬架静挠度 f_c 是指汽车满载静止时悬架上的载荷 F_w 与此时悬架刚度 c 之比,即:

$$f_c = \frac{F_w}{c} \tag{6-1}$$

汽车前、后悬架与其簧上质量组成的振动系统的固有频率,是影响汽车行驶平顺性的主要参数之一。因现代汽车的质量分配系数 ε 近似等于1,于是,汽车前、后轴上方车身两点的振动不存在联系。因此,汽车前、后部分的车身的固有频率 n_1 和 n_2(亦称偏频)可用下式表示:

$$n_1 = \frac{\sqrt{\frac{c_1}{m_1}}}{2\pi} \quad n_2 = \frac{\sqrt{\frac{c_2}{m_2}}}{2\pi} \tag{6-2}$$

式中:c_1、c_2——分别为前、后悬架的刚度,N/cm;

m_1、m_2——分别为前、后悬架的簧上质量,kg。

当采用弹性特性为线性变化的悬架时,前、后悬架的静挠度可用式(6-3)表示:

$$f_{c1} = \frac{m_1 g}{c_1} \quad f_{c2} = \frac{m_2 g}{c_2} \tag{6-3}$$

式中:g——重力加速度,等于981cm/s²。

将 f_{c1}、f_{c2} 代入式(6-1)得到:

$$n_1 = \frac{5}{\sqrt{f_{c1}}} \quad n_2 = \frac{5}{\sqrt{f_{c2}}} \tag{6-4}$$

分析上式可知:悬架的静挠度 f_c 直接影响车身振动的偏频 n。因此,欲保证汽车具有良好的行驶平顺性,必须正确选取悬架的静挠度。

在选取前、后悬架的静挠度值 f_{c1} 和 f_{c2} 时,应当使之接近,并希望后悬架的静挠度 f_{c2} 比前悬架的静挠度 f_{c1} 小些,这有利于防止车身产生较大的纵向角振动。理论分析证明:若汽车以较高车速驶过单个路障,$n_1/n_2<1$时的车身纵向角摆动要比$n_1/n_2>1$时要小,故推荐取$f_{c2}=(0.8\sim0.9)f_{c1}$。考虑到货车前、后轴荷的差别和驾驶人的乘坐舒适性,取前悬架的静挠度值大于后悬架的静挠度值,推荐$f_{c2}=(0.6\sim0.8)f_{c1}$。为了改善微型轿车后排乘客的乘坐舒适性,有时取后悬架的偏频低于前悬架的偏频。

用途不同的汽车,对平顺性要求不一样。以运送人为主的轿车对平顺性的要求最高,大客车次之,载货车更次之。对普通级以下轿车满载的情况,前悬架偏频要求在1.00~1.45Hz,后悬架则要求在1.17~1.58Hz。原则上轿车的级别越高,悬架的偏频越小。对高级轿车满载的情况,前悬架偏频要求在0.80~1.15Hz。后悬架则要求在0.98~1.30Hz。货车满载时,前悬架偏频要求在1.50~2.10Hz,而后悬架则要求在1.70~2.17Hz。选定偏频以后,再利用式(6-2)即可计算出悬架的静挠度。表6-1中列出了现代车辆常用偏频、静挠度和动挠度值。

现代车辆常用偏频和挠度范围　　　　　　　　　表6-1

车 型	偏频 n(Hz)	静挠度 f_c(cm)	动挠度 f_d(cm)
货车	1.5~2.2	5~11	6~9
乘用车	0.9~1.6	10~30	7~9
大客车	1.3~1.8	7~15	5~8
越野车	1.4~2.0	6~13	7~13

二、悬架的动挠度 f_d

悬架的动挠度f_d是指从满载静平衡位置开始,悬架压缩到结构允许的最大变形(通常指缓冲块压缩到其自由高度的1/2或2/3)时,车轮中心相对车架(或车身)的垂直位移。要求悬架应有足够大的动挠度,以防止在坏路面上行驶时经常碰撞缓冲块。对轿车,f_d取7~9cm;对大客车,f_d取5~8cm;对货车,f_d取6~9cm。

三、悬架弹性特性

悬架的弹性特性,是指悬架变形f与所受垂直载荷F之间的关系曲线。

当悬架变形f与所受载荷F成固定比例时,称为"线性弹性特性"。具有线性悬架的汽车,难以获得令人满意的平顺性。线性悬架的弹簧刚度c是个常数。若选择c使得汽车的偏频n在满载情况下满足要求,则当空载时,偏频n增大,平顺性变差。若悬架刚度c能够随着汽车的簧载质量m而变化,就可以在满载和空载时都能获得令人满意的平顺性。悬架刚度可变的悬架称为非线性悬架。

首先研究在簧载质量一定的情况下,悬架应具有的弹性特性。如图6-4所示,$A\text{-}a\text{-}b$是一种非线性悬架的弹性特性曲线,其特点是在静载荷F_c附近(a点)曲线的斜率较小,而在离静载荷较远处曲线的斜率较大。曲线上任意点的静挠度f_c由该点的纵坐标(载荷F)和斜率(刚度c)确定,即:

$$f_c = \frac{F}{c} \tag{6-5}$$

在满载负荷F_c(a点)处的静挠度按照平顺性要求(n_1或n_2),由式(6-1)计算。在a点曲线斜率比较小,并且在 a 点附近斜率变化幅度也应该小,以使汽车在一般道路行驶条件下(悬架的变形比较小时)具有较好的平顺性。而当悬架变形比较大(趋近曲线的两端)时,刚度急剧增大,在有限的动挠度 f_d 范围得到比线性悬架更多的动容量。悬架的动容量是指悬架从静载荷的位置起,变形到结构允许的最大变形为止所消耗的功。悬架的动容量越大,对缓冲块击穿的可能性越小。对应同样情况,线性悬架则必须增大动挠度 f_d,从而增大车身高度和质心高度,导致行驶稳定性变差,使车轮的动载荷增大,接地性差。因此,采用非线性悬架非常必要。在设计中,一般使动挠度 f_d 所对应的载荷为 3~4 倍静载荷(b 点);而在 a 点(静载荷处)附近($\pm 0.6f_d$)范围内,悬架刚度变化应尽可能小(对于乘用车,一般要求不超过 20%)。

但是,上述非线性特性尚不能保证装载量不同时,偏频、车身高度保持不变。为了实现偏频和车身高度都不随装载量发生变化,需要采用车身高度(悬架刚度)自动调节装置。这意味着,对应每个静载荷就应该有一条弹性特性曲线,悬架的弹性特性就由一束曲线组成。在图 6-4 中画出了有代表性的三条曲线:曲线 1、2、3 分别代表静载荷为满载 F_c、半载 F_k、空载 F_0 时的情况。为了使车身高度和静挠度 f_c 都不随载荷变化,这三条曲线上 a、a'' 和 a' 点的斜率(刚度)必须不同。装有车身高度自动调节装置的空气悬架或油气悬架可以较容易地获得上述特性,但成本较高。为了趋近上述理想弹性特性,目前经常采用的方法是:专门设计的导向机构加主、副簧,或者采用两种弹簧;纵置式钢板弹簧加副簧,从而使悬架的性能优于线性悬架,且成本增加不多。

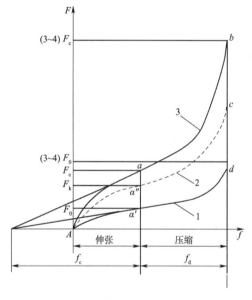

图 6-4 非线性悬架的弹性特性

第四节 弹性元件计算

一、钢板弹簧

1. 钢板弹簧主要参数和尺寸的确定

首先与总体设计人员协商确定悬架的基本参数和尺寸,包括如下方面:弹簧所受的载荷 F_W,静挠度 f_c 和动挠度 f_d,满载弧高 f_a。

以上参数确定后就可以进行计算。对于多片钢板弹簧,应使其接近等应力梁,以充分利用材料。

(1)满载弧高 f_a。满载弧高 f_a 是指钢板弹簧装到车轴(桥)上,汽车满载时钢板弹簧主片上表面与两端(不包括卷耳孔半径)连线间的最大高度差,如图 6-5 所示。f_a 用来保证汽车具有固定的高度。当 $f_a=0$ 时,钢板弹簧在对称位置上工作。为了在车架高度已限定时能得到足够的动挠度值,常取 $f_a=10\sim20$mm。

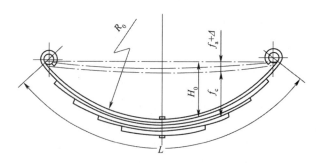

图 6-5 钢板弹簧总成在自由状态喜爱的弧高

(2) 钢板弹簧长度 L 的确定。弹簧长度 L(弹簧伸直后两卷耳的中心距)。在刚度一定时,增大 L 有益于降低弹簧应力和应力幅度,L 受到整车布置的限制,乘用车 L = (0.40 ~ 0.55)轴距;货车前悬架 L = (0.26 ~ 0.35)轴距,后悬架 L = (0.35 ~ 0.45)轴距。

(3) 钢板断面尺寸及片数的确定。

①钢板断面宽度 b 的确定。有关钢板弹簧的刚度、强度等,可按等截面筒支梁的计算公式计算,但需引入挠度增大系数 δ 加以修正。因此,可根据修正后的筒支梁公式计算钢板弹簧所需要的总惯性矩 J_0。对于对称钢板弹簧:

$$J_0 = \frac{(L-ks)^3 c\delta}{48E} \tag{6-6}$$

式中:s——U 形螺栓中心距,mm;

k——考虑 U 形螺栓夹紧弹簧后的无效长度系数,刚性夹紧取 0.5,挠性夹紧取 0;

c——钢板弹簧垂直刚度,N/mm,$c = F_W/f_c$;

δ——挠度增大系数,先确定与主片等长的重叠片数 n_1,再估计一个总片数 n_0,求得 $\eta = n_1/n_0$,然后用 $\delta = 1.5/[1.04(1+0.5\eta)]$ 初定 δ;

E——材料的弹性模量。

钢板弹簧总截面系数 W_0 用下式计算:

$$W_0 \geqslant \frac{F_W(L-ks)}{4[\sigma_W]} \tag{6-7}$$

式中:σ_W——许用弯曲应力。

对于 55SiMnVB 或 60Si2Mn 等材料,表面经喷丸处理后,推荐 $[\sigma_W]$ 在下列范围内选取:前弹簧和平衡悬架弹簧为 350 ~ 450N/mm²;后主簧为 450 ~ 550N/mm²;后副簧为 220 ~ 250N/mm²。

将式(6-5)代入下式计算钢板弹簧平均厚度 h_p:

$$h_p = \frac{2J_0}{W_0} = \frac{(L-ks)^2 \delta[\sigma_W]}{6Ef_e} \tag{6-8}$$

选定 h_p 后,进行两项验算。

比应力 $\bar{\sigma}$:

$$\bar{\sigma} = \frac{\sigma_c}{f_c} = \frac{6Eh_p}{\delta(L-ks)^2} \tag{6-9}$$

比应力为弹簧单位变形的应力,它对钢板弹簧的疲劳寿命有显著影响,其取值范围为:货车前、后簧 $\bar{\sigma} = 45 ~ 55$MPa/cm;平衡悬架 $\bar{\sigma} = 65 ~ 80$MPa/cm;后悬副簧 $\bar{\sigma} = 75 ~ 85$MPa/cm。对

于静挠度大的弹簧,比应力应取下限。

最大动行程时的最大应力 σ_{max}:

$$\sigma_{max} = \overline{\sigma} d_c$$

或

$$\sigma_{max} = \frac{6Eh_p(f_d+f_c)}{\delta(L-ks)^2} \qquad (6-10)$$

最大应力应在 $900 \sim 1000 \text{N/mm}^2$。

若验算不合适,应重新修改片厚及片数。

有了 h_p 以后,再选钢板弹簧的片宽 b。增大片宽,能增加卷耳刚度,但当车身受侧向力作用倾斜时,弹簧的扭曲应力增大。前悬架用宽的弹簧片,会影响转向轮的最大转角。片宽选取过窄,又得增加片数,从而增加片间的摩擦和弹簧的总厚。推荐片宽与片厚的比值 b/h_p 在 $6 \sim 10$ 范围内选取。

②钢板弹簧片厚 h 的选择。矩形断面等厚钢板弹簧的总惯性矩 J_0。用式(6-11)计算:

$$J_0 = \frac{nbh^3}{12} \qquad (6-11)$$

式中:n——钢板弹簧片数。

由式(6-11)可知、改变片数 n、片宽 b 和片厚 h 三者之一,都影响到总惯性矩 J_0 的变化;再结合式(6-5)可知,总惯性矩 J_0 的改变又会影响到钢板弹簧垂直刚度 c 的变化,也就是影响汽车的平顺性变化。其中,片厚 h 的变化对钢板弹簧总惯性矩 J_0 影响最大。增加片厚 h,可以减少片数 n。钢板弹簧各片厚度可能有相同和不同两种情况,希望尽可能采用前者。但因为主片工作条件恶劣,为了加强主片及卷耳,也常将主片加厚,其余各片厚度稍薄。此时,要求一副钢板弹簧的厚度不宜超过三组。为使各片寿命接近又要求最厚片与最薄片厚度之比应小于 1.5。

最后,钢板断面尺寸 b 和 h 应符合国产型材规格尺寸。

③钢板弹簧片数 n。片数 n 少些有利于制造和装配,并可以降低片间的干摩擦,改善汽车行驶平顺性。但片数少了将使钢板弹簧与等强度梁的差别增大,材料利用率变差。多片钢板弹簧一般片数在 $6 \sim 14$ 片之间选取,重型货车可达 20 片。用变截面少片簧时,片数在 $1 \sim 4$ 片之间选取。工作时一面受拉应力,另一面受压应力作用,而且上、下表面的名义拉应力和压应力的绝对值相等。

2. 钢板弹簧各片长度的确定

确定各片长度可采用展开作图法或计算法。目前,经常采用比较简便的展开作图法,如图 6-6 所示。

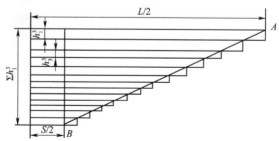

图 6-6 多片钢板弹簧的展开作图法

展开作图法的步骤如下：

(1) 将各片厚度 h_i 的立方值 h_i^3 沿纵坐标绘出。

(2) 再沿横坐标量出主片长度的一半 $L/2$ 和 U 形螺栓中心距的一半 $s/2$，得 A、B 两点。连接 AB，即得到三角形的钢板弹簧展开图。AB 线与各叶片的上侧边交点即为各片长度。如果存在与主片等长的重叠片，就从 B 点到最后一个重叠片的端点（上侧边）连一条直线 AB。AB 线与各片的上侧边交点即为各片长度。

在各片厚度相同的情况下，这种展开作图法相当于使等应力弹簧片的宽度线性增大。

3. 钢板弹簧刚度验算

在此之前，有关挠度增大系数、总惯性矩、片长和叶片端部形状等的确定都不够准确，所以有必要验算刚度。用共同曲率法计算刚度的前提是，假定同一截面上各片曲率变化值相同，各片所承受的弯矩正比于其惯性矩，同时该截面上各片的弯矩和等于外力所引起的弯矩。刚度验算公式为：

$$c = \frac{6aE}{\sum_{k=1}^{n} a_{k+1}^3 (Y_k - Y_{k+1})} \tag{6-12}$$

其中，$a_{k+1} = (l_1 - l_{k+1})$；$Y_k = 1/\sum_{i=1}^{k} J_i$；$Y_{k+1} = 1/\sum_{i=1}^{k+1} J_i$

式中：a——经验修正系数，$a = 0.90 \sim 0.94$；

E——材料弹性模量；

l_1、l_{k+1}——主片和第 $(k+1)$ 片的一半长度。

式 (6-12) 中主片的一半 l_1，如果用中心螺栓到卷耳中心间的距离代入，求得的刚度值为钢板弹簧总成自由刚度 c_j；如果用有效长度，即 $l'_1 = (l_10 - 0.5ks)$ 代入式 (6-12)，求得的刚度值是钢板弹簧总成的夹紧刚度 c_z。

4. 钢板弹簧总成在自由状态下的弧高及曲率半径计算

钢板弹簧总成装配后，未经预压缩和 U 形螺栓夹紧前应该具有的弧高主要取决于它的静挠度 f_c、满载弧高 f_a，以及弹簧在预压缩时产生的塑性变形 Δ 和 U 形螺栓夹紧后引起的弧高变化 Δf（图 6-5）。

因此，钢板弹簧在自由状态下的总成弧高为：

$$H_0 = f_c + f_a + \Delta + \Delta f \tag{6-13}$$

式中：f_c——静挠度取决于平顺性要求；

f_a——满载弧高取决于总布置。

f_a 直接影响车身高度，一般希望其值为零，但是考虑到使用中的塑性变形和为了增大动挠度，f_a 的取值范围一般为 $10 \sim 30\text{mm}$；弹簧在预压缩时产生的塑性变形 Δ 值一般取 $8 \sim 13\text{mm}$，国外推荐 $\Delta = (0.055 \sim 0.075)(f_c + f_d)$；U 形螺栓夹紧后引起的弧高变化为：

$$\Delta f = \frac{s}{2L^2} \cdot (3L - s)(f_c + f_a + \Delta) \tag{6-14}$$

式中：L——主片长度；

s——U 形螺栓中心距。

这样，钢板弹簧在自由状态下的总成弧高也可以表示为：

$$H_0 = (f_c + f_a + \Delta)\left[1 + \frac{s}{2L^2} \cdot (3L - s)\right] \tag{6-15}$$

钢板弹簧总成在自由状态下的曲率半径为：

$$R_0 = \frac{L^2}{8H_0} \tag{6-16}$$

应该指出，钢板弹簧各片在自由状态下的曲率半径与装配后的不同，如图6-7所示。

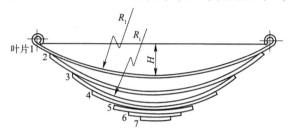

图6-7　钢板弹簧各片在自由状态下的曲率半径示意图

钢板弹簧装配后，在各片中会产生预应力，确定各片所需的预应力就可以确定各片在自由状态下的曲率半径R_i。下面分两种情况讨论：

(1) 对于各片厚度相同的弹簧而言，通过加工使各片自由曲率半径不同，从而使各片装配后能够贴紧，全部叶片参与工作。因此，只需要较小的预应力。设计时，取第一、二片预应力(上表面)为 $-80 \sim -150\text{MPa}$；最末几片的预应力为 $+20 \sim +60\text{MPa}$。

(2) 对于不等厚叶片的钢板弹簧而言，一般主片较厚，其应力比其他各片都大(在曲率变化率相同的情况下，片厚越大，所承受的弯矩越大)，各片施加预应力的目的是减少主片应力，使主片与其他各片应力较接近，从而其寿命也较接近。可以根据钢板弹簧的简化疲劳曲线来确定预应力，如图6-8所示。

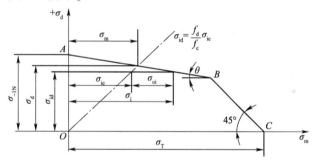

图6-8　钢板弹簧的简化疲劳曲线

在钢板弹簧的简化疲劳曲线中，横坐标为平均应力σ_m，纵坐标为应力幅度σ_d。σ_{id}为工作动应力幅度。在折线$A\text{-}B\text{-}C$上各点疲劳寿命是相同的(即为钢板弹簧设计要求的寿命)。

设在某静载荷下，任一片中的应力为：

$$\sigma_i = \sigma_{ic} + \sigma_{oi} \tag{6-17}$$

式中：σ_{ic}——静应力；

σ_{oi}——预应力。

若要求各片有大致相同的疲劳寿命，则要求各片的工作点都在折线$A\text{-}B\text{-}C$上，得：

$$\begin{cases} (\sigma_{ic} + \sigma_{oi}) \cdot \tan\theta + \sigma_{id} \leqslant \sigma_{-1N} \\ \sigma_{id} = \dfrac{\sigma_{ic}}{f_c} f_d \end{cases}$$

联立求解，得：

$$\sigma_{oi} \leqslant \sigma_{-1N}\cot\theta - \sigma_{ic} \cdot \left(1 + \frac{f_d}{f_c}\cot\theta\right) \tag{6-18}$$

式中：θ——斜线 AB 的倾角，弹簧钢的 $\theta = 8° \sim 12°$；

σ_{-1N}——材料对称应力循环疲劳极限。

在确定各片预应力时，还需满足在未受外载荷作用时，钢板弹簧任何断面中各片预应力所造成的弯矩总和为零，即：

$$\sum_{i=1}^{n} M_i = \sum_{i=1}^{n} \sigma_{oi} M_i = 0 \tag{6-19}$$

式中：M_i——第 i 片的截面系数。

装配前后各片曲率半径的变化可由下式确定：

$$\frac{1}{R_i} - \frac{1}{R_0} = \frac{2M_i}{EW_i h_i} = \frac{M_i}{EJ_i} = \frac{2\sigma_{oi}}{Eh_i} \tag{6-20}$$

可改写为：

$$R_i = \frac{1}{\dfrac{1}{R_0} + \dfrac{2\sigma_{oi}}{Eh_i}} \tag{6-21}$$

式中：R_0——钢板弹簧总成（装配后）在自由状态下的曲率半径；

R_i——第 i 片自由状态下的曲率半径；

h_i——第 i 片的厚度。

如果第 i 片的片长为 L_i，则第 i 片的弧高近似为：

$$H_i = \frac{L_i^2}{8R_i} \tag{6-22}$$

5. 钢板弹簧总成弧高的核算

根据最小势能原理，钢板弹簧总成的稳定平衡状态是各片势能总和最小状态。由此可求得等厚叶片弹簧的 R_0 为：

$$\frac{1}{R_0} = \sum_{i=1}^{n} \frac{\dfrac{L_i}{R_i}}{\sum_{i=1}^{n} L_i} \tag{6-23}$$

式中：L_i——钢板弹簧第 i 片长度。

钢板弹簧总成弧高为：

$$H \approx \frac{L^2}{8R_0} \tag{6-24}$$

用式(6-24)与用式(6-15)计算的结果应相近。如相差较多，可经重新选用各片预应力再行核算。

6. 钢板弹簧强度验算

在以上钢板弹簧的设计中，是以钢板弹簧所受的垂直力 F_W 为基础的；而钢板弹簧的受力是很复杂的，为保证钢板弹簧能安全工作，还应该综合考虑受力情况对钢板弹簧强度的影响。

① 紧急制动时。图 6-9 所示为汽车制动时钢板弹簧的受力情况。

制动时，前钢板弹簧承受载荷最大。钢板弹簧后半段最大应力 σ_{max} 可表示为：

$$\sigma_{\max} = \frac{m'_1 G_1 \cdot (l_1 + \phi c) \cdot l_2}{(l_1 + l_2) \cdot W_0} \qquad (6\text{-}25)$$

式中：G_1——作用在前轮上的垂直静载荷；

m'_1——制动时前轴负荷转移系数，货车 $m'_1 = 1.4 \sim 1.6$；乘用车 $m'_1 = 1.2 \sim 1.4$；

l_1、l_2——分别为弹簧前、后段长度；

ϕ——道路附着系数，取 0.8；

c——弹簧固装点到路面的距离；

W_0——钢板弹簧总截面系数。

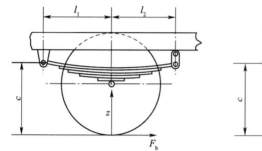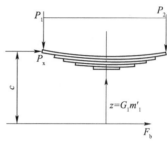

图 6-9　汽车制动时钢板弹簧的受力情况

②驱动时。如图 6-10 所示为汽车驱动时钢板弹簧的受力情况。

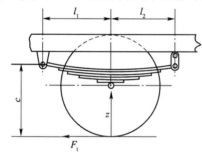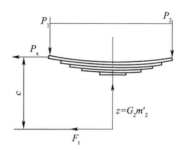

图 6-10　汽车驱动时钢板弹簧的受力情况

此时，后钢板弹簧承受的载荷最大，钢板弹簧最大应力出现在它的前半段，为：

$$\sigma_{\max} = \frac{m'_2 G_2 \cdot (l_2 + \phi c) \cdot l_1}{(l_1 + l_2) \cdot W_0} \frac{\phi m'_2 G_2}{b h_1} \qquad (6\text{-}26)$$

式中：G_2——作用在后轮上的静载荷；

m'_2——驱动时后轴负荷转移系数，货车 $m'_2 = 1.1 \sim 1.2$；乘用车 $m'_2 = 1.25 \sim 1.3$；

ϕ——道路附着系数，取 1.0；

b——主片宽度；

h_1——主片厚度。

此外，还应演算汽车通过不平路面时钢板弹簧强度。

③钢板弹簧卷耳和弹簧销的强度计算。

钢板弹簧主片卷耳受力如图 6-11 所示。卷耳处所受到的应力 σ 由弯曲应力和拉（压）应力合成，即：

$$\sigma = \frac{3P_x \cdot (D + h_1)}{b h_1^3} \pm \frac{P_x}{b h_1} \qquad (6\text{-}27)$$

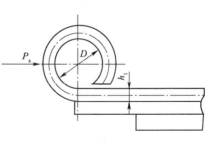

图 6-11　钢板弹簧主片卷耳受力图

制动时 P_x 可能很大，故需采用较大的安全系数，许用应力 $[\sigma] = 350\text{N/mm}^2$。

对钢板弹簧销，要验算钢板弹簧受静载荷时其受到的挤压应力：

$$\sigma_z = \frac{P_s}{bd} \tag{6-28}$$

式中：P_s——满载静止时钢板弹簧端部的载荷；

d——钢板弹簧销直径。

用 30 或 40 钢经液体渗氮共渗处理时，弹簧销许用挤压应力 $[\sigma_z]$ 取 3~4MPa；用 20 钢或 20Cr 钢经渗氮处理或用 45 钢经高频淬火后，许用挤压应力 $[\sigma_z] \leq 7~9\text{MPa}$；

钢板弹簧多数情况下采用 55SiMnVB 钢或 60Si2Mn 钢制造。常采用表面喷丸处理工艺和减少表面脱碳层深度的措施来提高钢板弹簧的寿命。表面喷丸处理有一般喷丸和应力喷丸两种，后者可使钢板弹簧表面的应力比前者大得多。

7. 少片弹簧

少片弹簧在轻型车和轿车上得到越来越多的应用；其特点是叶片由等长、等宽、变截面的 1~3 片叶片组成，如图 6-12 所示。利用变厚断面来保持等强度特性，并比多片弹簧减少 20%~40% 的质量。片间放有减摩作用的塑料垫片，或做成只在端部接触以减少片间摩擦。图 6-13 所示单片变截面弹簧的端部 CD 段和中间夹紧部分 AB 段是厚度为 h_1 和 h_2 的等截面形，BC 段为变厚截面。BC 段厚度可按抛物线形或线性变化。

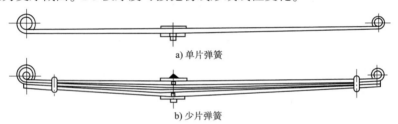

图 6-12 单片弹簧和少片弹簧

a) 单片弹簧

b) 少片弹簧

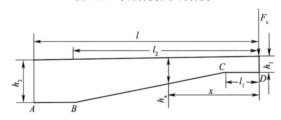

图 6-13 单片变截面弹簧的一半

（1）按抛物线形变化，此时厚度 h_x 随长度的变化规律为 $h_x = h_2(x/l_2)^{1/2}$，惯性矩 $J_x = J_2(x/l_2)^{3/2}$，单片刚度为：

$$c = \frac{6EJ_2\xi}{l^3\left[1 + \left(\dfrac{l_2}{l}\right)^3 k\right]} \tag{6-29}$$

式中：E——材料的弹性模量；

ξ——修正系数，取 0.92。

l、l_2 如图 6-13 所示；$J_2 = (bh_2^3)/12$，其中 b 为钢板宽；$k = 1 - (h_1/h_2)^3$。

弹簧在抛物线区段内各点应力相等，其值为 $\sigma = 6F_s l_2/bh_2^2$。

(2)按线性变化,此时厚度 h_x 随长度的变化规律为 $h_x = A'x + B'$,式中 $A' = (h_2 - h_1)/(l_2 - l_1)$,$B' = (h_1 l_2 - h_2 l_1)/(l_2 - l_1)$,单片钢板弹簧刚度仍用式(6-28)计算. 但式中系数 k 用 k' 代入:

$$k' = \gamma^3 - \frac{3}{2}\left(\frac{1-\alpha}{1-\beta}\right)^3 \left[2In\beta + \frac{4(1-\beta)(1-\gamma)}{(1-\alpha)} - \left(\frac{1-\gamma}{1-\alpha}\right)^2 (1-\beta^2)\right] - 1$$

式中,$\alpha = l_1/l_2$,$\beta = h_1/h_2$,$\gamma = \alpha/\beta$。

当 $l_1 > l_2(2\beta - 1)$ 或 $2h_1 < h_2$ 时,弹簧最大应力点发生在 $x = B'/A'$ 处,此处 $h_x = A'x + B' = 2B'$,其应力值 $\sigma s''_{max}$。

当 $l_1 \leq l_2(2\beta - 1)$ 时,最大应力点发生在 B 点,其值为 $\sigma s_{2 2max}^2$。

σ_{max} 应小于许用应力 $[\sigma]$。

由 n 片组成少片弹簧时,其总刚度为各片刚度之和,其应力则按各片所承受的载荷分量计算。少片弹簧的宽度、在布置允许的情况下尽可能取宽些,以增强横向刚度,常取 75 ~ 100mm。厚度 $h_1 > 8$mm,以保证足够的抗剪强度并防止太薄而淬裂。h_2 取 12 ~ 20mm。

二、扭杆弹簧

早在 20 世纪 30 年代,扭杆弹簧悬架已经开始在汽车上得到应用。目前在轻型车、微型车以及越野车上都有采用扭杆弹簧悬架的,在坦克、装甲车辆上则较广泛地采用了扭杆弹簧。其结构如图 6-14 所示。

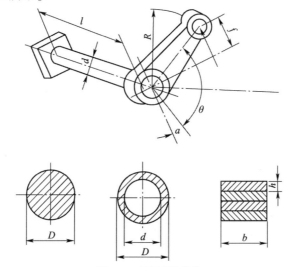

图 6-14 扭杆弹簧结构

扭杆弹簧按照断面形状不同可分为如下种类:

(1)圆形扭杆。使用最广,结构简单,制造较方便。

(2)管形扭杆。对材料的利用率较高,但是在制造上要比圆形复杂一些。

(3)组合式扭杆。由管形和圆形扭杆组合构成。

(4)片形扭杆。由多片钢板叠装而成,端部固装于四方孔套筒内。弹性较好,扭转角大,安全性好,但材料利用率不高。

在设计扭杆弹簧时,通常先根据汽车行驶平顺性要求确定扭杆悬架的平均刚度 C_p,再确定扭杆长 L 和断面面积 A 等参数。

扭杆弹簧本身的刚度是固定值，但是由于有导向机构的影响，扭杆弹簧悬架的刚度是可变的。例如，在单纵臂式独立悬架中，如果弹性元件用扭杆弹簧，其悬架刚度为：

$$c_\phi = \frac{GJ_p \cdot [1-(\phi-\alpha) \cdot \cot\phi]}{LR^2 \sin^2\phi} \tag{6-30}$$

式中：G——剪切弹性模量；

J_p——扭杆横截面的极惯性矩；

R——纵臂的长度；

L——扭杆的工作长度；

α——纵臂处于最低位置时轴线与铅垂线的夹角；

ϕ——纵臂轴线与铅垂线的夹角。

扭杆断面面积 A 的确定，是根据扭杆的扭转变形能 U 等于悬架的变形能的原理进行的，计算公式如下：

对于圆管断面扭杆，有：

$$D = \frac{1.59f}{\tau}\sqrt{\frac{C_p G}{(1-r^4) \cdot L}} \tag{6-31}$$

式中：D——扭杆外径；

r——内、外径之比，$r = d/D$；

f——悬架总挠度，$f = f_c + f_d$；

C_p——扭杆悬架平均刚度；

τ——扭杆的容许扭转应力；

L——扭杆长度。

对于片形扭杆，有：

$$h = \frac{1.41f}{\tau}\sqrt{\frac{C_p G}{\lambda mnL}} \tag{6-32}$$

式中：h——扭杆片的厚度；

m——b/n；

b——扭杆片的宽度；

n——片数；

λ——材料利用系数，与 m 有关，见表6-2。

片形扭杆的材料利用系数　　　　表6-2

m	1.0	1.5	2.0	3.0	4.0	6.0	8.0	10.0
λ	0.618	0.546	0.529	0.542	0.567	0.598	0.614	0.626

杆长 L 和摆臂长 R 根据静挠度 f_c 和动挠度 f_d 以及允许的最大转角 θ_{max} 来确定。最大容许转角 θ_{max} 取决于最大容许应力 $[\tau]$，其值为：

$$[\theta_{max}] = \frac{L[\tau]}{G\dfrac{J_p}{W_p}} \tag{6-33}$$

式中：W_p——抗扭截面系数。

当扭杆为管形或圆形截面时，$\dfrac{J_p}{W_p} = \dfrac{D}{2}$；当扭杆为片形，且 $m > 3$ 时，$\dfrac{J_p}{W_p} = h$。

可以根据式(6-29)至式(6-32),利用最优化方法确定扭杆的参数 D(或 h)、R、L。

对于圆形断面扭杆,为便于安装固定,扭杆的端头需加工成花键、方形等。端头和杆身之间应有适当的过渡,如图 6-15 所示。为了保证端头的寿命,应使端头直径 $D = (1.2 \sim 1.3)d$,其中 d 为扭杆直径。花键的长度 l 可以根据花键强度来确定,一般取 $l = (0.48 \sim 1.3)D$,过渡锥角 2α 一般取 $30°$,过渡段长度 l_g,过渡圆角 $r = (1.3 \sim 1.5)d$。

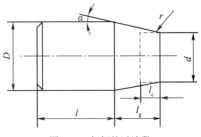

图 6-15 扭杆的过渡段

过渡段也有一部分长度作为弹簧起作用,在扭杆计算中应该予以考虑。其有效长度为:

$$l_e = \frac{l_g}{3\left[\frac{d}{D} + \left(\frac{d}{D}\right)^2 + \left(\frac{d}{D}\right)^3\right]} \tag{6-34}$$

扭杆的材料除了要符合对弹簧钢的一般要求以外,还需要热处理时淬透性好,故应对材料化学成分及机械性能进行严格控制。扭杆的材料可采用 50CrV、60CrA、60Si2Mn 等弹簧钢,重要的扭杆可以采用 45CrNiMoVA 优质合金弹簧钢。为了提高疲劳强度,应该进行喷丸处理和预加扭转载荷(简称预扭)。预扭应该连续进行 4～5 次,最后残余变形不得大于 $0.2°$。淬火后经喷丸和预扭的弹簧钢扭杆的许用应力 $[\tau]$ 取 $1000 \sim 1250\text{N}/\text{mm}^2$,而未经喷丸处理或未施加预扭的弹簧钢扭杆允许应力仅为 $800\text{N}/\text{mm}^2$。

三、空气弹簧

空气弹簧有两大类:囊式和膜式,如图 6-16 所示。囊式又分为圆形囊式和椭圆形囊式;还可分为单节式、双节式和三节式,节数越多,弹簧显得越软。囊式较膜式寿命长、载荷高、制造方便,但刚度大,常用于货车上。膜式空气弹簧的弹性特性比较理想,尺寸小,布置方便,多用于轿车上。

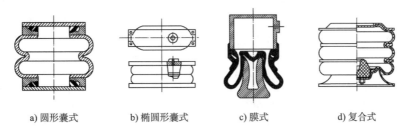

a) 圆形囊式　　b) 椭圆形囊式　　c) 膜式　　d) 复合式

图 6-16 空气弹簧的形式

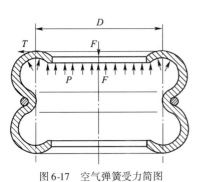

图 6-17 空气弹簧受力简图

如图 6-17 所示,空气弹簧上载荷 F 作用,则有:

$$F = (P - P_a) \cdot A \text{ 及 } P = P_0 \cdot \left(\frac{V_0}{V}\right)^k \tag{6-35}$$

式中:F——外载荷;

P、V——分别为容器内气体的绝对压力和容积;

P_a——大气压力;

P_0、V_0——分别为静平衡位置时容器内气体的绝对压力和容积;

k——多变指数,当振动缓慢时,气体变化近似于等温过程,$k=1$,振动激烈时,气体变化接近绝热过程,$k=1.4$。

空气弹簧的刚度为载荷 F 对其垂直位移的导数,

$$c = \frac{dF}{df} = \frac{d}{df}\left[\left(P_0\frac{V_0^k}{V^k} - P_a\right)\cdot A\right] = \left(P_0\frac{V_0^k}{V^k} - P_a\right)\cdot \frac{dA}{df} - AP_0k\frac{V_0^k}{V^{k+1}}\frac{dV}{df} \quad (6\text{-}36)$$

静平衡时的刚度为:

$$c_0 = (P_0 - P_a)\cdot\frac{dA}{df} + \frac{P_0 k A^2}{V_0} \quad (6\text{-}37)$$

静平衡时的振动频率为:

$$n_0 = \frac{1}{2\pi}\sqrt{\frac{c_0}{m_0}} = \frac{1}{2\pi}\sqrt{\frac{g}{A}\frac{dA}{df} + \frac{P_0 k A g}{(P_0 - P_a)\cdot V_0}} \quad (6\text{-}38)$$

为获得较低的振动频率,在式(6-37)中,须使 dA/df 很小,或增大 V_0。影响 dA/df 的因素很多,如气囊形状、气压、气囊两端的连接装置及气囊膜片内帘线角等,设计中应注意选择。增大 V_0 可适当增大辅助气室,以降低振动频率。但过大的辅助气室对降低频率的效果不显著,因此辅助气室的容积不宜超过原气囊面积的 3 倍。

第五节 独立悬架导向机构设计

一、设计要求

1. 前轮独立悬架导向机构的要求

(1)悬架上载荷变化时,保证轮距变化不超过 $-4\sim4$mm,轮距变化大会引起轮胎早期磨损。

(2)悬架上载荷变化时,前轮定位参数要有合理的变化特性,车轮不应产生纵向加速度。

(3)转弯时,应使车身侧倾角小。在 0.4g 侧向加速度作用下,车身侧倾角不大于 6°~7°,并使车轮与车身的倾斜同向,以增强转向不足效应。

(4)制动时,应使车身有抗前俯作用;加速时,有抗后仰作用。

2. 后轮独立悬架导向机构的要求

(1)悬架上的载荷变化时,轮距无显著变化。

(2)转弯时,应使车身侧倾角小,并使车轮与车身的倾斜反向,以减小转向过度效应。

此外,导向机构还应有足够强度,并可靠地传送除垂直力以外的各种力和力矩。

目前,汽车上广泛采用上、下臂不等长的双横臂式独立悬架(主要用于前悬架)和滑柱摆臂(麦弗逊)式独立悬架。下面以这两种悬架为例,分别讨论独立悬架导向机构参数的选择方法,分析导向机构参数对前轮定位参数和轮距的影响。

二、导向机构的布置参数

1. 侧倾中心

侧倾中心的位置随导向机构的形式不同而不同。可用图解法或实验法求得。如图 6-18 所示为利用图解法求解独立悬架侧倾中心 O 的方法。

第六章 悬架设计

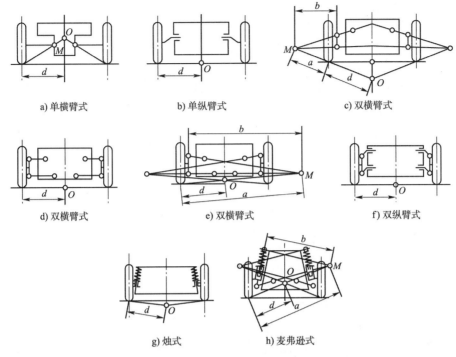

图 6-18 独立悬架侧倾中心的确定

侧倾中心的高度对操纵稳定性和轮胎磨损都有一定影响。侧倾中心较高,趋近车身质心,可以减小转向时的侧倾力臂,从而减小侧倾力矩,使车身侧倾角减小,有利于操纵稳定性。但是,较高的侧倾中心必然使车身侧倾时轮距变化较大,会加剧轮胎磨损。因此,应选择合适的侧倾中心高度。

现代乘用车的侧倾中心高度一般推荐在 38~90mm 的范围内。

(1) 双横臂式独立悬架的侧倾中心,由如图 6-19 所示方式得出。将横臂内外转动点的连线延长,以便得到极点 P,并同时获得 P 点的高度。将 P 点与车轮接地点 N 连接,即可在汽车轴线上获得侧倾中心 W。当横臂相互平行时,如图 6-20 所示,P 点位于无穷远处。作出与其平行的通过 N 点的平行线,同样可获得侧倾中心 W。

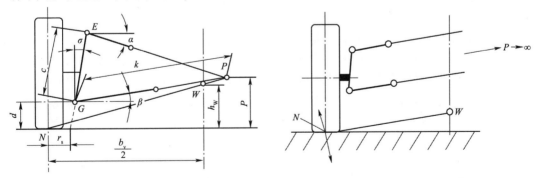

图 6-19 双横臂式独立悬架的侧倾中心 W 的确定　　图 6-20 横臂相互平行的双横臂式悬架侧倾中心的确定

双横臂式独立悬架的侧倾中心的高度 h_w 通过下式计算得出:

$$h_w = \frac{b_v}{2} \frac{p}{k\cos\beta + d\tan\sigma + R_0} \tag{6-39}$$

式中：$k = c\dfrac{\sin(90° + \sigma - \alpha)}{\sin(\alpha + \beta)}$；

$p = k\sin\beta + d$。

（2）麦弗逊式独立悬架的侧倾中心。麦弗逊式悬架的侧倾中心由如图 6-21 所示方式得出。从悬架与车身的固定连接点 E 作活塞杆运动方向的垂直线并将下横臂线延长。两条线的交点即为 P 点。将 P 点与车轮连接地点 N 的连线交在汽车轴线上，交点 W 即为侧倾中心。

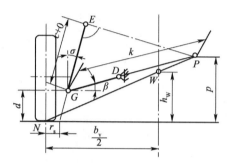

图 6-21 麦弗逊独立悬架侧倾中心的确定

麦弗逊式悬架的弹簧减振器柱 EG 布置得越垂直，下横臂 GD 布置得越接近水平，则侧倾中心 W 就越接近地面，从而使得在车轮上跳时车轮外倾角的变化很不理想。如加长下横臂，则可改善运动学特性。

麦弗逊式独立悬架侧倾中心的高度 h_w 可通过式（6-40）计算：

$$h_w = \dfrac{b_v}{2}\dfrac{p}{k\cos\beta + d\tan\sigma + r_s} \qquad (6\text{-}40)$$

式中：$k = \dfrac{c + \sigma}{\sin(\alpha + \beta)}$；

$p = k\sin\beta + d$。

2. 侧倾轴线

在独立悬架中，前后侧倾中心连线称为侧倾轴线。侧倾轴线应大致与地面平行，且尽可能离地面高些。平行是为了使得在曲线行驶时，前后轴上的车轮载荷变化接近相等，从而保证中心转向特性；而尽可能高则是为了使车身的侧倾在允许的范围内。

然而，前悬架侧倾中心的高度受到允许轮距变化的限制且几乎不可能超过 150mm。此外，在前轮驱动的车辆中，由于前桥轴荷大，且为驱动桥，故应尽可能使前轮轴荷变化小。因此，独立悬架（纵臂式悬架除外）的侧倾高度为：前悬架 0～120mm，后悬架 80～150mm。

设计时，应首先确定（与轮距变化有关的）前悬架的侧倾中心高度，然后确定后悬架的侧倾中心高度。当后悬架采用独立悬架时，其侧倾中心高度要稍大些。如果用钢板弹簧非独立悬架时，后悬架的侧倾中心高度要取大些。

3. 纵倾中心

双横臂式悬架的纵倾中心可用作图法得出，如图 6-22 所示。自铰接点 E 和 G 作摆臂转动轴 C 和 D 的平行线，两线的交点即为纵倾中心。

滑柱摆臂式悬架的纵倾中心，可由 E 点作减振器运动方向的垂直线，该垂直线与过 G 点的摆臂轴平行线的交点即为纵倾中心 O_v，如图 6-23 所示。

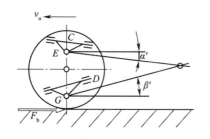
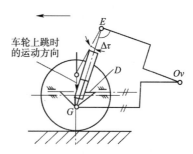

图 6-22 双横臂式独立悬架的纵倾中心   图6-23 麦弗逊式独立悬架的纵倾中心

4. 侧倾角刚度

悬架的侧倾角刚度是指发生单位侧倾角时,悬架给车身的弹性恢复力矩。汽车总体设计中要求:侧向加速度为 0.4g 时,商用车车身的侧倾角不超过 6°~7°,乘用车不超过 2.5°~4°。乘坐侧倾角刚度过小而侧倾角过大的汽车,乘员缺乏舒适感和安全感;而侧倾角刚度过大,则会减弱驾驶人的路感;如果过大的侧倾角刚度出现在后轴,有增大后轴车轮间负荷转移、使车辆趋于转向过度的作用。

此外,要求汽车转弯行驶时,在 0.4g 的侧向加速度下,前后轮的侧偏角之差 $\delta_1 - \delta_2$ 应当在 1°~3°范围内。而前、后悬架侧倾角刚度的分配会影响前、后轮的侧偏角大小,从而影响转向特性,所以,为了保证汽车的操纵稳定性,设计中应适当分配前、后悬架的侧倾角刚度。对于乘用车,悬架侧倾角刚度的比值一般为 1.4~2.6。

侧倾角刚度与悬架的结构形式、布置、尺寸、弹性元件的刚度等有密切关系。在悬架上安装横向稳定杆可以有效地增加其侧倾角刚度,横向稳定杆通常装在前悬架上,也有一些车辆后悬架也装有横向稳定杆。

三、麦弗逊式独立悬架导向机构设计

1. 导向机构受力分析

受力分析如图 6-24a) 所示,根据麦弗逊式独立悬架受力简图可知:作用在导向套上的横向力 F_3 可由图中的布置尺寸求得:

$$F_3 = \frac{F_1 ad}{(c+b)(d-c)} \tag{6-41}$$

式中:F_1——前轮上的静载荷减去前轴簧下质量的 1/2。

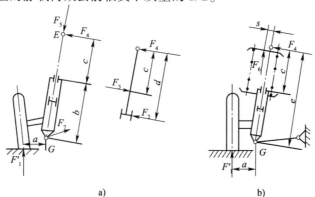

图 6-24 麦弗逊式独立悬架导向机构受力简图

横向力 F_3 越大,则作用在导向套上的摩擦力 $F_3 f$ 越大(f 为摩擦因数),这对汽车行驶平顺性有不良影响。为了减小摩擦力,在导向套和活塞表面应用了减磨材料和特殊工艺。由式(6-41)可知,为了减小 F_3,要求尺寸 $(c+b)$ 越大越好,或者减小尺寸 a。增大 $(c+b)$ 使悬架占用空间增加,布置上有困难;若采用增加减振器轴线倾斜度的方法,可达到减小 a 的目的,但也存在布置困难的问题。为此,在保持减振器轴线不变的条件下,常将图6-24中的 G 点外伸至车轮内部,既可以达到缩短尺寸 a 的目的,又可获得较小的甚至是负的主销偏移距,提高制动稳定性。移动 G 点后的主销轴线不再和减振器轴线重合。

由图6-24b)可知,将弹簧和减振器的轴线相互偏移距离 s,再考虑到弹簧轴向力 F_6 的影响,则作用到导向套上的力将减小,即:

$$F_3 = \frac{F_1 a d}{(c+b)(d-c)} - \frac{F_6 s}{(d-c)} \tag{6-42}$$

由式(6-41)可知,增大距离 s,有助于减小作用到导向套上的横向力 F_3。

为了发挥弹簧反力,减小横向力 F_3 的作用,有时还将弹簧下端布置得尽量靠近车轮,从而造成弹簧轴线及减振器轴线成一角度,这就是麦弗逊式独立悬架中,主销轴线、滑柱轴线和弹簧轴线不共线的原因。

2. 横臂轴线布置设计

麦弗逊式独立悬架的横臂轴线与主销后倾角的匹配,影响汽车的纵倾稳定性。如图6-25所示,O 点为汽车纵向平面内悬架相对于车身跳动的运动瞬心。当摆臂轴的抗前倾角 $-\beta'$ 等于静平衡位置的主销后倾角 γ 时,横臂轴线正好与主销轴线垂直,运动瞬心交于无穷远处,主销轴线在悬架跳动时作平动。因此,γ 值保持不变。

当 $-\beta'$ 与 γ 的匹配使运动瞬心 O 交于前轮后方时,如图6-25a)所示,在悬架压缩行程,γ 角有增大的趋势;当 $-\beta'$ 与 γ 的匹配使运动瞬心 O 交于前轮前方时,如图6-25b)所示,在悬架压缩行程,γ 角有减小的趋势。

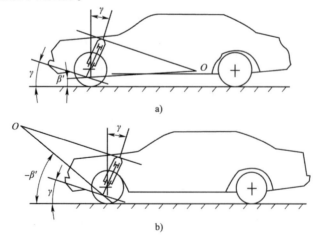

图6-25 γ 角变化示意图

为了减少汽车制动时的纵倾,一般希望在悬架压缩行程,主销后倾角 γ 有增加的趋势。因此,在设计麦弗逊式独立悬架时,应选择参数 β' 能使运动瞬心 O 交于前轮后方。

3. 横臂长度的确定

图6-26为某乘用车采用的麦弗逊式独立悬架的实测参数为输入数据的计算结果。图

中的几组曲线是下横臂 l_1 取不同值时的悬架运动特性。由图可以看出,横臂越长,B_y 曲线越平缓,即车轮跳动时轮距变化越小,有利于提高轮胎寿命。主销内倾角 β、车轮外倾角 α 和主销后倾角 γ 曲线变化规律也都与 B_y 类似,说明摆臂越长,前轮定位角度的变化越小,将有利于提高汽车的操纵稳定性。

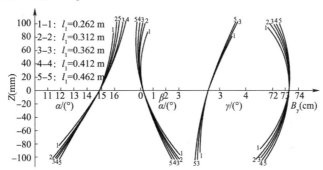

图 6-26　麦弗逊式独立悬架运动特性

具体设计时,在满足布置要求的前提下,应尽量加长摆臂长度。

第六节　减　振　器

一、分类

为改善汽车的行驶平顺性和操纵稳定性,在悬架中需要有阻尼元件,起到衰减振动的作用。钢板弹簧叶片间的干摩擦是一种阻尼力,但数值不稳定,不易控制。现代汽车悬架中都装有专门的减振装置,使用最广泛的是液力减振器。

液力减振器按其结构可分为摇臂式和筒式;按其作用原理,可分单向作用和双向作用式。其中,筒式减振器质量较小、性能稳定、工作可靠,适宜大量生产,已经成为汽车减振器的主流。

筒式减振器又可分为双筒式、单筒式和充气筒式等结构,以双筒式应用最多。充气筒式减振器是在原来筒式减振器中充以一定压力的气体,从而改善高速行驶时的减振特性,并有助于消除减振器所产生的噪声,便于推广应用,但工艺要求及成本较高。

二、主要参数的选择

减振器的性能一般用阻力—位移特性和阻力—速度特性来表示。如图 6-27 所示为某减振器的这两个特性。

图 6-27a) 中,横坐标为活塞杆的位置,从最大压缩位置到最大伸张位置;纵坐标为阻尼力,向上为伸张行程,向下为压缩行程。此特性在专门试验台上测出,试验时的减振器行程为 100mm,每个振动频率与一个封闭的回线相对应。从这个图上可以直接测量出伸张时或压缩时的最大减振器阻力值,也可以测出全行程所消耗的功(封闭曲线内的面积)。因此,此图形也称为减振器的示功图。但是用这一图形还不能充分反映减振器的特性。还需要阻力—速度特性图。

减振器中阻力 F 和速度 V 之间的关系可表示为:

$$F = \delta V^i \tag{6-43}$$

式中：δ——减振器阻尼系数；

i——常数，常用减振器的 i 值在卸荷阀打开前为 1。

F 与 V 呈线性关系称为线性阻尼特性。在图 6-27b) 中，可以看出阻力—速度特性由四段近似直线段组成，其中压缩行程和伸张行程各占两段；各段特性线的斜率为减振器的阻尼系数。通常认为在卸荷阀打开之前的特性曲线的斜率就是减振器阻尼系数 δ，压缩时的阻尼系数小于伸张时。对于汽车减振器，在同样的速度 V 下，压缩时的阻尼力较小，可以提高悬架的缓冲性能。

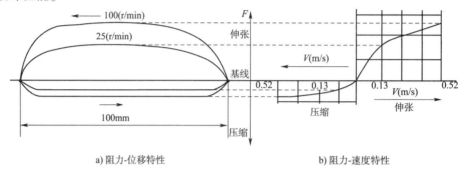

图 6-27 减振器性能曲线

带线性阻尼减振器的悬架系统作自由衰减振动时，振动衰减速度取决于相对阻尼系数：

$$\psi = \frac{\delta}{2\sqrt{cm}} \tag{6-44}$$

式中：c——悬架刚度；

m——簧载质量。

ψ 值对行驶平顺性有明显的影响。在选择减振器阻尼系数时要考虑到悬架的刚度 c 和簧载质量 m。

由此可见，减振器的主要性能参数有两个：阻尼系数 δ 和相对阻尼系数 ψ。

(1) 相对阻尼系数 ψ 的选择。若 ψ 取值较大，有利于使振动迅速衰减，但会把较大的路面冲击传给车身，降低悬架的缓冲性能；若 ψ 值选得过小，振动衰减慢，共振幅度大。因此，相对阻尼系数 ψ 需要在合理的范围内，才能获得令人满意的行驶平顺性。

为了使减振器的阻尼效果好，又不传递大的冲击力，常使压缩行程的相对阻尼系数 ψ_0 小于伸张行程时的相对阻尼系数 ψ_c，一般取 $\psi_c = (0.25 \sim 0.5)\psi_0$。如 $\psi_c = 0$，即减振器压缩时无阻尼，只在伸张行程有阻尼作用，则为单向作用减振器。

对于不同悬架结构形式及不同的使用条件，满足平顺性要求的相对阻尼系数的大小应有所不同。在设计时，往往先选取压缩行程和伸张行程的相对阻尼系数的平均值 ψ。对于无内摩擦的弹性元件（如螺旋弹簧）悬架，取 $\psi = 0.25 \sim 0.35$。对于有内摩擦的钢板弹簧悬架，相对阻尼系数可取小些。后悬架的平均 ψ 值可以稍大些。对于越野车，应取较大的 ψ 值，一般取 $\psi_0 > 0.3$；为了避免悬架冲击车架，ψ_c 也应加大，可取 $\psi_c = 0.5\psi_0$。

(2) 减振器阻尼系数 δ 的确定。

$$\delta = 2\psi\sqrt{cm} = 2\psi m\omega \tag{6-45}$$

式中：ω——悬架系统的固有频率，$\omega = \sqrt{c/m}$。

在悬架中减振器的轴线与垂直线成一夹角(图6-28)时,减振器阻尼系数为:

$$\delta = \frac{2m\psi\omega\, i^2}{\cos^2\alpha} \quad (6\text{-}46)$$

式中：i——杠杆比，$i = n/a$；

α——减振器安装角。

在根据平顺性要求确定悬架的相对阻尼系数 ψ 以后,还需考虑悬架的特性和减振器的安装特性。

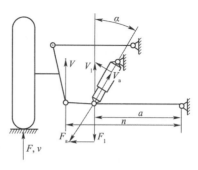

图6-28　在悬架中减振器的轴线与垂直线成夹角的情况

(3)最大卸荷力 F_0 的确定。为减少传到车身的冲击力,当减振器活塞振动速度达到一定值时,减振器的卸荷阀便被打开,减振器不再提供阻尼力,以限制减振器所提供的最大阻尼力。此时的活塞速度称为卸荷速度,即:

$$V_x = A\omega\frac{\cos\alpha}{i} \quad (6\text{-}47)$$

式中：A——车身振幅,取 ± 40mm；

V_x——卸荷速度,取 $0.15 \sim 0.3$m/s；

ω——悬架系统的固有频率。

如果已知伸张行程时的阻尼系数 δ_0,则最大卸荷力为:

$$F_0 = \delta_0 V_x \quad (6\text{-}48)$$

(4)筒式减振器工作缸直径 D 的确定。

筒式减振器直径参数如图6-29所示。可先根据伸张行程的最大卸荷力 F_0 和容许压力 $[p]$ 来近似地求得工作缸直径:

$$D = \sqrt{\frac{4F_0}{\pi[p]\cdot(1-\lambda^2)}} \quad (6\text{-}49)$$

$$p = \frac{F_0}{\pi\cdot(D^2-d^2)/4} = \frac{4F_0}{\pi D^2\cdot\left[1-\left(\dfrac{d}{D}\right)^2\right]} = \frac{4F_0}{\pi D^2\cdot(1-\lambda^2)} \quad (6\text{-}50)$$

式中：λ——缸筒直径与连杆直径之比,$\lambda = d/D$；

$[p]$——缸内最大容许压力,取 $3 \sim 4$Mpa。

求得工作缸直径 D 后,要和汽车筒式减振器的有关标准《汽车减振器性能要求及台架试验方法》(QC/T 491—2018)对照,选用标准尺寸。

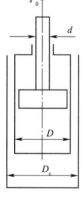

图6-29　筒式减振器直径参数

储油筒直径 D_c 一般取 $D_c = (1.35 \sim 1.5)D$。壁厚通常取2mm,材料可选20钢。

第七节　设　计　实　例

一、题目及要求

悬架设计的主要目的之一是确保汽车有良好的行驶平顺性。偏频越小,汽车的平顺性越好。由于空气弹簧悬架可以获得较低的固有频率,同时空气弹簧悬架提高了车辆的行驶平稳性。空气弹簧悬架还有通过高度阀调整车架高变刚度的特性,可以使固有频率在较大载荷变化范围内保持不变,从而提高汽车的行驶平稳性;并且通过高度阀调整车架高度,可以使客车的地板高度基本不随载荷的变化而变化;同时具有寿命长、质量轻及噪声低等优点。

因而越来越多的高档城市客车底盘开始采用空气弹簧悬架来满足客户对乘车舒适性的要求。

二、悬架结构设计

空气弹簧悬架的布置对整车性能有极大影响。在布置允许的情况下,应尽可能把空气弹簧布置在车架外侧,以加大弹簧中心距,获得充分大的侧倾刚度。导向机构用来传递汽车的纵向力和侧向力。

图 6-30 为公交客户设计的 12m 的发动机后置的低底板高档客车,底盘地板离地高度为 380mm。为了满足舒适性及行驶平稳性的要求,悬架要求全部采用空气弹簧。其前悬架采用四连杆机构空气悬架系统,空气弹簧布置在桥的正上方,其作为弹性元件承受全部垂直载荷。后悬架也全部采用空气悬架,空气弹簧布置在与桥连接的车架上方。

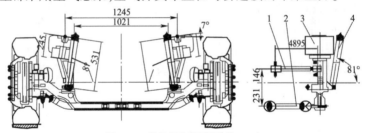

图 6-30 前悬架布置图(单位:mm)
1-上推力杆;2-下推力杆;3-气囊;4-减振器

该整车满载总质量 19110kg。根据该车选用的发动机、离合器、车架及油箱等零部件质量加上满载乘客质量等参数可以得出,前轴轴载质量约 6370kg;后桥轴载质量约 12740kg;轴距为 $L_2 = 6000mm$;轮距:前轮距 $B_1 = 2094mm$;后轮距 $B_2 = 1860mm$;车轮静力半径 $R_c = 507mm$;满载时整车重心高度 $h_g = 12000mm$。

1. 前悬架设计

前悬有两个气囊,两个减振器;单个高度阀,一根横向稳定杆。具体结构如图 6-30 所示。

(1)前空气弹簧刚度计算。

前悬架非簧载质量 $G_{U1} = 500kg$,前悬簧上质量:

$$G_{S1} = G_1 - G_{U1} = 6370 - 500 = 5870(kg)$$

式中:G_{S1}——前悬簧载质量;
　　　G_1——前悬轴载质量;
　　　G_{U1}——前悬非簧载质量。

单边每个空气弹簧的簧上负荷 $G_{S1单} = 5870/2 = 2935(kg)$,即空气弹簧负荷 $p_{1A} = 28763,N$。

空气弹簧刚度:

$$C_{1A} = K(p_{1r} + p_a) \times \frac{A_{01}^2}{V_{01}} + p_{1r} \times \frac{d_A}{d_x} \quad (6-51)$$

式中:K——多变指数,取 1.33。

空气弹簧相对内压 $$p_{1r} = \frac{p_{1M}}{A_{01}}$$

选用 715N 气囊(带腹腔),查曲线图可知,0.7MPa 时,弹力 $F = 31.5$kN,则 $A_{01} = \frac{3150}{7} = 450$(N/mm)。

查气囊曲线图科知,$\frac{dA}{dx} = 0$ 为有效面积变化率;$v_{01} = 13960 \text{cm}^3$ 为有效容积;$p_a = 10\text{N/cm}^3$ 为标准大气压。

将上述数值代入公式,可计算出 $C_{1A} = 142.6$N/mm。

(2)前减振器的选择。

悬架阻尼力 $$F_m = v_D 2fi^2 \sqrt{Cm/2}$$

式中:f——悬架阻尼比,一般取 0.2~0.4,考虑舒适性较好的因素,取 $f = 0.25$;

v_D——减振器测试时的加载速,一般取 $v_D = 0.52$m/s 的点;

i——汽车车轮和减振器动行程的杠杆比,本方案取 $i = 1$;

C——前悬架刚度;

m——前悬架簧载质量。

带入数据可得 $F_{m1} = 5541$N,前减振器的安装方向与垂直方向夹角为 12.7°,所以前悬架的阻尼力 $F'_{m1} = F_{m1}/(\cos\alpha)^2 = \frac{5541}{0.95} = 5833$(N)悬架压缩时,压缩阻力:

$$F_{D1} = F'_{m1}\left(\frac{2}{1+q}\right) \tag{6-52}$$

式中:q——复原和压塑力之比,取 $q = 10$。

代入数据得压缩阻力 $F_{D1} = 5833 \times 2 \div (1+10) = 1061$(N)

复原时,复原阻力:

$$F_{Z1} = F'_{m1}\left(\frac{2}{1+q}\right) = 5833 \times \frac{2 \times 10}{1+10} = 10606 \text{(N)}$$

由压缩阻力、复原阻力和减振器行程可同样选择减振器型号。

2. 后悬架设计

后悬架同样采用四连杆机构,4 个气囊,4 个减振器;气囊和减振器下面安装在 C 型梁上,上面与车架连接;采用双高度阀调节车架高度。后稳定杆装在桥的主减速器侧。具体悬架结构简图如图 6-31 所示。

(1)后空气弹簧刚度的计算。

后悬架非簧质量 $G_{U2} = 1000$kg,轴载质量 $G_2 = 12740$kg。则后悬簧上质量 $G_{S2} = G_2 - G_{U2} = 12740 - 1000 = 11740$(kg)

单边每个空气弹簧簧上负荷 $G_{S2单} = 11740/4 = 2935$(kg)。

即每个后空气弹簧负荷 $P_{2A} = 28763$N。选用 715N 气囊。

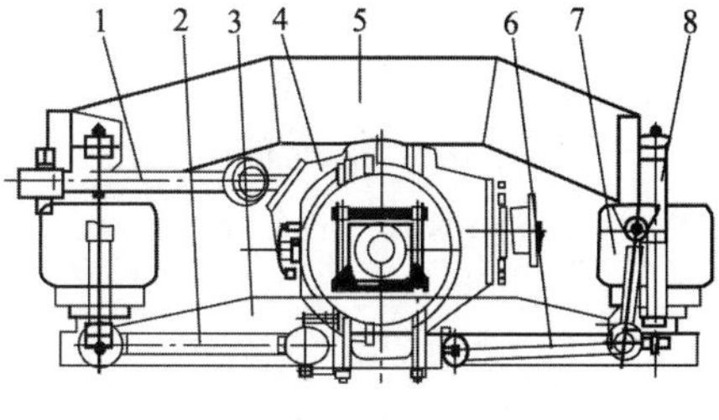

图 6-31 后悬架布置图
1-上推力杆;2-下推力杆;3-C 型梁;4-后桥;
5-车架;6-稳定杆总成;7-气囊;8-减振器

后悬架空气弹簧刚度同样按公式计算：

$$C_{2A} = K(P_{2r} + P_a) \times \frac{A_{02}^2}{V_{02}} + P_{2r} \times \frac{dA}{dx} \tag{6-53}$$

将数值代入公式，可计算出 $C_{2A} = 137.3 \text{N/mm}$。

（2）后减振器的选择。

对于后空气弹簧悬架来说，可根据前悬架的计算方法得 $F_{M2} = 5541\text{N}$。后减振器垂直布置。悬架压缩时，压缩阻力 $F_{D2} = 1007\text{N}$；复原时，复原阻力 $F_{Z2} = 10075\text{N}$。

由压缩阻力、复原阻力和减振器行程可选择减振器型号。

三、侧倾校核

1. 侧倾力臂计算

前悬架由推力杆布置求得其侧倾中心离地高度 $h_1 = 276\text{mm}$，前悬架侧倾中心距前轴水平距离 $L_1 = 162.5\text{mm}$。后悬架由推力杆布置求得其侧倾中心高度离地高度 $h_2 = 465\text{mm}$。

则簧载质心高度：

$$Sh_g = \frac{G \cdot h_g - G_U \cdot R_C}{G - G_U} = \frac{191100 \times 1200 - 15000 \times 507}{176100} = 1259(\text{mm})$$

质心距前轴距离：

$$L_s = \frac{p_2}{p_1 + p_2} \cdot L = \frac{57526}{28763 + 57526} \times 6000 = 4000(\text{mm})$$

侧倾力臂：

$$h = Sh_g - h_1 - \frac{L_s + L_1}{L + L_1}(h_1 - h_2) = 1259 - 276 - \frac{4000 + 162.5}{6000 + 162.5}(465 - 276) = 855.3(\text{mm})$$

2. 稳定杆角刚度的计算

前后稳定杆的形状如图6-32所示。

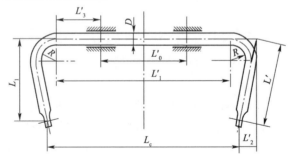

图6-32 稳定杆示意图

通过计算得知，前横向稳定杆角刚度 $C_{s1} = 1.92 \times 10^7 (\text{N} \cdot \text{cm})/\text{rad}$，后横向稳定杆角刚度 $C_{s2} = 0.93 \times 10^7 (\text{N} \cdot \text{cm})/\text{rad}$。

3. 高度阀不起作用时整车的侧倾角刚度

$$C_{\varphi 1} = C_{S1} + \frac{C_{2A}}{2} \times D_{2A2}^2 + C_{S2} \tag{6-54}$$

式中：C_{2A}——后空气弹簧刚度，$C_{2A} = 1373\text{N/cm}$；

D_{2A}——后空气弹簧跨距，$D_{2A} = 151\text{cm}$。

当满载时，$C_{\varphi 1} = 4.41 \times 10^7 (\text{N} \cdot \text{m})/\text{rad}$。

4. 高度阀起作用时整车的侧倾角刚度

高度阀起作用时，整车侧倾角刚度：

$$C_{\varphi 2} = \frac{C_{1A}}{2} \times D_{1A}^2 + C_{S1} + \frac{C_{2A}}{2} \times D_{2A}^2 + C_{S2} \qquad (6-55)$$

式中：C_{1A}——后空气弹簧刚度，$C_{2A} = 1426 \text{N/cm}$；

　　　D_{1A}——后空气弹簧跨距，$D_{2A} = 124.5 \text{cm}$；

　　　C_{2A}——空气弹簧刚度，$C_{2A} = 1373 \text{N/cm}$；

　　　D_{2A}——后空气弹簧跨距，$D_{2A} = 151 \text{cm}$，当满载时，$C_{\varphi 1} = 5.51 \times 10^7 (\text{N} \cdot \text{m})/\text{rad}$。

5. 侧倾角校核结果

当整车以向心加速度 0.4g 稳定转向时，侧倾角 $\varphi = \dfrac{v^2}{gR} \cdot \dfrac{h}{\dfrac{C_\varphi}{G_S \cdot 9.8} - h}$ 其中 $\dfrac{v^2}{gR} = 0.4g$；

$G_S = 17610 \text{kg}$。

计算出：$\varphi_1 = 0.09 \text{rad} = 5.2°$，$\varphi_2 = 0.07 \text{rad} = 4.0°$。

由上面的计算可知：整车满载情况下，高度阀起作用时整车侧倾角约为 5.2°，高度阀不起作用时，整车侧倾角为 4.0°，由此可以得出城市客车转弯行驶时，能满足车身侧倾角要求。

四、结束语

只有经过长时间运行，整车工作状态良好，前后悬架运行平稳，才能说明该车的悬架设计是成功的，才能体现对底盘的支撑。

本章小结

悬架是现在汽车的重要总成之一，它把车架与车轮弹性地联系起来，关系到汽车的多种使用性能，所以悬架设计在汽车设计中占有重要的位置。典型的悬架结构由弹性元件、导向机构以及减振器等组成，个别还有缓冲块、横向稳定杆等。

轿车悬架是一个较难达到完美要求的汽车总成，这是因为悬架既要满足汽车的舒适性要求，又要满足其操纵稳定性的要求，而这两方面又是互相对立的。这就对设计者在悬架设计过程中提出了很高的要求。

思考与练习

6-1 悬架设计应满足哪些要求，在设计中如何满足这些要求？

6-2 悬架有哪些具体类型？他们各有何优缺点？

6-3 分析侧倾角刚度对汽车操纵稳定性的影响。

6-4 分析影响选取钢板弹簧的长度、片厚、片宽以及片数的因素。

6-5 独立悬架导向机构的设计要求有哪些？前轮定位参数的变化特性与导向机构有哪些关系？

6-6 某中型客车底盘采用纵置钢板弹簧后悬架，其主要参数如下：后轴满载轴荷为54250N，非悬架质量为6439N；钢板弹簧作用长度为1375mm（前后段长度比例为1.15），弹簧片宽为76mm，片厚为9.5mm，片数为13；质量转移系数 $m'_2 = 0.92$。满载时弹簧固装点到地面距离 c 为480mm，许用应力 $[\sigma]$ 为1000MPa，试对钢板弹簧进行校核。

6-7 某乘用车满载时前轴簧载质量为1060kg，轴距2400mm，满载时质心至前轴距离为1300mm。采用螺旋弹簧非独立前悬架系统。螺旋弹簧平均直径 D 为160mm，许用静扭转应力 $[\tau_c] = 500\text{N/mm}^2$，试按照静扭转强度选择钢丝直径 d。

第七章 转向系统设计

【内容提要】 本章主要介绍了转向系统总布置方案及主要性能参数、机械式转向器的结构形式和设计方案,动力转向器的结构设计方案,以及转向传动机构的设计及优化,并结合实例进行了转向系统的设计分析。

【目标要求】 通过本章学习,要求学生了解转向系统的布置方案及主要性能参数,熟练掌握不同转向器的结构和设计方法,并能够对不同的结构设计方案进行对比分析;深入理解和掌握几种典型机械式转向器设计计算的基本过程。

第一节 引 言

汽车转向系统是用来保持或者改变汽车行驶方向的机构,在汽车转向行驶时,转向系统通过对左、右转向车轮不同转角之间的合理匹配来保证汽车能沿着设想的轨迹运动。

机械转向系统主要由转向操纵机构、转向器和转向传动机构组成。转向操纵机构包括转向盘、转向轴、转向万向节等,转向传动机构包括转向摇臂、转向直拉杆、转向节臂、转向梯形臂以及转向横拉杆等,如图 7-1 所示。当汽车转向时,依靠驾驶人的手力转动转向盘,经转向器和转向传动机构使转向轮偏转,达到转向目的。有些汽车还装有防伤机构和转向减振器。采用动力转向的汽车还装有动力系统,并借助此系统来减轻驾驶人的手力。

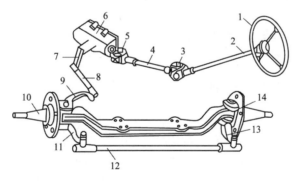

图 7-1 机械转向系统组成示意图

1-转向盘;2-转向轴;3、5-转向万向节;4-转向传动轴;6-转向器;7-转向摇臂;8-转向直拉杆;9-转向节臂;10-左转向节;11、13-转向梯形臂;12-转向横拉杆;14-右转向节

汽车转向系统与汽车的操纵稳定性有着最为密切的关系,应根据整车设计和使用的要求,综合考虑不同工况下对操纵性要求的具体情况来制定相应的设计方案。通常情况下,转向系统设计应满足如下要求:

(1)汽车转弯行驶时,全部车轮应绕瞬时转向中心旋转,任何车轮不应有侧滑。

(2)汽车转向行驶后,在驾驶人松开转向盘的条件下,转向轮能自动返回到直线行驶位置,并稳定行驶。

(3)汽车在任何行驶状态下,转向轮不得产生自振,转向盘没有摆动。

(4)转向传动机构和悬架导向装置共同工作时,由运动不协调使车轮产生的摆动应最小。

(5)保证汽车有较高的机动性,具有迅速转弯和小转弯行驶能力。

(6)同时兼顾操纵轻便性和灵敏性。

(7)转向轮碰撞到障碍物以后,传给转向盘的反冲力要尽可能小。

(8)转向器和转向传动机构的球头处,有消除因磨损而产生间隙的调整机构。

(9)在车祸中,当转向轴和转向盘由于车架或车身变形而共同后移时,转向系统应有能使驾驶人免遭或减轻伤害的防伤装置。

(10)进行运动校核,保证转向盘与转向轮转动方向一致。

正确设计转向梯形机构,可以使第一项要求得到保证。转向系统中设置有转向减振器时,能够防止转向轮产生自振,同时又能使传到转向盘上的反冲力明显降低。为了使汽车具有良好的转向性能,必须使转向轮有尽可能大的转角,并要达到按前外轮车轮轨迹计算,其最小转弯半径能达到汽车轴距的 2~2.5 倍。通常用转向时驾驶人作用在转向盘上的切向力大小和转向盘转动圈数两项指标来评价操纵轻便性。没有装置动力转向的轿车,在行驶中转向,此力应为 50~100N;有动力转向时,此力在 20~50N。当货车从直线行驶状态,以 10km/h 速度在柏油或水泥的水平路段上转入沿半径为 12m 的圆周行驶,且路面干燥,若转向系统内没有装动力转向器,上述切向力不得超过 250N;有动力转向器时,不得超过 120N。轿车转向盘从中间位置转到每一端的圈数不得超过 2.0 圈,货车则要求不超过 3.0 圈。

近年来,电控动力转向器已得到较快发展,电控动力转向可以实现在各种行驶条件下最大程度地兼顾转向轻便性和灵敏性。目前,一些微型车和轿车已应用电控转向器,不久的将来,其将取代传统转向器成为技术设计主流。

第二节 转向系统运动理论分析和主要性能参数

一、转向系统的运动理论分析

1. 理想的内、外轮转角关系

无论是两轴、三轴或者是四轴汽车,在转向过程中为了使所有车轮都处于纯滚动而无滑动状态,或只有极小的滑移,则要求全部车轮都绕一个瞬时转向中心做圆周运动。在一般转向条件下,每个车轮的转向半径是不同的。因此,同一转向轴的两个转向轮,即内轮和外轮的转角必须是不同的,且应符合按理论计算出来的比例关系,并据此作为转向梯形机构的设计基础。

对于两轴汽车转向时,若每个车轮的轮胎都不产生侧向偏移,则为了满足第一节对转向系统的第(1)条要求,其内、外转向轮理想的转角关系如图 7-2 所示,由式(7-1)决定:

$$\cot\theta_0 - \cot\theta_i = \frac{DO - CO}{BD} = \frac{K}{L} \tag{7-1}$$

式中:θ_0——外转向轮转角;

θ_i——内转向轮转角;

K——两转向主销中心线与地面交点间的距离,mm;

L——轴距,mm。

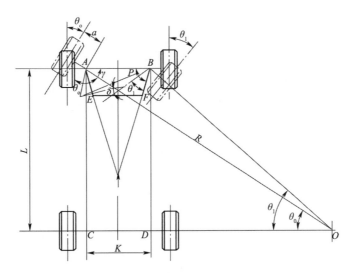

图 7-2 内、外转向轮理想的转角关系

内、外转向轮转角的合理匹配是由转向梯形机构来保证,当前汽车的转向梯形机构对上述条件不能够在整个转向范围内得到满足,只能近似地使它得到保证。

2. 最小转弯半径 $R_{\min}$

汽车的最小转弯半径 $R_{\min}$ 与其内、外转向轮在最大转角 $\theta_{i\,\max}$ 与 $\theta_{0\,\max}$、轴距 L、主销距 K 及转向轮的转臂 a 等尺寸有关。在转向过程中,除内、外转向轮的转角外,其他参数是不变的。最小转弯半径是指汽车在转向轮处于最大转角的条件下以低速转弯时前外轮与地面接触点的轨迹构成圆周的半径。可按下式计算:

$$R_{\min} = \frac{L}{\sin\theta_{0\,\max}} + a$$

$$= \sqrt{\left(\frac{L}{\sin\theta_{i\,\max}}\right)^2 + K^2 + \frac{2KL}{\tan\theta_{i\,\max}}} + a \tag{7-2}$$

通常取 $\theta_{i\,\max}$ 为 35°~40°,为了减小 $R_{\min}$ 值,$\theta_{i\,\max}$ 值有时可达 45°。

二、转向系统的主要性能参数

转向系统的主要性能参数有转向系统的效率、转向系统的角传动比与力传动比、转向器传动副的传动间隙特性、转向系统的刚度以及转向盘的总转动圈数。

1. 转向系统的效率

转向系统的效率 η_0 是转向器的效率 η 和转向操纵及传动机构的效率 η' 的乘积:

$$\eta_0 = \eta\eta' \tag{7-3}$$

转向器的效率 η 又有正效率 η_+ 与逆效率 η_- 之分。转向摇臂轴输出的功率 $(P_1 - P_2)$ 与转向轴输入功率 P_1 之比,称为转向器的正效率:

$$\eta_+ = \frac{P_1 - P_2}{P_1} \tag{7-4}$$

式中:P_2——转向器的摩擦功率。

反之,即转向轴输出的功率 $(P_3 - P_2)$ 与转向摇臂轴输入的功率 P_3 之比,称为转向器的逆效率:

$$\eta_- = \frac{P_3 - P_2}{P_3} \tag{7-5}$$

正效率愈大,转动转向轮时转向器的摩擦损失就愈小,转向操纵就愈容易。转向器的类型、结构特点、结构参数和制造质量等是影响转向器正效率的主要因素。循环球式转向器的传动副为滚动摩擦,摩擦损失小,其正效率 η_+ 可达85%;蜗杆指销式和蜗杆滚轮式转向器的传动副存在较大滑动摩擦,效率较低。对于蜗杆和螺杆类转向器,如果忽略轴承和其他地方的摩擦损失而只考虑啮合副的摩擦,则其正效率 η_+ 为:

$$\eta_+ = \frac{\tan\alpha_0}{\tan(\alpha_0 + \rho)} \tag{7-6}$$

式中:α_0——蜗杆或螺杆的螺线导程角;
　　　ρ——摩擦角,$\rho = \arctan f$;
　　　f——摩擦系数。

逆效率表示转向器的可逆性。根据逆效率值的大小,转向器又可分为可逆式、极限可逆式与不可逆式三种。

可逆式转向器的逆效率较高,这种转向器可将路面作用在转向轮上的大部分力传递到转向盘上,使驾驶人的路感好。在汽车转向后也能保证转向轮与转向盘的自动回正,使转向轮行驶稳定。但在坏路面上,当转向轮上作用有侧向力时,转向轮受到的冲击大部分会传给转向盘,容易产生"打手"现象,同时转向轮容易产生摆振。因此,可逆式转向器宜用于在良好路面上行驶的车辆。循环球式和齿轮齿条式转向器均属于这一类。

不可逆式转向器不会将转向轮受到的冲击力传到转向盘上。由于它既使驾驶人没有路感,又不能保证转向轮的自动回正,现代汽车已不采用。

极限可逆式转向器介于上述两者之间。其逆效率较低,适用于在坏路面上行驶的汽车。当转向轮受到冲击力时,其中只有较小的一部分传给转向盘。

如果忽略轴承和其他地方的摩擦损失而只考虑啮合副的摩擦,则蜗杆和螺杆类转向器的逆效率为:

$$\eta_- = \frac{\tan(\alpha_0 - \rho)}{\tan\alpha_0} \tag{7-7}$$

由式(7-6)、式(7-7)可见:增大导程角 α_0 不仅能提高正效率,也会提高逆效率,故 α_0 不宜取得过大。当 $\alpha_0 \leq \rho$ 时,逆效率 $\eta_- \leq 0$,这时转向器为不可逆式。因此应使 $\alpha_{0\min} \geq \rho$,一般螺线的导程角取为8°~10°。

通常,由转向盘至转向轮的效率即转向系统的正效率 η_+ 的平均值为0.67~0.82;当向上述相反方向传递力时逆效率 η_- 的平均值为0.58~0.63。转向操纵及传动机构的效率 η' 用于评价在这些机构中的摩擦损失,其中转向轮转向主销等的摩擦损失约为转向系统总损失的40%~50%,而拉杆球销的摩擦损失约为转向系统总损失的10%~15%。

2. 转向系统的传动比变化特性

转向系统的传动比包括转向系统的角传动比与转向系统的力传动比。

(1)转向系统角传动比。转向盘转角的增量 $\Delta\varphi$ 与同侧转向节转角的相应增量 $\Delta\theta$ 之比,称为转向系统的角传动比 i_{0w},转向盘转角的增量 $\Delta\varphi$ 与转向摇臂轴转角的相应增量 $\Delta\beta$ 之比,称为转向器的角传动比 i_w,转向摇臂轴转角的增量 $\Delta\beta$ 与同侧转向节转角的相应增量

$\Delta\theta$ 之比,称为转向传动机构的角传动比 i'_w。它们之间的关系为:

$$i_{0w} = i_w \cdot i'_w = \frac{\Delta\varphi}{\Delta\beta} \cdot \frac{\Delta\beta}{\Delta\theta} = \frac{\Delta\varphi}{\Delta\theta} \quad (7\text{-}8)$$

$$i_w = \frac{\Delta\varphi}{\Delta\beta} \quad (7\text{-}9)$$

$$i'_w = \frac{\Delta\beta}{\Delta\theta} \quad (7\text{-}10)$$

式中:i_{0w}——转向系统的角传动比;
  i_w——转向器的角传动比;
  i'_w——转向传动机构的角传动比;
  $\Delta\varphi$——转向盘转角的增量;
  $\Delta\beta$——转向摇臂轴转角的增量;
  $\Delta\theta$——同侧转向节转角的相应增量。

转向传动机构的布置,通常取其在中间位置时使转向摇臂及转向节臂均垂直于其转向纵拉杆,而在向左和向右转到底的位置时,应使转向摇臂与转向节臂分别与转向纵拉杆的交角相等。这时,转向传动机构的角传动比亦可取为:

$$i'_w = \frac{l_3}{l_1} \quad (7\text{-}11)$$

式中:l_1——转向摇臂长;
  l_3——转向节臂长。

现代汽车转向传动机构的角传动比多在 0.85~1.1 之间,即近似为 1。故研究转向系统的角传动比时,为简化起见往往只研究转向器的角传动比及其变化规律即可。

(2)力传动比。从轮胎接地面中心作用在两个转向轮上的合力 $2F_w$ 与作用在转向盘上的手力 F_h 之比,称为力传动比 i_p,即:

$$i_P = \frac{2F_w}{F_h} \quad (7\text{-}12)$$

(3)力传动比与转向系统角传动比的关系。轮胎与地面之间的转向阻力 F_w 和作用在转向节上的转向阻力矩 M_r 之间有如下关系:

$$F_w = \frac{M_r}{\alpha} \quad (7\text{-}13)$$

式中:α——主销偏移距,指从转向节主销轴线的延长线与支承平面的交点至车轮中心平面与支承平面交线间的距离,mm。

作用在转向盘上的手力 F_h 可用式(7-14)表示:

$$F_h = \frac{2M_h}{D_{sw}} \quad (7\text{-}14)$$

式中:M_h——作用在转向盘上的力矩;
  D_{sw}——转向盘直径。

将式(7-13)、式(7-14)代入式(7-12)后得到:

$$i_P = \frac{M_r D_{sw}}{M_h \alpha} \quad (7\text{-}15)$$

由式(7-15)可知,当主销偏移距 a 小时,力传动比 i_p 应取大些才能保证转向轻便。通常轿车的 a 值在 0.4~0.6 倍轮胎的胎面宽度尺寸范围内选取,而货车的 d 值在 40~60mm 范围内选取。转向盘直径 D_{sw} 根据车型不同在《汽车转向系基本要求》(GB 17675—2021)规定的系列内选取。

如果忽略摩擦损失,根据能量守恒原理,$2M_r/M_h$ 可用式(7-16)表示:

$$\frac{2M_r}{M_h} = \frac{d\varphi}{d\beta_k} = i_{wo} \tag{7-16}$$

将式(7-16)代入式(7-15)后得到:

$$i_P = \frac{i_{wo} D_{sw}}{2a} \tag{7-17}$$

当 a 和 D_{sw} 不变时,力传动比 i_P 大,虽然转向越轻,但 i_{wo} 也越大,表明转向不灵敏。

3. 转向器角传动比的变化规律

转向器的角传动比 i_w 是一个重要参数,它影响着汽车的许多转向性能。由于增大角传动比可以增大力传动比,因此转向器的角传动比不仅对转向灵敏性和稳定性有直接影响,而且也影响着汽车的操纵轻便性。由式(7-8)并考虑到 $i'_w \approx 1$,可以看出:转向轮的转角与转向器的角传动比 i_w 成反比。i_w 增大会使在同一转向盘转角下的转向轮转角变小,使转向操纵时间变长,汽车转向灵敏性降低。因此,转向"轻便性"与"灵敏性"是产品设计中遇到的一对矛盾。采用可变角传动比的转向器可协调对"轻便性"和"灵敏性"的要求。而转向器角传动比的变化规律又因转向器的结构形式和参数的不同而异。图 7-3 给出了几种典型的转向器角传动比变化规律。由该图可见:转向器的角传动比 i_w 随转向盘转角 φ 的变化特性有不变(曲线3)和可变之分。后者又有多种变化规律。其中曲线1为转向盘在中间位置时,i_w 较小,向左、右转动时则逐步增大;曲线4则与之相反。曲线2为蜗杆双销式转向器的角传动比特性曲线,是周期重复的。曲线5则为蜗杆单销式转向器的角传动比特性曲线,这时转向器蜗杆在中间位置的螺距较小,而至两端则逐渐增大。

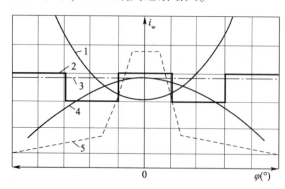

图 7-3 转向器的角传动比 i_w 的变化特性曲线

现代汽车转向器的角传动比一般来讲:轿车取 $i_w = 14~22$;货车取 $i_w = 20~25$。汽车的转向车轴负荷较轻时,应选用较小值。

4. 转向器的传动间隙特性

转向器的传动间隙是指转向器传动副之间的间隙。该间隙 δ 随转向盘转角 φ 的改变而改变。通常,将这种变化关系称为转向器的传动间隙特性。研究该传动间隙特性的意义在于,它对汽车直线行驶时的稳定性和转向器的寿命都有直接影响。

当转向盘处于中间位置即汽车作直线行驶时,如果转向器有传动间隙,则将使转向轮在该间隙范围内偏离直线行驶位置而失去稳定性。为防止这种情况发生,要求当转向盘处于中间位置时转向器的传动副为无隙啮合。这一要求应在汽车使用的全部时间内得到保证。汽车多直线行驶,因此转向器传动副在中间部位的磨损量大于其两端。为了保证转向器传动副(磨损最大的中间部位)能通过调整来消除因磨损而形成的间隙,调整后,当转动转向盘时又不至于使转向器传动副在其他啮合部位卡住。为此,应使传动间隙从中间部位到两端逐渐增大,并在端部达到其最大值(旷量转角约为25°~35°),如图7-4所示,以利于对间隙的调整及提高转向器的使用寿命。不同结构的转向器其传动间隙特性亦不同。

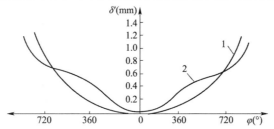

图7-4 转向器的传动间隙特性曲线
1-转向器的径向旷量;2-转向器的轴向旷量

5. 转向系统的刚度

转向系统的各零部件尤其是一些杆件均具有一定的弹性,这就使得转向轮的实际转角α_s要比驾驶人转动转向盘并按转向系统角传动比换算至转向轮的转角α_0要小,这样就会有转向不足的趋势。转向系统刚度C对轮胎的侧偏刚度影响也很大。如果令C为不考虑转向系统刚度时的轮胎侧偏刚度,而C'_a为考虑转向系统刚度时的轮胎侧偏刚度(称为等价刚度),则有以下关系:

$$C'_a = \frac{C_a}{1 + \frac{C_a}{C_s} \cdot b} \quad (7\text{-}18)$$

式中:C_s——整个转向系统的刚度;
b——拖后距(后倾拖距与轮胎拖距之和),见图7-5。

由上式可见:当C_s值很大时,$C'_a \approx C_a$,即前轮的侧偏刚度近似为C_a;当C_s值很小时,前轮的侧偏刚度为C'_a且$C'_a < C_a$。后者表明:转向系统刚度不足会使前轮的侧偏刚度减小,并导致汽车转向不足倾向的加剧,使汽车的转向灵敏性变差。

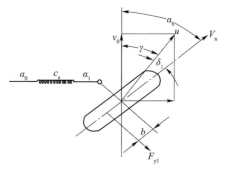

图7-5 考虑转向刚度时的轮胎等价侧偏刚度
δ_1-前轮侧偏角;V_n-前轮速度;u-侧偏角后的前轮速度;F_{y1}-前轮的侧向反作用力

第三节 机械转向器布置方案分析

机械式转向器应用比较多,根据它们的结构特点不同,可分为齿轮齿条式转向器、循环球式转向器、蜗杆滚轮式转向器和蜗杆指销式转向器等。

1. 齿轮齿条式

齿轮齿条式转向器,系由与转向轴做成一体的转向齿轮和常与转向横拉杆做成一体的齿条组成。根据输入齿轮位置和输出特点不同,齿轮齿条式转向器有四种方案:中间输入,两端输出,如图7-6a)所示;侧面输入,两端输出,如图7-6b)所示;侧面输入,中间输出,如图7-6c)所示;侧面输入,一端输出,如图7-6d)所示。

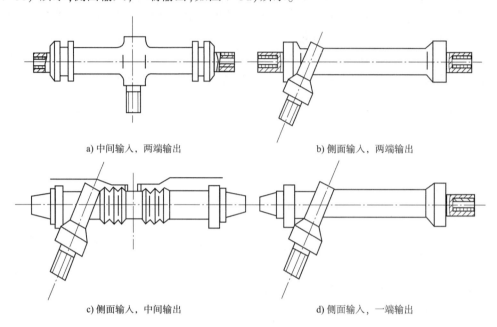

a) 中间输入,两端输出　　　　　b) 侧面输入,两端输出

c) 侧面输入,中间输出　　　　　d) 侧面输入,一端输出

图7-6　齿轮齿条式转向器的四种方案

采用侧面输入、中间输出方案时,由于拉杆长度增加,车轮上、下跳动时拉杆摆角减小,有利于减少车轮上、下跳动时转向系统与悬架系的运动干涉。

采用侧面输入、两端输出方案时,由于转向拉杆长度受到限制,容易与悬架系统导向机构产生运动干涉。

采用侧面输入、一端输出的齿轮齿条式转向器,常用在微型货车上。

齿轮齿条式转向器最主要的优点是:结构简单、紧凑;壳体采用铝合金或镁合金压铸而成,转向器的质量比较小;传动效率高达90%;齿轮与齿条之间因磨损出现间隙后,利用调节弹簧2自动消除齿间间隙,调节弹簧位于齿条导向座1和与壳体螺纹连接的调节螺塞3之间,调节螺塞由锁紧螺母4固定,齿条导向座的调节使齿轮、齿条间有一定预紧力。如图7-7所示,这不仅可以提高转向系统的刚度,还可以防止工作时产生冲击和噪声;转向器占用的体积小;没有转向摇臂和直拉杆,所以转向轮转角可以增大;制造成本低。

齿轮齿条式转向器的主要缺点是:因逆效率高(60%~70%),汽车在不平路面上行驶时,发生在转向轮与路面之间的冲击力,大部分能传至转向盘,称之为反冲。反冲现象会使驾驶人精神紧张,并难以准确控制汽车行驶方向,转向盘突然转动又会造成"打手",对驾驶人造成伤害。

齿轮齿条式转向器一般采用斜齿圆柱齿轮与斜齿齿条啮合方式,优点是齿轮与齿条啮合重合度好,运转平稳,工作冲击噪声较小,而且齿轮轴线与齿条轴线之间的夹角易于满足总体设计的要求。

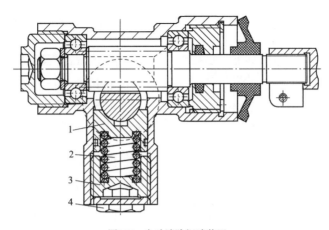

图 7-7 自动消除间隙装置
1-齿条导向座；2-调节弹簧；3-调节螺塞；4-锁紧螺母

根据齿轮齿条式转向器和转向梯形相对前轴位置的不同,齿轮齿条式转向器在汽车上有四种布置形式:转向器位于前轴后方,后置梯形;转向器位于前轴后方,前置梯形;转向器位于前轴前方,后置梯形;转向器位于前轴前方,前置梯形,如图7-8所示。

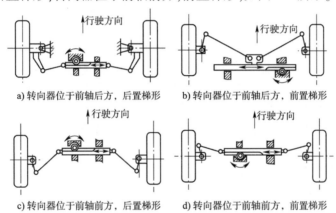

a) 转向器位于前轴后方,后置梯形　　b) 转向器位于前轴后方,前置梯形

c) 转向器位于前轴前方,后置梯形　　d) 转向器位于前轴前方,前置梯形

图 7-8 齿轮齿条式转向器的四种布置形式

齿轮齿条式转向器广泛应用于微型、普通级、中级和中高级轿车上,甚至在高级轿车上也有采用。装载量不大、前轮采用独立悬架的货车和客车,有些也用齿轮齿条式转向器。

2. 循环球式

循环球式转向器由螺杆和螺母共同形成的螺旋槽内装有钢球构成的传动副,以及螺母上齿条与摇臂轴上齿扇构成的传动副组成,如图7-9所示。

循环球式转向器的优点是:在螺杆和螺母之间因为有可以循环流动的钢球,将滑动摩擦变为滚动摩擦,因而传动效率可达到75%～85%;在结构和工艺上采取措施,包括提高制造精度,改善工作表面的表面粗糙度和螺杆、螺母上的螺旋槽经淬火和磨削加工,使之有足够的硬度和耐磨损性能,可保证足够的使用寿命;转向器的传动比可以变化;工作平稳可靠;

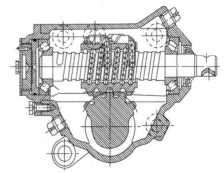

图 7-9 循环球式转向器

齿条和齿扇之间的间隙调整工作容易进行,如图7-10所示;适合用来做整体式动力转向器。

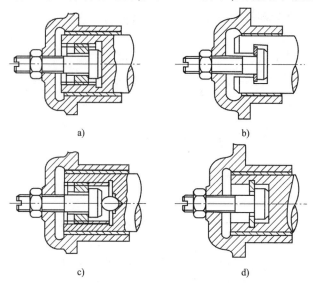

图7-10 循环球式转向器的间隙调整机构

循环球式转向器广泛用于货车和客车等商用车上。

3. 蜗杆滚轮式

蜗杆滚轮式转向器由蜗杆和滚轮啮合构成。其主要优点是:结构简单;制造容易;因为滚轮的齿面和蜗杆上的螺纹呈面接触,所以有比较高的强度,工作可靠,磨损小,寿命长;逆效率低。

蜗杆滚轮式转向器的主要缺点是:正效率低;工作齿面磨损以后,调整啮合间隙比较困难;转向器的传动比不能变化。

这种转向器曾在汽车上广泛使用过。

4. 蜗杆指销式

蜗杆指销式转向器的销子若不能自转,称为固定销式蜗杆指销式转向器;销子除随同摇臂轴转动外,还能绕自身轴线转动的,称之为旋转销式转向器。根据销子数量不同,又有单销和双销之分。

蜗杆指销式转向器的优点是:转向器的传动比可以做成不变的或者变化的;指销和蜗杆之间的工作面磨损后,调整间隙工作容易进行。

固定销蜗杆指销式转向器的结构简单、制造容易。但是因销子不能自转,销子的工作部位基本保持不变,所以磨损快、工作效率低。旋转销式转向器的效率高、磨损慢,但结构复杂。

要求摇臂轴有较大的转角时,应该采用双销式结构。双销式转向器在直线行驶区域附近,两个销子同时工作,可降低销子上的负荷,减少磨损。当一个销子脱离啮合状态时,另一个销子要承受全部作用力,而恰恰在此位置,作用力达到最大值,所以设计时要注意核算其强度。双销式转向器与单销蜗杆指销式转向器比较,结构复杂、尺寸和质量大,并且对两主销间的位置精度、蜗杆上螺纹槽的形状及尺寸精度等要求高。此外,传动比的变化特性和传动间隙特性的变化受限制。

蜗杆指销式转向器应用较少。

第四节　机械式转向器设计与计算

一、转向系统计算载荷的确定

为了保证行驶安全,组成转向系统的各零件应有足够的强度。欲验算转向系统零件的强度,需首先确定作用在各零件上的力。影响这些力的主要因素有转向轴的负荷、路面阻力和轮胎气压等。为转动转向轮要克服的阻力,包括转向轮绕主销转动的阻力、车轮稳定阻力、轮胎变形阻力和转向系中的内摩擦阻力等。

精确地计算出这些力是困难的。为此推荐用足够精确的半经验公式来计算汽车在沥青或者混凝土路面上的原地转向阻力矩 M_R(N·mm):

$$M_R = \frac{f}{3}\sqrt{\frac{G_1^3}{p}} \tag{7-19}$$

式中:f——轮胎和路面间的滑动摩擦因数,一般取 0.7;
　　　G_1——转向轴负荷,N;
　　　p——轮胎气压,MPa。

作用在转向盘上的手力为:

$$F_h = \frac{2L_1 M_R}{L_2 D_{sw} i_w \eta_+} \tag{7-20}$$

式中:L_1——转向摇臂长;
　　　L_2——转向节臂长;
　　　D_{sw}——转向盘直径;
　　　i_w——转向器角传动比;
　　　η_+——转向器正效率。

对给定的汽车,用式(7-20)计算出来的作用力是最大值。因此,可以用此值作为计算载荷。然而,对于前轴负荷大的重型货车,用上式计算的力往往超过驾驶人生理上的可能,在此情况下,对转向器和动力转向器动力缸以前零件的计算载荷,应取驾驶人作用在转向盘轮缘上的最大瞬时力,此力为700N。

二、齿轮齿条式转向器的设计

齿轮齿条转向器的主要尺寸参数选择如下。

1. 齿条

齿条是在金属壳体内来回滑动的,加工有齿形的金属条。转向器壳体安装在前横梁或前围板的固定位置上,齿条代替梯形转向杆系的摇杆和转向摇臂,并保证转向横拉杆在适当的高度以使其与悬架下摆臂平行,齿条可以比作是梯形转向杆系的转向直拉杆。齿条齿数应根据转向轮达到最大偏转角时,相应的齿条移动行程应达到的值来确定。变速比的齿条压力角,对现有结构在12°~35°范围内变化。齿条材料常采用45钢,为减小质量,壳体用铝合金压铸。

2. 齿轮

齿轮是一只切有齿形的轴。它安装在转向器壳体上并使其齿与齿条上的齿相啮合。齿轮齿条上的齿可以是直齿也可以是斜齿,齿轮轴上端与转向柱内的转向轴相连。齿轮齿条式转向器的齿轮多数采用斜齿圆柱齿轮。齿轮模数取值范围多在 2~3mm 之间。主动小齿轮齿数多数在 5~7 个齿范围变化,压力角取 20°,齿轮螺旋角取值范围多为 9°~15°。齿轮材料一般选用 16MnCr5 或 15CrNi6 材料制造。

3. 转向啮合长度

在转向时,转向横拉杆的运动过程如图 7-11 所示,当转向盘从左锁点向右锁点转动,相应转向轮从左向最大转角转到右向最大转角,即梯形臂或转向节由 OC 绕圆心 O 转至 OA 时,齿条左端点 E 移至 E_A 的距离为 l_1,在 $\triangle AA'E_A$ 中 $A'E_A = \sqrt{AE_A^2 - AA'^2}$,又 $AA' = DC$、$AE_A = CE$、$A'C = AD$,因此,$CE_A = A'E_A - A'C$,从而计算得出 $l_1 = CE - CE_A$。

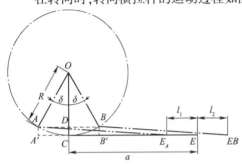

图 7-11 转向横拉杆的运动分析简图

同理计算转向轮右转时,转向节由 OC 绕圆心 O 转至 OB 时,齿条左端点 E 移至 E_B 的距离为 l_2。

为满足转向设计要求,齿轮齿条啮合长度 L 应大于 $l_1 + l_2$,即 $L > l_1 + l_2$。

4. 转向传动比

当转向盘从左锁点向右锁点转动,各前轮从其正前方开始转动 δ,因而前轮从左到右总共转动 2δ,一般 δ 取 30°左右。若传动比过小,则转向盘最轻微的运动将会使车辆突然改变方向,转向角传动比必须使前轮转动同样角度时需要更大的转向盘转角。为了计算传动比,可将锁点到锁点过程中转向盘转角的度数除以此时转向轮转角的度数,一般传动比为 15~22。

三、循环球式转向器设计

循环球式转向器主要尺寸参数的选择

1. 螺杆、钢球、螺母传动副

(1)钢球中心距 D、螺杆外径 D_1、螺母内径 D_2,如图 7-12 所示。钢球中心距是基本尺寸,螺杆外径 D_1、螺母内径 D_2 及钢球直径 d 对确定钢球中心距 D 的大小有影响,而 D 又对转向器结构尺寸和强度有影响。在保证足够的强度条件下,尽可能将 D 值取小些。选取 D 值的规律是随着扇齿模数的增大,钢球中心距 D 也相应增加,见表 7-1。设计时先参考同类型汽车的参数进行初选,经强度验算后,再进行修正。螺杆外径 D_1 通常在 20~38mm 范围内变化,设计时应根据转向轴负荷的不同来选定。螺母内径 D_2 应大于 D_1,一般要求 $D_2 - D_1 = (5\% \sim 10\%)D$。

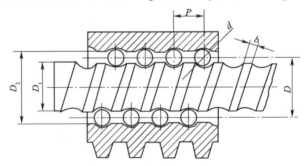

图 7-12 螺杆、钢球和螺母传动副

循环球式转向器主要参数 表 7-1

齿扇模数(mm)	3.0	3.5	4.0	4.5	5.0	6.0	6.5
摇臂轴直径(mm)	22	26	30	32	32 35	38 40	42 45
钢球中心距(mm)	20	23 25	25	28	30 32	35	40
螺杆外径(mm)	20	23 25	25	28	29	34	38
钢球直径(mm)	5.556	5.556 6.350	6.350	7.144	7.144	7.144 8.000	
螺距(mm)	7.938	8.731	9.525	9.525	9.525 10	10 11	
工作圈数	1.5				1.5 2.5	2.5	
环流行数	2						
螺母长度(mm)	41	45 52	46 47	58	56 59 62	72 78	80 82
齿扇齿数	3 5			5			
齿扇整圆齿数	12 13		13			13 14 15	
齿扇压力角(°)	22°30′ 27°30′						
切削角(°)	6°30′				6°30′ 7°30′		
齿扇宽(mm)	22 25	25 27	25 28	30	28~32	30 34 38	35 38

(2) 钢球直径 d 及数量 n。钢球直径尺寸 d 取得大,能提高承载能力,同时螺杆和螺母传动机构和转向器的尺寸也随之增大。钢球直径应符合国家标准,一般常在 7~9mm 范围内选用(表 7-1)。

增加钢球数量 n,能提高承载能力,但使钢球流动性变差,从而使传动效率降低。因为钢球本身有误差,所以共同参加工作的钢球数量并不是全部钢球数。经验表明,每个环路中的钢球数以不超过 60 粒为好。为保证尽可能多的钢球都承载,应分组装配。每个环路中的钢球数可用式(7-21)计算:

$$n = \frac{\pi DW}{d\cos\alpha_0} \approx \frac{\pi DW}{d} \quad (7\text{-}21)$$

式中：d——钢球中心距；

W——一个环路中的钢球工作圈数；

α_0——螺线导程角，常取 $\alpha_0 = 5° \sim 8°$，则 $\cos\alpha_0 \approx 1$。

（3）滚道截面。当螺杆和螺母各由两条圆弧组成，形成四段圆弧滚道截面时，如图 7-13 所示，钢球与滚道有四点接触，传动时轴向间隙最小，可满足转向盘自由行程小的要求。图中滚道与钢球之间的间隙，除用来储存润滑油之外，还能储存磨损杂质。为了减少摩擦，螺杆和螺母沟槽的半径 R_2 应大于钢球半径 $d/2$，一般取 $R_2 = (0.51 \sim 0.53)d$。

（4）接触角 θ。钢球与螺杆滚道接触点的正压力方向与螺杆滚道法面轴线间的夹角称为接触角 θ，如图 7-13 所示。θ 角多取为 $45°$，以使轴向力和径向力分配均匀。

（5）螺距 P 和螺旋线导程角 α_0。转向盘转动 ϕ 角，对应螺母移动的距离 S 为：

$$S = \frac{\phi P}{2\pi} \quad (7\text{-}22)$$

式中：P——螺纹螺距。

与此同时，齿扇节圆转过的弧长等于 s，相应摇臂轴转过 β_p 角，其间关系可表示如下：

$$s = \beta_p r \quad (7\text{-}23)$$

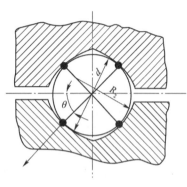

图 7-13　四段圆弧滚道截面

式中：r——齿扇节圆半径。

联立式（7-22）、式（7-23）得 $\phi = \frac{2\pi r}{P}\beta_p$，将 ϕ 对 β_p 求导，得循环球式转向器角传动比 i_w 为：

$$i_w = \frac{2\pi r}{P} \quad (7\text{-}24)$$

由式（7-24）可知，螺距 P 影响转向器角传动比的值。在螺距不变的条件下，钢球直径 d 越大，图 7-12 中的尺寸 b 越小，要求 $b = P - d > 2.5$mm。螺距 P 一般在 $12 \sim 18$mm 内选取。

前已述及导程角 α_0 对转向器传动效率有影响，此处不再赘述。

（6）工作钢球圈数 W。多数情况下，转向器有两个环路，而每个环路的工作钢球圈数 W 又与接触强度有关，增加工作钢球圈数，参加工作的钢球增多，能降低接触应力，提高承载能力；但钢球受力不均匀，螺杆增长而使刚度降低。工作钢球圈数有 1.5 和 2.5 圈两种。一个环路的工作钢球圈数的选取见表 7-1。

2. 齿条、齿扇传动副设计

如图 7-14 所示，滚道相对齿扇作斜向进给运动加工齿扇齿，得到变厚齿扇。如图 7-15 所示，变厚齿扇的齿顶和齿根的轮廓是圆锥的一部分，其分度圆上的齿厚是变化的，故称之为变厚齿扇。

图 7-15 中，若 0-0 截面的原始齿形变位系数 $\zeta = 0$，且Ⅰ-Ⅰ剖面和Ⅱ-Ⅱ剖面分别位于 0-0 剖面两侧，则Ⅰ-Ⅰ剖面的齿轮是正变位齿轮，Ⅱ-Ⅱ剖面中的齿轮为负变位齿轮，故变厚齿扇在整个齿宽方向上，是由无数个原始齿形位移系数逐渐变化的圆柱齿轮组成的。

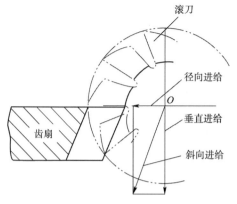

图 7-14　用滚刀加工变厚齿扇的进给运动图　　图 7-15　变厚齿扇的截面

对齿轮来说,因为在不同位置的剖面中,其模数 m 不变,所以它的分度圆半径 r 和基圆半径 r_b 相同。因此,变厚齿扇的分度圆和基圆均为一圆柱,它在不同剖面位置上的渐开线齿形,都是在同一个基圆柱上所展出的渐开线,只是其轮齿的渐开线齿形相对基圆的位置不同而已,所以应将其归入圆柱齿轮的范畴。

变厚齿扇齿形的计算,如图 7-16 所示。一般将中间剖面 I-I 规定为基准剖面。由 I-I 剖面向右时,变位系数 ξ 为正,向左则由正变为零(0-0 剖面),再变为负。若 0-0 剖面距 I-I 剖面的距离为 a_o,则其值为 $a_o = \gamma/\tan\gamma$,是切削角,常见的有 6°30′ 和 7°30′ 两种。在切削角 γ 一定的条件下,各剖面的变位系数 ξ 取决于距基准剖面 I-I 的距离 a。

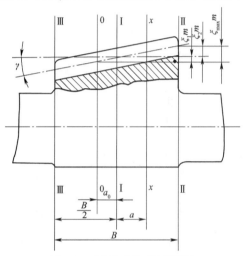

图 7-16　变厚齿扇齿形计算简图

进行变厚齿扇齿形计算之前,必须确定的参数有:模数 m,参考表 7-2 选取;法向压力角 α_o,一般在 20°～30° 之间;齿顶高系数 x_1,一般取 0.8 或 1.0;径向间隙系数,取 0.2;整圆齿数 z,在 12～15 之间选取;齿扇宽度 B,一般在 22～38mm。

循环球式转向器齿扇齿模数　　表 7-2

齿扇齿模数 (mm)	轿车		货车和大客车	
	排量(mL)	前轴负荷(N)	前轴负荷(N)	最大装载质量(kg)
3.0	500	3500～3800	3000～5000	350
3.5	1000～1800	4700～7350	4500～7500	1000
4.0	1600～2000	7000～9000	5500～18500	2500
4.5	2000	8300～11000	7000～19500	2700
5.0	2000	10000～11000	9000～24000	3500
6.0	—	—	17000～37000	6000
6.5	—	—	23000～44000	8000

四、循环球式转向器零件强度计算

1. 钢球与滚道之间的接触应力 σ

用式(7-25)计算钢球与滚道之间的接触应力 σ：

$$\sigma = k \sqrt[3]{\frac{F_3 E^2 (R_2 - r)^2}{(R_2 r)^2}} \tag{7-25}$$

式中：k——系数，根据 A/B 值从表7-3查取，$A = [(1/r) - (1/R_2)]/2$，$B = [(1/r) + (1/R_1)]/2$；

R_2——滚道截面半径，mm；

r——钢球半径，mm；

R_1——螺杆外半径，mm；

E——材料弹性模量，等于 $2.1 \times 10^5 \text{N/mm}^2$；$F_3$ 为钢球与螺杆之间的正压力，可用下式计算：

$$F_3 = \frac{F_2}{n \cos\alpha_0 \cos\theta} \tag{7-26}$$

式中：α_0——螺杆螺线导程角；

θ——接触角；

n——参与工作的钢球数；

F_2——作用在螺杆上的轴向力，如图7-17所示。

表7-3 系数 k 与 A/B 的关系

A/B	1.0	0.9	0.8	0.7	0.6	0.5	0.4	0.3
k	0.388	0.400	0.410	0.440	0.468	0.490	0.536	0.600
A/B	0.2	0.15	0.1	0.05	0.02	0.01	0.007	—
k	0.716	0.800	0.970	1.28	1.800	2.271	3.302	—

当接触表面硬度为58-64HRC时，许用接触应力 $[\sigma] = 2500 \text{N/mm}^2$。

2. 齿的弯曲应力 σ_w

用下式计算齿扇齿的弯曲应力

$$\sigma_w = \frac{6Fh}{bs^2} \tag{7-27}$$

式中：F——作用在齿扇上的圆周力，N；

h——齿扇的齿高，mm；

b——齿扇的齿宽，mm；

s——基圆齿厚，mm。

许用弯曲应力为 $[\sigma_w] = 540 \text{N/mm}^2$。

螺杆和螺母用20CrMnTi钢制造，表面渗碳。前轴负荷不大的汽车，渗碳层深度在 $0.8 \sim 1.2$ mm；前轴负荷大的汽车，渗碳层深度在 $1.05 \sim 1.45$ mm。表面硬度为58-63HRC。

此外，应根据材料力学提供的公式，对接触应力进行验算。

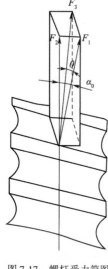

图7-17 螺杆受力简图

3. 转向摇臂轴直径的确定

用式(7-28)计算确定摇臂轴直径 d：

$$d = \sqrt{\frac{KM_R}{0.2\tau_0}} \tag{7-28}$$

式中：K——安全系数，根据汽车使用条件不同可取 2.5 ~ 3.5；

M_R——转向阻力矩，N·m；

τ_0——扭转强度极限。

摇臂轴用 20CrMnTi 钢制造，表面渗碳，渗碳层深度在 0.8 ~ 1.2mm。前轴负荷大的汽车，渗碳层深度为 1.05 ~ 1.45mm。表面硬度为 58 ~ 63HRC。

第五节 动力转向机构

转向时，为了减轻驾驶人作用到转向盘上的手力和提高行驶安全性，有些汽车上装设了动力转向机构。

中级以上轿车，由于对其操纵轻便性的要求越来越高，采用或者可供选装动力转向器的逐渐增多。转向轴轴载质量超过 2.5t 的货车可以采用动力转向，当超过 4t 时应该采用动力转向。

一、对动力转向机构的要求

(1) 运动学上应保持转向轮转角和驾驶人转动转向盘的转角之间保持一定的比例关系。

(2) 随着转向轮阻力的增大（或减小），作用在转向盘上的手力必须增大（或减小），称之为"路感"。

(3) 当作用在转向盘上的切向力 $F_h \geq 0.025 \sim 0.190$kN 时（因汽车形式不同而异），动力转向器就应开始工作。

(4) 转向后，转向盘应自动回正，并使汽车保持在稳定的直线行驶状态。

(5) 工作灵敏，即转向盘转动后，系统内压力能很快增长到最大值。

(6) 动力转向失灵时，仍能用机械系统操纵车轮转向。

(7) 密封性能好，内、外液泄漏少。

二、动力转向机构布置方案分析

液压式动力转向因为油液工作压力高，动力缸尺寸小、质量小，结构紧凑，油液具有不可压缩性，灵敏度高以及油液的阻尼作用可吸收路面冲击等优点而被广泛应用。

1. 动力转向机构布置方案

由分配阀、转向器、动力缸、液压泵、储油罐和油管等组成液压式动力转向机构，如图 7-18 所示。根据分配阀、转向器和动力缸三者相互位置的不同，动力转向机构分为整体式（图 7-18a）和分置式两类。分置式按分配阀所在位置不同又分为：分配阀装在动力缸上的称为联阀式，如图 7-18b) 所示；分配阀装在转向器和动力缸之间的拉杆上称为连杆式，如图 7-18c) 所示；分配阀装在转向器上的称为半分置式，如图 7-18d) 所示。

在分析比较上述几种不同动力转向机构布置方案时，常从结构上是否紧凑；转向器主要零件是否能够承受由动力缸产生的载荷；拆装转向器是否容易；管路，特别是软管的管路长短是否合适；转向轮在侧向力作用下是否容易引起转向轮摆振；能不能采用典型转向器等方面来做比较。例如整体式动力转向器，由于分配阀、转向器、动力缸三者装在一起，因而结构紧凑，管路也短。在转向轮受到侧向力作用时或者发动机的振动不会影响分配阀的振动，因而不会引起转向轮摆振。它的缺点是转向摇臂轴、摇臂等转向器主要零件，都要承受由动力缸所产生的载荷,因此必须加大它们的尺寸和质量,这对设计布置带来不利的影响。同时还不能采用典型转向器,拆装转向器时要比分置式的困难。除此之外,由于对转向器的密封性能要求高,这对转向器的设计,特别是重型汽车的转向器设计带来困难。整体式动力转向器多用于轿车和中型货车。

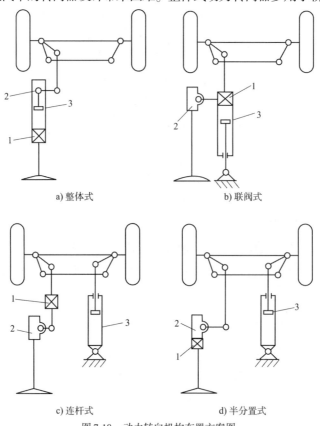

图 7-18　动力转向机构布置方案图
1-分配阀;2-转向器;3-动力缸

2. 分配阀的结构方案

分配阀有两种结构方案:分配阀中的阀与阀体以轴向移动方式来控制油路的称为滑阀式,以旋转运动来控制油路的称为转阀式。

滑阀式分配阀结构简单,生产工艺性较好,易于布置,使用性能较好,曾得到广泛应用。

转阀式与滑阀式比较,灵敏度高,密封件少,结构较为先进。由于转阀式是利用扭杆弹簧使转阀回位,所以结构复杂。转阀式分配阀在国内、外均得到广泛应用。

三、动力转向机构的计算

1. 动力缸尺寸的计算

动力缸的主要尺寸有动力缸内径、活塞行程、活塞杆直径和动力缸壳体壁厚。

动力缸的布置若如图 7-19 所示,则在计算前,应先行确定作用在直拉杆上的力 F_1。此力应用式(7-29)计算出来的转向阻力矩换算。

动力缸应产生的推力 F 用下式计算:

$$F = \frac{F_1 L_1}{L} \qquad (7\text{-}29)$$

式中：L_1——转向摇臂长度；
  L——转向摇臂轴到动力缸活塞之间的距离。

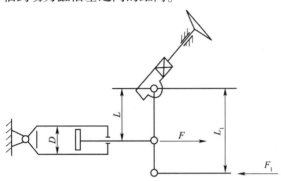

图 7-19 动力缸的布置

推力 F 与工作油液压力 P 和动力缸截面面积 S 之间有如下关系：

$$F = PS \tag{7-30}$$

所以

$$S = \frac{F_1 L_1}{PL} \tag{7-31}$$

因为动力缸活塞两侧的工作面积不同，应按较小一侧的工作面积来计算，即：

$$S = \frac{\pi}{4}(D^2 - D_p^2) \tag{7-32}$$

式中：D——动力缸内径；
  D_p——活塞杆直径，一般初选时可取 $D_p = 0.35D$。

联立式(7-31)和式(7-32)后得到：

$$D = \sqrt{\frac{4F_1 L_1}{\pi PL} + D_p^2} \tag{7-33}$$

式中，压力 P 一般在 6~10MPa，最高可取 16.5~18.0MPa。

活塞行程是车轮转至最大转角时，由直拉杆的位移量换算到活塞杆处的位移量得到的。

如图 7-20 所示，活塞移到两端极限位置，还要留有一定间隙。活塞移到左侧极限位置时，其端面到动力缸之间，应当留有 10mm 间隙。活塞移到右侧极限位置时，其端面到缸盖之间应留有 $e = (0.5 \sim 0.6)D$ 的间隙，以利于活塞导向作用。

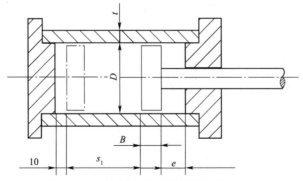

图 7-20 确定动力缸长度尺寸简图(单位：mm)

活塞厚度可取为 $B=0.3D$。动力缸的最大长度 s 用下式计算确定。

$$s = 10 + (0.5 \sim 0.6)D + 0.3D + s_1 \tag{7-34}$$

式中：s_1——活塞最大位移量。

动力缸壳体壁厚 t，根据计算轴向平面拉应力 σ_z 来确定。

$$\sigma_z = P\left[\frac{D^2}{4(Dt+t^2)}\right] \leqslant \frac{\sigma_T}{n} \tag{7-35}$$

式中：P——油液压力；

D——动力缸内径；

t——动力缸壳体壁厚；

n——安全系数，取 $n=3.5 \sim 5.0$；

σ_T——壳体材料的屈服点。

壳体材料有球墨铸铁和铸造铝合金两种。球墨铸铁采用 QT500-05，抗拉强度为 500MPa，屈服点为 350MPa，铸造铝合金多采用 ZL105，抗拉强度为 160~240MPa。

活塞杆用 40 或 45 钢制造。为提高可靠性和寿命，要求其表面镀铬并磨光。

2. 分配滑阀参数的选择

分配滑阀的主要参数有：滑阀直径 d，预开隙 e_1、密封长度 e_2 和滑阀总移动量 e 等，如图 7-21 所示。上述参数影响分配阀的泄漏量、液流速度和转向灵敏度。设计时可根据下列关系式来确定上述参数。

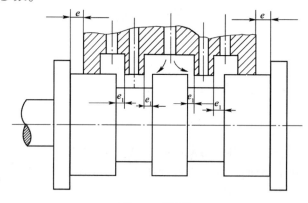

图 7-21 预开隙

(1) 分配阀的泄漏量 ΔQ。

要求 ΔQ 不大于溢流阀限制下最大排量的 5%~10%。ΔQ 按下式计算。

$$\Delta Q = \frac{\Delta r^3 \Delta p \pi d}{12 \mu e_2} \tag{7-36}$$

式中：ΔQ——分配阀泄漏量，cm^3/s；

Δr——滑阀和阀体在半径方向的间隙，cm，一般 Δr 在 0.0005~0.00125cm，计算时取最大间隙；

Δp——滑阀进、出口油压差，又称局部压力降，MPa；

d——滑阀外径，cm；

e_2——密封长度，$e_2 = e - e_1$，cm；

μ——液体动力黏度，Pa·s。

(2) 局部压力降 Δp。

汽车直线行驶时,液流流经分配阀后流回油箱。液流流经分配阀时,产生的局部压力降 Δp 用下式计算。

$$\Delta p = 1.38 \times 10^{-3} v^2 \tag{7-37}$$

式中:Δp——局部压力降,MPa;

　　　v——中立位置的液流流速,m/s。

用式(7-38)计算:

$$v = \frac{Q}{37.6 de_1} \tag{7-38}$$

式中:Q——溢流阀限制下的最大排量,一般约等于发动机怠速时油泵排量的 1.5 倍,L/min;

　　　d——滑阀直径,cm;

　　　e_1——预开隙,cm。

Δp 的允许值为 $3 \times 10^{-2} \sim 4 \times 10^{-2}$ MPa。

分析式(7-37)、式(7-38)可知:若滑阀直径 d 和预开隙 e_1 取得过小,将使中立位置的液流流速增大,并导致 Δp 超过允许值。

3. 分配阀的回位弹簧

为了防止因外界干涉破坏分配阀的正常工作和保证转向后转向盘的自动回正作用,回位弹簧的力在保证转向轻便的条件下,应尽可能取大些。为克服回位弹簧上的压力,反映在转向盘上的作用力,轿车应比货车的小些。

回位弹簧预压缩力的最小值,应大于转向器逆传动时的摩擦力,否则转向后,转向轮不可能有自动回正作用。转向器的摩擦力可由试验确定。

4. 动力转向器的评价指标

(1) 动力转向器的作用效能。用效能指标 $s = F_h / F_{h'}$ 来评价动力转向器的作用效能。式中,F_h 和 $F_{h'}$ 为没有动力转向器和有动力转向器时,转动转向轮所必须作用在转向盘上的力。现有动力转向器的效能指标 $s = 1 \sim 15$。

(2) 路感。驾驶人转动转向盘,除要克服转向器的摩擦力和回位弹簧阻力外,还要克服反映路感的液压阻力。液压阻力等于反作用阀面积与工作液压压强的乘积。在最大工作压力时,轿车换算到转向盘上的力增加约 $30 \sim 50$N,货车增加 $80 \sim 100$N。

(3) 转向灵敏度。转向灵敏度可以用转向盘行程与滑阀行程的比值 i 来评价:

$$i = \frac{D_{sw} \phi}{2\delta} \tag{7-39}$$

式中:D_{sw}——转向盘直径;

　　　ϕ——转向盘转角;

　　　δ——滑阀行程。

由式(7-39)所示,当 D_{sw} 和 δ 的数值不变时,转向盘转角 ϕ 仅仅取决于比值 i,所以这完全可以表达转向灵敏度。比值 i 越小,则动力转向作用的灵敏度越高。高级轿车的 i 值在 6.7 以下。

转向灵敏度也可以用接通动力转向时,作用到转向盘的手力和转角来评价,要求此力在 $20 \sim 50$N,转角在 $10° \sim 15°$ 范围。

5. 动力转向器的静特性

动力转向器的静特性是指输入转矩与输出转矩之间的变化关系曲线,是用来评价动力转向器的主要特性指标。因输出转矩等于油压压力乘以动力缸工作面积和作用力臂,对于已确定的结构,后两项是常量,所以可以用输入转矩 M_φ 与输出油压 p 之间的变化关系曲线来表示动力转向的静特性,如图 7-22 所示。常将静特性曲线划分为四个区段。在输入转矩不大的时候,相当于图中 A 段,是直线行驶位置附近小角度转向区,曲线呈低平形状,油压变化不大;汽车原地转向或调头时,输入转矩进入最大区段(图中 C 段),要求助力转向效果应当最大,故油压曲线呈陡而直状上升;B 区段属常用快速转向行驶区段,要求助力作用要明显,油压曲线的斜率变化应较大,曲线由较为平缓变陡。

除此之外,上述三个区段之间的油压曲线过渡要求平滑,D 区段曲线就表明是一个较宽的平滑过渡区间。

要求动力转向器向右转和向左转的静特性曲线应对称。对称性可以评价滑阀的加工和装配质量。要求对称性大于 0.85。

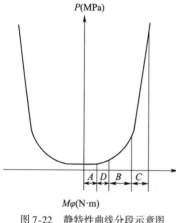

图 7-22 静特性曲线分段示意图

第六节 转向梯形机构的设计与优化计算

转向梯形有整体式和断开式两种,选择整体式或断开式转向梯形方案与悬架采用何种方案有关。无论采用哪一种方案,必须正确选择转向梯形参数,做到汽车转弯时,保证全部车轮绕一个瞬时转向中心行驶,使在不同圆周上运动的车轮,作无滑动的纯滚动运动。同时,为达到总体布置要求的最小转弯直径值,转向轮应有足够大的转角。

一、转向梯形结构方案分析

1. 整体式转向梯形

如图 7-23 所示,整体式转向梯形是由转向横拉杆 1,转向梯形臂 2 和汽车前轴 3 组成。

其中梯形臂呈收缩状向后延伸。这种方案的优点是结构简单,调整前束容易,制造成本低;主要缺点是一侧转向轮上、下跳动时,会影响另一侧转向轮。

当汽车前悬架采用非独立悬架时,应当采用整体式转向梯形。整体式转向梯形的横拉杆可位于前轴后或前轴前(称为前置梯形)。对于发动机位置低或前轮驱动汽车,常采用前置梯形。前置梯形的梯形臂必须向前外侧方向延伸,因而会与车轮或制动底板发生干涉,所以在布置上有困难。为了保护横拉杆免遭路面不平物的损伤,横拉杆的位置应尽可能布置得高些,至少不低于前轴高度。

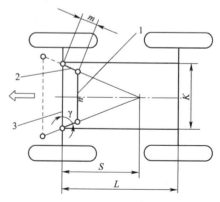

图 7-23 整体式转向梯形
1-横拉杆;2-梯形臂;3-前轴

2. 断开式转向梯形

转向梯形的横拉杆做成断开的,称为断开式转向梯形。如图 7-24 所示,转向横拉杆 1 要做成分段式的,由中段的横拉杆和两侧的边杆用球铰接组合而成,与转向梯形臂 3 连接。当汽车直行时摆杆 2 与转向摇臂 4 应对称地位于中段横拉杆的左右两侧并与之垂直地铰接。且在悬架导向机构横臂的纵向摆轴线上,以避免汽车垂向振动引起转向车轮的摆振并使汽车具有良好的直线行驶性能。

断开式转向梯形的主要优点是它与前轮采用独立悬架相配合,能够保证一侧车轮上、下跳动时,不会影响另一侧车轮。与整体式转向梯形比较,由于杆系、球头增多,所以结构复杂,制造成本高,并且调整前束比较困难。

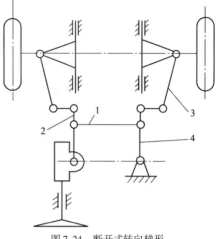

图 7-24 断开式转向梯形

二、整体式转向梯形机构优化设计

汽车转向行驶时,受弹性轮胎侧偏角的影响,所有车轮不是绕位于后轴延长线上的点滚动,而是绕位于前轴和后轴之间的汽车内侧某一点滚动。此点位置与前轮和后轮的侧偏角大小有关。因影响轮胎侧偏角的因素很多,且难以精确确定,故下面是在忽略侧偏角影响的条件下,分析有关两轴汽车的转向问题。此时,两转向前轮轴线的延长线应交在后轴延长线上(图 7-2)。设 θ_i、θ_o 分别为内、外转向车轮转角,L 为汽车轴距,K 为两主销中心线延长线到地面交点之间的距离。若要保证全部车轮绕一个瞬时转向中心行驶,则梯形机构应保证内、外转向车轮的转角有如下关系:

$$\cot\theta_o - \cot\theta_i = \frac{K}{L} \tag{7-40}$$

若自变角为 θ_o,则因变角 θ_i 的期望值为:

$$\theta_i = f(\theta_o) = \text{arccot}\left(\cot\theta_o - \frac{K}{L}\right) \tag{7-41}$$

现有转向梯形机构仅能近似满足上式关系。以图 7-2 所示的后置梯形机构为例,在图上作辅助用虚线,利用余弦定理可推得转向梯形所给出的实际因变角 θ'_i 为:

$$\theta'_i = \gamma - \arcsin\frac{\sin(\gamma+\theta_o)}{\sqrt{\left(\frac{K}{m}\right)^2+1-2\frac{K}{m}\cos(\gamma+\theta_o)}} - \arccos\frac{\frac{k}{m}[2\cos\gamma-\cos(\gamma+\theta_o)-\cos2\gamma]}{\sqrt{\left(\frac{K}{m}\right)+1-2\frac{K}{m}\cos(\gamma+\theta_o)}} \tag{7-42}$$

式中:m——梯形臂长;
γ——梯形底角。

所设计的转向梯形给出的实际因变角 θ'_i,应尽可能接近理论上的期望值 θ_i。其偏差在最常使用的中间位置小角度范围内应尽量小,以减少高速行驶时轮胎的磨损;而在不经常使用且车速较低的最大转角时,可适当放宽要求。因此,再引入加权因子 $\omega(\theta_{oi})$,构成评价设

计优劣的目标函数 $f(x)$ 为:

$$f(x) = \sum_{\theta_{oi}=1}^{\theta_{o\max}} \omega(\theta_{oi}) \left[\frac{\theta'_i(\theta_{oi}) - \theta_i(\theta_{oi})}{\theta_i(\theta_{oi})} \right] \tag{7-43}$$

将式(7-41)、式(7-42)代入式(7-43)得:

$$f(x) = \sum_{\theta_{oi}=1}^{\theta_{o\max}} \omega(\theta_{oi}) \left| \frac{\gamma - \arcsin\dfrac{\sin(\gamma + \theta_{oi})}{\sqrt{\left(\dfrac{K}{m}\right)^2 + 1 - 2\dfrac{k}{m}\cos(\gamma + \theta_{oi})}}}{\mathrm{arccot}\left(\cot\theta_{oi} - \dfrac{K}{L}\right)} - \frac{\arccos\dfrac{\dfrac{K}{m}[2\cos\gamma - \cos(\gamma + \theta_{oi})] - \cos 2\gamma}{\sqrt{\left(\dfrac{K}{m}\right)^2 + 1 - 2\dfrac{K}{m}\cos(\gamma + \theta_{oi})}}}{\mathrm{arc}\ \cot\left(\cot\theta_{oi} - \dfrac{K}{L}\right)} - 1 \right| \times 100\%$$

式中: x——设计变量,$x = \begin{bmatrix} x_1 \\ x_2 \end{bmatrix} = \begin{bmatrix} \gamma \\ m \end{bmatrix}$;

$\theta_{o\max}$——外转向车轮最大转角。

由图 7-2 得:

$$\theta_{o\max} = \arcsin\frac{L}{\dfrac{D_{\min}}{2} - \alpha}$$

式中: $D_{\min}$——汽车最小转弯直径;

α——主销偏移距。

考虑到多数使用工况下转角 θ_o 小于 20°,且 10°以内的小转角使用得更加频繁,因此取:

$$\omega(\theta_o) = \begin{cases} 1.5 & 0° < \theta_o \leq 10° \\ 1.0 & 10° < \theta_o \leq 20° \\ 0.5 & 20° < \theta_o \leq \theta_{o\max} \end{cases} \tag{7-44}$$

建立约束条件时应考虑到:设计变量 m 过小时,会使横拉杆上的转向力过大;当 m 过大时,将使梯形布置困难,故对 m 的上、下限及对 γ 的下限应设置约束条件。因为 γ 越大,梯形越接近矩形,$f(x)$ 值就越大,而优化过程是求 $f(x)$ 的极小值,故可不必对 γ 的上限加以限制。综上所述,各设计变量的取值范围构成的约束条件为:

$$m - m_{\min} > 0 \tag{7-45}$$

$$m_{\max} - m \geq 0 \tag{7-46}$$

$$\gamma - \gamma_{\min} \geq 0 \tag{7-47}$$

梯形臂长度 m 设计时常取在 $m_{\min} = 0.11K$,$m_{\max} = 0.15K$。梯形底角 $\gamma_{\min} = 70°$。

此外,由机械原理得知,四连杆机构的传动角方不宜过小,通常取 $\delta \geq \delta_{\min}$。如图 7-25 所示,转向梯形机构在汽车向右转弯至极限位置时达到最小值,故只考虑右转弯时 $\delta \geq \delta_{\min}$ 即可。利用该图所作的辅助用虚线及余弦定理,可推出最小传动角约束条件为:

$$\frac{\cos\delta_{\min} - 2\cos\gamma + \cos(\gamma + \theta_{o\max})}{(\cos\delta_{\min} - \cos\gamma)\cos\gamma} - \frac{2m}{K} \geq 0 \tag{7-48}$$

式中：δ_{min}——最小传动角。

已知 $\theta_{o\,max} = \arcsin \dfrac{L}{\frac{D_{min}}{2}}$，故由式(7-48)可知，$\delta_{min}$ 为设计变量 m 及 γ 的函数。由式(7-44)、式(7-45)、式(7-46)和式(7-47)四项约束条件所形成的可行域，如图 7-25 所示的几种情况。图 7-25b) 适用于要求 δ_{min} 较大，而 γ_{min} 可小些的车型；图 7-25c) 适用于要求 γ_{min} 较大，而 δ_{min} 小些的车型；图 7-25a) 适用介于图 7-25b)、c) 之间要求的车型。

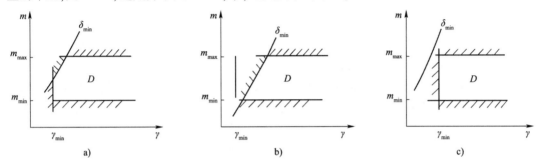

图 7-25　转向梯形机构优化设计的可行域

由上述数学模型可知，转向梯形机构的优化设计问题，是一个小型的约束非线性规划问题，可用复合形法来求解。

三、断开式转向梯形机构优化设计

对于采用独立悬架的汽车转向车轮，梯形中的横拉杆应是分段式的，以避免运动干涉，防止一个车轮的上下跳动影响另一个车轮的跳动。分段式转向梯形布置方案较多，它多由中间的横拉杆和其两侧的边杆以及转向摇臂和与之对称的摆杆组成。分段式横拉杆铰接点（或称断开点）的位置与独立悬架的结构形式有关。采用双横臂独立悬架，常用图解法（基于三心定理）确定断开点的位置。其求法如图 7-26 所示。

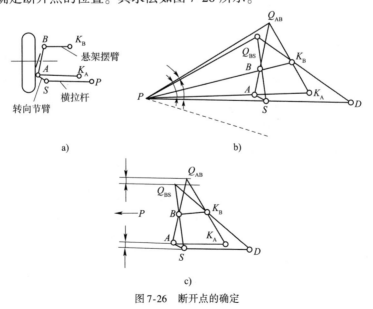

图 7-26　断开点的确定

(1) 延长 K_BB 与 K_AA，交于立柱 AB 的瞬心 P 点，由 P 点作直线 PS。S 点为转向节臂球销中心在悬架杆件(双横臂)所在平面上的投影。当悬架摇臂的轴线斜置时，应以垂直于摇臂轴的平面作为当量平面进行投影和运动分析。

(2) 延长直线 AB 与 K_AK_B，交于 Q_{AB} 点，连 PQ_{AB} 直线。

(3) 连接 S 和 B 点，延长直线 SB。

(4) 作直线 PQ_{BS}，使直线 PQ_{AB} 与 PQ_{BS} 间夹角等于直线 PK_A 与 PS 间的夹角。当 S 点低于 A 点时，PQ_{BS} 线应低于 PQ_{AB} 线。

(5) 延长 PS 与 $Q_{BS}K_B$，相交于 D 点，此 D 点便是横拉杆铰接点(断开点)的理想位置。

以上是在前轮没有转向的情况下，确定断开点 D 位置的方法。此外，还要对车轮向左转和向右转的几种不同的工况进行校核。图解方法同上，但 S 点的位置变了；当车轮转向时，可认为 S 点沿垂直于主销中心线 AB 的平面上画弧(不计主销后倾角)。如果用这种方法所得到的横拉杆长度在不同转角下都相同或十分接近，则不仅在汽车直线行驶时，而且在转向时，车轮的跳动都不会对转向产生影响。双横臂互相平行的悬架能满足此要求，如图 7-26a)、c)。

四、转向传动机构强度计算

1. 球头销

球头销常由于球面部分磨损而损坏，为此用下式验算接触应力 σ_j：

$$\sigma_j = \frac{F}{A} \tag{7-49}$$

式中：F——作用在球头上的力；

A——在通过球心垂直于 F 力方向的平面内，球面承载部分的投影面积。

许用接触应力为 $[\sigma_j] \leqslant 25 \sim 30 \text{N/mm}^2$。

设计初期，球头直径 d 可根据表 7-4 中推荐的数据进行选择。

球 头 直 径 表 7-4

球头直径(mm)	转向轮负荷(N)	球头直径(mm)	转向轮负荷(N)
20	到 6000	35	24000 ~ 34000
22	6000 ~ 9000	40	34000 ~ 49000
25	9000 ~ 12500	45	49000 ~ 70000
27	12500 ~ 16000	50	70000 ~ 100000
30	16000 ~ 24000	—	—

球头销用合金结构钢 12CrNiB、15CrMo、20CrNi 或液体碳氮共渗钢 35Cr、35CrNi 制造。

2. 转向拉杆

转向拉杆应有较小的质量和足够的刚度。拉杆的形状应符合布置要求，有时不得不做成弯的，这就减小了纵向刚度。拉杆应用《材料力学》中有关压杆稳定性计算公式进行验算。稳定性安全系数不小于 1.5 ~ 2.5。拉杆用 20、30 或 40 钢无缝钢管制成。

3. 转向摇臂

在球头销上作用的力 F，对转向摇臂构成弯曲和扭转力矩的联合作用。危险断面在摇臂根部，应按第三强度理论验算其强度：

$$\sigma = \sqrt{\frac{F^2 d^2}{W_w^2} + 4\frac{F^2 e^2}{W_n^2}} \qquad (7\text{-}50)$$

式中：W_w——危险断面的抗弯截面系数；
　　　W_n——危险断面的抗扭转截面系数。

尺寸 d、e 如图 7-27 所示。要求：

$$\sigma \leqslant \frac{\sigma_T}{n}$$

式中：σ_T——材料的屈服点；
　　　n——安全系数，取 $n = 1.7 \sim 2.4$。

转向摇臂与转向摇臂轴经花键连接，因此要求验算花键的挤压应力和切应力。

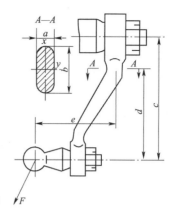

图 7-27　转向摇臂受力图

第七节　转向系统其他结构形式及选择

一、转向减振器

有些汽车在转向传动机构中装有转向减振器，一般水平地置于转向横拉杆附近，装于转向杆与车身或车架之间，用来衰减转向轮的摆振及缓和来自路面的冲击载荷。

转向减振器是内部充满液体的筒式减振器，并利用液体分子的内摩擦产生的黏性阻尼来衰减振动。因转向减振器是呈水平状态布置在汽车上，故对其密封要求严格，并备有隔离工作液体和空气的补偿室。减振器工作时，补偿室的容积要发生变化，因此补偿室常由具有弹性的皮囊制成，如图 7-28 所示。在压缩行程，液体挤开活塞上的流通阀之后流过流通孔，与此同时活塞排挤液体压开压缩阀座上的压缩阀后进入补偿室，使皮囊膨胀。在拉伸行程，液体挤开活塞上的复原阀通过复原孔，同时皮囊靠本身弹性复位，使补偿室内的液体挤开阀座上的补偿阀后进入工作腔，以补偿活塞杆所空出的容积。液体如此往复地通过这些孔道时，其分子间的内摩擦阻力就逐步衰减了活塞往复拉伸和压缩所形成的振动。

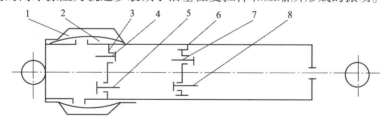

图 7-28　机械转向系组成示意图

1-皮囊；2-补偿室；3-阀座；4-补偿阀及孔；5-压缩阀及孔；6-活塞；7-流通阀及孔；8-复原阀及孔

为了衰减以转向车轮的左、右摆动为特征的所谓"摆振"，转向减振器的减振特性应是对称的，即拉伸和压缩行程 s 有对称的阻尼力 F。

在设计时应注意：如果活塞单位行程所对应的储气室体积过小，则活塞杆伸缩时储气室内气体体积变化率就很大。而变化率过大则会增大不同行程方向下的阻尼差异，这是不希望的。因此，应尽量增大储气室的长度，使室内气体的体积较大而相对变化率较小。为了避免转向减振器连接部位被卡住，设计时应注意使其在所有工作位置产生的弯曲力矩最小。

当工作中的摆动角较大时,可采用球形铰接。防尘罩是防止泥沙及石块等污染或损伤活塞杆的一种保护装置。因转向减振器为横向布置,泥雪等污物易进入保护罩和活塞杆之间,为了方便排除,可设置除尘孔。

对于具有动力转向装置的转向系,它本身就有缓和冲击和振动的功能,不必再装转向减振器。

二、转向盘

转向盘由轮毂、轮缘和轮辐组成,位于驾驶人座椅前方,为保证驾驶人能舒适地进行转向操作,应注意转向盘平面与水平面之间的夹角,并以取得转向盘前部盲区距离最小为佳,同时转向盘又不应当影响驾驶人观察仪表,还要照顾到转向盘周围(如风挡玻璃等)有足够的空间。另外,转向盘直径大小要合理选择,既不要因转向盘直径偏大使驾驶人进出驾驶室感到困难;也不要因转向盘直径过小,导致转向时驾驶人比较费力,操纵困难。表7-5给出了转向盘直径的大致参考范围。

转向盘直径参考值 表7-5

汽车类型	转向盘直径(mm)	汽车类型	转向盘直径(mm)
轿车、小型客车、小型货车	400	大型客车、大型货车	550
中型客车、中型货车	450、500		

三、转向轴

根据交通事故统计资料和对汽车碰撞试验结果的分析表明:汽车正面碰撞时,转向盘、转向管柱是使驾驶人受伤的主要元件。因此,要求汽车在以48km/h的速度正面同其他物体碰撞的试验中,转向管柱和转向轴在水平方向的后移量不得大于127mm;在台架试验中,用人体模型的躯干以6.7m/s的速度碰撞转向盘时,作用在转向盘上的水平力不得超过11123N,见《防止汽车转向机构对驾驶员伤害的规定》(GB 11557—2011)。为此,需要在转向系中设计并安装能防止或者减轻驾驶人受伤的机构。如在转向系中,使有关零件在撞击时产生塑性变形、弹性变形或是利用摩擦等来吸收冲击能量。

当转向传动轴中采用有万向节连接的结构时,只要布置合理,即可在汽车正面碰撞时防止转向轴等向乘客舱或驾驶室内移动,如图7-29所示。这种结构虽然不能吸收碰撞能量,但其结构简单,只要万向节连接的两轴之间存在夹角,正面撞车后转向传动轴和转向盘就处在图中双点划线的位置,转向盘没有后移便不会危及驾驶人安全。

图7-30所示在轿车上应用的防伤安全机构,其结构最简单,制造容易。转向轴分为两段,上转向轴的下端经弯曲成形后,其轴线与主轴轴线之间偏移一段距离,其端面与焊有两个圆头圆柱销的紧固板焊接,两圆柱销的中心线对称于上转向轴的主轴线。下转向轴呈T字形,其上端与一个压铸件相连,压

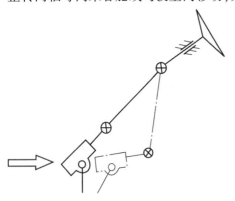

图7-29 防伤转向传动轴示意图

铸件上铸有两孔,孔内压入橡胶套与塑料衬套后再与上转向轴呈倒钩状连接,构成安全转向轴。该轴在使用过程中除传递转矩外,在受到一定数值的轴向力时,上、下转向轴能自动脱开,如图 7-30b)所示,以确保驾驶人安全。

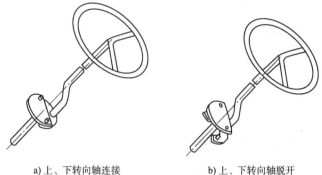

a) 上、下转向轴连接　　　　b) 上、下转向轴脱开

图 7-30　防伤转向轴示意图

图 7-31 是网格状转向管柱碰撞时变形过程图,当人体冲撞到转向盘上的载荷超过允许范围时,网格状部分被压缩,产生塑性变形,同时吸收撞击能量,减轻对驾驶人的伤害。

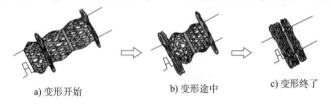

a) 变形开始　　　b) 变形途中　　　c) 变形终了

图 7-31　网格状转向管柱变形示意图

第八节　设 计 实 例

一、题目及要求

已知某商用车转向系统采用循环球式转向器,其前轴载荷为 795kg,前轮轮胎气压 0.21MPa,转向机构中转向摇臂 L_1 为 130mm;转向节臂 L_2 为 120mm;方向盘半径 R_{sw} 为 200mm;转向器的角传动比 i_w 为 20.8,前轮最大转角 β_{max} 为 39°。试对该车辆的转系系统进行设计。

二、转向系统的设计及参数确定

本车设计转向器为循环球式,其传动副之间用滚动摩擦代替滑动摩擦,如果忽略轴承和其他地方的摩擦损失,只考虑啮合副的摩擦损失,则:

$$\eta_+ = \frac{\tan\alpha_0}{\tan(\alpha_0 + p)}$$

$$\eta_- = \frac{\tan(\alpha_0 - p)}{\tan\alpha_0}$$

设计时取 $\alpha_0 = 8°, f = 0.03, p = 1.718°$ 代入得:

$$\eta_+ = \frac{\tan 8°}{\tan(8° + 1.718°)} = 82.1\%$$

$$\eta_- = \frac{\tan(8° - 1.718°)}{\tan 8°} = 78.3\%$$

三、转向系统计算载荷的确定

计算汽车在沥青或者混凝土路面上原地转向阻力矩,轮胎和路面的滑动摩擦系数取 0.7:

$$M_r = \frac{f}{3}\sqrt{\frac{G_1^3}{p}} = 350.2(\text{N} \cdot \text{m})$$

作用在转向盘上的力为:

$$F_h = \frac{L_1 M_r}{L_2 R_{sw} i_w \eta_+} = 111.1(\text{N}) < 200\text{N}$$

满足设计要求。

设转向盘在内转向轮达到最大转角 β_{max} 的转角是 ψ,根据 $\frac{\psi}{\beta_{maxw} L_2/L_1}$,则 $\psi = \frac{39 \times 120 \times 20.8}{130} = 748.8°$。则转向盘圈数 $\frac{\psi}{360} = 2.08$ 圈 < 3 圈,满足设计要求。

四、循环球式转向器的设计与计算

(1)根据表 7-1,选择循环球式转向器参数见表 7-6。

转向器各参数　　　　　　　表 7-6

项 目	数 值	项 目	数 值	项 目	数 值
齿扇模数(mm)	4.0	螺距(mm)	9.525	齿扇整圆齿数	13
摇臂轴直径(mm)	30	工作圈数	1.5	齿扇压力角(°)	22.5
钢球中心距(mm)	25	环流行数	2	切削角(°)	6.5
螺杆外径(mm)	25	螺母长度(mm)	46	齿扇宽(mm)	28
钢球直径(mm)	6.350	齿扇齿数	5	—	—

(2)计算钢球直径 d 及数量 n。每个环路中的钢球数 $n = \pi Dw/d\cos\alpha_0 = 19(\cos\alpha_0 \approx 1)$。

(3)计算滚道截面。由于螺杆和螺母各由两条圆弧组成,形成四段圆弧滚道截(图 7-4),此时螺杆和螺母沟槽的半径:

$$R_2 = (0.15 - 0.53)d$$

取 $R_2 = 0.52d = 3.302\text{mm} > d/2 = 6.350/2 = 3.175\text{mm}$

$$b = P - d = 9.525 - 6.350 = 3.175\text{mm} > 2.5\text{mm}$$

满足设计要求。

导管内径 $d_1 = d + e = 6.350 + 0.65 = 7\text{mm}$,导管壁厚取为 1mm。

(4)接触角 $\theta = 45°$,以使轴向力和径向力分配均匀。

(5)齿条齿扇传动副设计。设计参数参照表 7-7,一般将 1-1 中间剖面规定为基准剖面(图 7-16),1-1 剖面向右时,变位系数 ξ 为正,向右时由正变零,再变为负。此时计算 0-0 剖面。

齿扇参数表(0-0 截面)　　　　　　　　　　　　　　　　　　　　　　　　表 7-7

参数	公式	数值	参数	公式	数值
分度圆直径 D	$D = mz$	52mm	全齿 h	$h = h_a + h_f$	9mm
齿顶高 h_a	$h_a = m \times h_a^*$	4mm	齿顶圆直径 d_a	$d_a = d + 2h_a$	60mm
齿根高 h_f	$h_f = (h_a^* + c^*)m$	5mm	齿根圆直径 d_f	$d_f = d - 2h_f$	42mm

齿扇轮在从轴线自左向右看是又窄又低的形状,变位系数逐渐增大,设 0-0 面与中间面 1-1 面的间距 $\alpha_0 = 5\text{mm}$。

1-1 截面:

$$\zeta_1 = \frac{\alpha_0 \tan\gamma}{m} = 5 \times \frac{\tan 6.5°}{4} = 0.14(\text{mm})$$

$$r_{f1} = r - (h_a^* + c^* - \zeta_1)m = 26 - (1.0 + 0.25 - 0.14) \times 4 = 21.56(\text{mm})$$

$$r_{a1} = r + (h_a^* + c^* + \zeta_1)m = 26 + (1.0 + 0.25 + 0.14) \times 4 = 31.56(\text{mm})$$

2-2 截面:

$$\zeta_2 = \frac{\alpha_2 \tan\gamma}{m} = (14+5) \times \frac{\tan 6.5°}{4} = 0.541(\text{mm})$$

$$r_{f2} = r - (h_a^* + c^* - \zeta_2)m = 26 - (1.0 + 0.25 - 0.541) \times 4 = 23.16(\text{mm})$$

$$r_{a2} = r + (h_a^* + \zeta_2)m = 26 + (1.0 + 0.541) \times 4 = 32.16(\text{mm})$$

3-3 截面:

$$\zeta_3 = \frac{\alpha_3 \tan\gamma}{m} = (-14 + 4.6) \times \frac{\tan 6.5°}{4} = -0.26(\text{mm})$$

$$r_{f3} = r - (h_a^* + c^* - \zeta_3)m = 26 - (1.0 + 0.25 + 0.26) \times 4 = 19.96(\text{mm})$$

$$r_{a3} = r + (h_a^* + \zeta_3)m = 26 + (1.0 - 0.267) \times 4 = 28.96(\text{mm})$$

分度圆处的齿厚:

大端齿厚

$$S_{\max} = (\pi + \zeta_{\max}\tan\alpha_0)\frac{m}{2} = 6.7(\text{mm})$$

小端齿厚

$$S_{\max} = (\pi + \zeta_{\min}\tan\alpha_0)\frac{m}{2} = 6.06(\text{mm})$$

齿条在与齿扇配合时,因齿扇为变厚齿扇,则满足啮合间隙特性,齿条变厚方向应与齿扇相反,齿条的齿扇与齿扇的齿槽宽相等,二者为等移距齿轮啮合传动。

五、循环球式转向器零件强度的计算

1. 钢球与滚道间的接触应力 σ

作用在螺杆上的轴向力 F_2:

$$F_2 = \frac{F_h R_{sw} \cot\alpha_0}{\frac{D}{2} - \frac{b}{2}} = \frac{111.1 \times 200 \times \cot 8° \times 2}{(25 - 3.175)} = 14481.8(\text{N})$$

作用在钢球与螺杆间正压力 F_3,可用下式计算:

$$F_3 = \frac{F_2}{n\cos\alpha_0\cos\theta}$$

式中：θ——接触角取 $45°$；

α_0——螺杆螺线导程角取 $8°$；

n—— 参与工作的钢球数 38。

代入计算得 $F_3 = 544.3\text{N}$

$$\sigma = k\sqrt[3]{\frac{F_3 E^2 (R_2 - r)^2}{(R_2 r)^2}}$$

$$\sigma = 1.615 \sqrt[3]{\frac{544.3 \times (2.1 \times 10^5)^2 (3.302 - 3.175)^2}{(3.302 \times 3.175)^2}}$$

$$= 2457.2(\text{MPa}) < [\sigma] = 2500\text{MPa}$$

$$\frac{A}{B} = \frac{\frac{1}{2}\left(\frac{1}{r} - \frac{1}{R_2}\right)}{\frac{1}{2}\left(\frac{1}{r} + \frac{1}{R_1}\right)} = \frac{0.0061}{0.1975} = 0.03$$

式中：$k = 1.615$（查表 7-3）；

r——钢球半径，mm；

R_2——滚道截面半径，mm；

R_1——螺杆外半径，mm；

E——材料弹性模为 $2.1 \times 10^5 \text{N/mm}^2$。

当表面硬度为 HRC58-64，许用接触应力 $[\sigma] = 2500\text{MPa}$，由以上可知接触应力可以满足要求。

2. 齿的弯曲应力

作用在齿扇上的圆周力 F，可用下式计算：

$$F = \frac{M_r}{L_2} = \frac{350.2}{120} \times 1000 = 2918.3(\text{N})$$

则齿的弯曲应力 σ_w

$$\sigma_w = \frac{6F \times h}{BS_b^2} = \frac{6 \times 2918.3 \times 9}{28 \times 4.771^2} = 247.26(\text{MPa}) < [\sigma_w] = 540\text{MPa}$$

式中：h——齿扇的齿高；

B——齿扇的齿宽；

S_b——基圆齿厚。

螺杆与螺母用 20CrMnTi 刚材料制造，表面渗碳，深度为 $0.8 \sim 1.2\text{mm}$，表面硬度为 HRC58-63，其许用弯曲应力为 $[\sigma_w] = 540\text{MPa}$，由以上可知接触应力可以满足要求。

本章小结

转向系统主要由转向操纵机构、转向器和转向传动机构三部分组成，其作用是用来改变或恢复汽车行驶方向的专设机构,保证汽车按驾驶人的意图行驶,对汽车的操纵稳定性有直接的影响。在进行汽车转向系统设计时,首先需要根据前桥轴荷和汽车结构形式来确定转向系统的总体布置方案,然后确定转向器所采用的类型,并进行结构设计和校核,最后完成转向系传动机构及操纵机构其他部件的设计,在实际应用中应根据需求进行方案分析和制定。

转向器的种类比较多,主要有齿轮齿条式转向器、循环球式转向器、蜗杆滚轮式转向器和蜗杆指销式转向器等,对转向器的设计主要包括对其计算载荷的确定,然后对所选转向器的主要零部件进行分析计算。转向系统传动机构设计的主要内容是正确选择转向梯形参数,以做到汽车转向时,保证全部车轮绕一个瞬时转向中心行驶,使不同车轮都作无滑动的纯滚动运动,同时保证与悬架导向机构的运动不干涉。

当采用动力转向时,需要根据不同车型考虑助力大小的分配方案,然后进行设计分析。其主要目的兼顾驾驶人转向时的轻便性和灵敏性,以改善转向系统的操纵性能。

思考与练习

7-1 影响转向系统性能的主要因素有哪些?如何定义?

7-2 转向系统的传动比包括哪两部分?汽车转向的轻便性和灵敏性与其有何关系?怎样改进?

7-3 采用循环球式转向器时,如何实现变传动比?其工作原理是什么?

7-4 现代汽车转向机构安全防伤机构的主要采用哪些方案?

第八章　制动系统设计

【内容提要】　本章介绍了制动系统功能、组成与分类、制动系统设计的一般要求等制动系统设计知识。主要讲述制动器效能、效能稳定性、摩擦衬片磨损特性、前后轮制动力矩等方面制动器性能计算;鼓式、盘式等制动器结构方案设计;制动器的设计计算;制动驱动机构的形式及设计计算。

【目标要求】　了解制动系设计的要求;掌握制动器的结构分类及方案设计;熟练掌握制动器的设计计算、制动器的性能计算。

第一节　引　　言

一、制动系统的功能

制动系统是汽车的一个重要系统部件,对汽车的行驶运动起制约作用,其性能的好坏直接影响汽车的安全性。制动系统的功能主要有:
(1) 使汽车以适当的减速度降速行驶,直至制动。
(2) 在下坡行驶时,使汽车保持适当的稳定车速。
(3) 使汽车可靠地停在原地或坡道上。

二、制动系统的组成与分类

制动系统由制动器和制动驱动机构组成。

按制动目的分类,制动装置可分为行车、驻车、应急、辅助制动4种装置。制动系统至少有两套独立的制动装置,即行车制动装置和驻车制动装置。行车制动装置使正常行驶的汽车减速或停车。驻车制动装置用于汽车可靠地在原地停驻,特别是在坡道上停车,其驱动机构常采用机械式。应急制动装置用于行车制动装置发生意外故障失效时,利用机械力源控制从而实现汽车制动。驻车制动装置也可以起应急制动装置的作用。辅助制动装置通过装设缓速器等设备,实现汽车下长坡时保持稳定车速的作用,减轻或解除行车制动装置的负荷,从而避免行车制动装置长时间的制动导致的失效危险。

按制动对象分类,制动装置可分为车轮制动器和中央制动器,后者制动传动轴或变速器输出轴。过去,大多数汽车用中央制动器作应急制动器和驻车制动器,但因应急制动时造成传动轴超载,现在多改在后轮制动器上另设一套制动驱动机构,取代中央制动器。但仍有少数重型汽车保留中央制动器,以保证制动系统的可靠性。

按耗散能量的方式分类,制动装置可分为摩擦式、液力式、电磁式等形式。电磁式制动器虽有作用滞后性好、易于连接而且接头可靠等优点,但因成本高,只在一部分总质量较大的商用车上用作车轮制动器或缓速器;液力式制动器一般只用作缓速器。目前广泛使用的仍为摩擦式制动器。

三、制动系统设计要求

1. 足够的制动能力

制动能力包括行车制动能力和驻坡制动能力。行车制动能力是用一定制动初速度或最大制动踏板力下的制动减速度和制动距离两项指标评定。驻坡制动能力是汽车在良好路面上能可靠停驻的最大坡度,一般应不小于20%。

2. 可靠性好

制动系统各零部件工作可靠。行车制动装置至少有两套独立的制动驱动管路。其中一套管路失效时,另一套管路应保证制动能力不低于原规定值的30%。制动系统应设立必要的安全设备和报警装置。

3. 制动操纵稳定性好

汽车以任何速度制动都不应当丧失操作性和方向稳定性。汽车前、后轮制动力矩分配应有合适的比例,避免造成汽车无法操纵或甩尾,甚至自动掉头等危险情况。

4. 操纵轻便

要求制动踏板和手柄的位置和行程要符合人机工程学要求。要求操纵制动系统所需要的力不应过大,能为一般体形和体力的驾驶人所适应。

5. 作用滞后时间短

作用滞后时间包括产生制动和解除制动的滞后时间,要求滞后时间尽可能短。

6. 制动水、热稳定性好

制动器摩擦片的抗热衰退能力要高,受热恢复较快。能防止水和污泥进入制动器工作表面,制动器摩擦片浸水后恢复摩擦系数能力要好。

7. 减少公害

制动系统在制动时噪声要低。在制造和使用过程中,尽量避免制动衬片中对人体有害的石棉纤维等物质的散发。

第二节 制动器的性能计算

一、制动器的效能

制动器的效能是指制动器在单位输入压力或力的作用下所输出的力或力矩,常用制动器效能因数(简称制动器因数)表示。设制动器输出的制动力矩为 M_μ,则在制动鼓或制动盘的作用半径 R 上的摩擦力为 M_μ/R,于是,制动器效能因数 K 为:

$$K = \frac{\dfrac{M_\mu}{R}}{F_0} \tag{8-1}$$

式中:F_0——输入力,取决于两制动蹄的张开力(或加于两制动块的压紧力)的平均值,即:

$$F_0 = \frac{F_{01} + F_{02}}{2} \tag{8-2}$$

鼓式制动器一般有两个制动蹄,两蹄张力为 F_{01} 和 F_{02},制动鼓内圆半径为 R,两蹄加于制动鼓的制动力矩为 $M_{\mu 1}$ 和 $M_{\mu 2}$,则两蹄制动因数为:

$$K_1 = \frac{M_{\mu1}}{RF_{01}}, K_2 = \frac{M_{\mu2}}{RF_{02}} \tag{8-3}$$

整个鼓式制动器的效能因数为:

$$K = \frac{M_\mu}{RF_0} = \frac{M_{\mu1} + M_{\mu2}}{\dfrac{R(F_{01} + F_{02})}{2}} = \frac{2(M_{\mu1} + M_{\mu2})}{R(F_{01} + F_{02})} \tag{8-4}$$

钳盘式制动器制动时,如图8-1所示,制动盘两侧均承受制动块的压紧力 F_0,两个工作盘上所受摩擦力为 $2F_f = 2fF_0$,f 为制动衬块与盘间的摩擦系数。于是,钳盘式制动器的效能因数为:

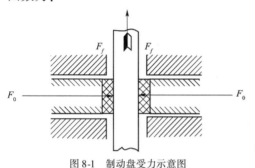

图8-1 制动盘受力示意图

$$K = \frac{2F_f}{F_0} = \frac{2fF_0}{F_0} = 2f \tag{8-5}$$

二、制动器制动效能的稳定性

如果不考虑制动鼓、制动蹄(或制动盘)的变形,一定形式的制动器效能因数 K 随摩擦系数 f 的变化率即 dK/df 愈小,则制动器的安全性愈高,这种性能称为制动效能的稳定性。

制动器制动效能的稳定性主要取决于其效能因数 K 对摩擦系数 f 的敏感性。而 f 会随着摩擦副材质和弹性、摩擦面之间的温度、水湿程度、光洁程度等因素变化,尤其是随着温度的升高,f 明显衰退,最低时降为正常值的30%。

三、制动器摩擦衬片的磨损特性

摩擦衬片(衬块)的磨损,与摩擦副的材质、表面加工情况、温度、压力、相对滑磨速度等多种因素有关。磨损特性主要评价指标有以下两种。

1. 比能量耗散率

汽车的制动过程是将其机械能(动能和势能)的一部分转换为热能耗散去的过程。紧急制动时,制动器几乎承担了耗散汽车全部动能的任务。此时制动时间很短,热量来不及耗散到大气中,被制动器吸收,引起温度的升高,形成制动器的能量负荷。能量负荷越大,衬片(衬块)的磨损越严重,其评价指标为比能量耗散率。

双轴汽车的单个前轮和后轮制动器的比能量耗散率分别为:

$$e_1 = \frac{1}{2}\frac{\delta m_a(v_1^2 - v_2^2)}{2tA_1}\beta \tag{8-6}$$

$$e_2 = \frac{1}{2}\frac{\delta m_a(v_1^2 - v_2^2)}{2tA_2}(1-\beta) \tag{8-7}$$

$$t = \frac{v_1 - v_2}{j} \tag{8-8}$$

式中:m_a——汽车总质量;

δ——汽车回转质量换算系数;

v_1, v_2——制动初速度和终速度;

j——制动减速度;

t——制动时间；

A_1, A_2——前后制动器衬片(衬块)的摩擦面积；

β——制动力分配系数。

紧急制动至停车时，$v_2 = 0$，并取 $\delta = 1$。

2. 比摩擦力

衬块单位摩擦面积的制动摩擦力为比摩擦力 f_0，单个车轮制动器的比摩擦力为：

$$f_0 = \frac{M_\mu}{RA} \tag{8-9}$$

式中：M_μ——单个制动器的制动力矩；

R——制动鼓半径(制动盘平均半径 R_m 或有效半径 R_e)；

A——单个制动器的衬片(衬块)摩擦面积。

比摩擦力越大，磨损越严重。制动减速度为 $0.6g$ 时，鼓式制动器的比摩擦力 f_0 以不大于 0.48N/mm^2 为宜。

四、前后轮制动器的制动力矩

应合理确定前、后轮制动器的制动力矩，以保证汽车有良好的制动效能和稳定性。设计时首先选定同步附着系数 φ_0，并用式(8-10)计算出前、后轮制动力矩的比值为：

$$\frac{M_{\mu 1}}{M_{\mu 2}} = \frac{L_2 + \varphi_0 h_g}{L_1 - \varphi_0 h_g} \tag{8-10}$$

式中：h_g——单个制动器的制动力矩；

L_1, L_2——汽车质心至前轴、后桥的距离；

$M_{\mu 1}, M_{\mu 2}$——前、后轮制动器的制动力矩。

再根据汽车满载在柏油、混凝土路面上紧急制动到前轮抱死拖滑，计算出前轮制动器的最大制动力矩 $M_{\mu 1 \max}$，由式(8-10)可求出后轮制动器的最大制动力矩。

第三节 制动器结构方案设计

作为目前广泛使用的摩擦式制动器，根据其摩擦副结构形式不同，可分为鼓式、盘式和带式三种。带式制动器只用作中央制动器；鼓式和盘式制动器的结构形式有多种。

一、鼓式制动器

1. 鼓式制动器分类

鼓式制动器主要由制动鼓、制动蹄、传力杠杆和驱动装置组成。带摩擦片的制动蹄作为固定元件，大多采用两个蹄，并以铰支点的形式安装于鼓内，制动过程中两个衬块都以 90°~130° 的角度紧贴于制动轮内表面上。制动器工作时，摩擦所产生的热量大部分由制动鼓向外散出，为承受较大的热应力，制动鼓应有足够的质量。制动鼓在非工作状态，其摩擦片与制动鼓之间应有合适间隙。

鼓式制动器按蹄的属性可分为领从蹄式、双领蹄式、双向双领蹄式、双从蹄式、单向增力式和双向增力式，如图 8-2 所示。

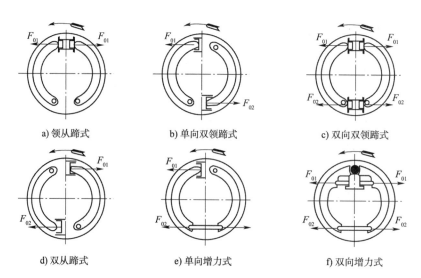

图 8-2　鼓式制动器示意图

不同形式鼓式制动器的主要区别如下：
①摩擦片固定支点的数量和位置不同。
②张开装置的形式和数量不同。
③制动时两块摩擦片之间有无相互作用。

因摩擦片的固定支点和张开力位置不同，使不同形式的鼓式制动器的领、从蹄数量及制动效能有区别。制动器的性能特点用制动效能、效能稳定性和摩擦片的磨损均匀程度评价。

（1）领从蹄式。

两个蹄各有固定的支点，而且两固定支点位于两蹄的同一端，如图 8-2a）所示。两个蹄的张开装置有两种形式：一是两个活塞直径相等的液压轮缸，可保证作用在两个蹄上的张开力相等；二是凸轮或楔块式张开机构，如图 8-3 所示。其中平衡凸块式和楔块式张开装置的制动凸轮和制动楔块是浮动的，故能保证作用在两蹄上的张开力相等。非平衡式的制动凸轮的中心是固定的，所以不能保证作用在两蹄上的张开力相等。

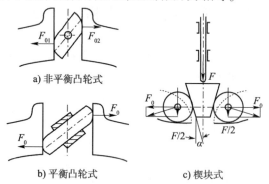

图 8-3　机械式张开装置

领从蹄式制动器的效能和效能稳定性在各式制动器中居中游；前进、倒退行驶的制动效果不变；结构简单，成本低；便于附装驻车制动驱动机构；易于调整摩擦片与制动鼓之间的间隙。但领从蹄式制动器也有两蹄片上的单位压力不等（在两蹄上摩擦片面积相同的条件下），因而导致两摩擦片磨损不均匀、寿命不同的缺点。此外，因只有一个轮缸，两蹄必须在同一驱动回路作用下工作。领从蹄式制动器在乘用车和总质量较小的商用车的后轮制动器中使用较多。

（2）单向双领蹄式。

双领蹄式制动器的两块摩擦片各有自己的固定支点,而且两固定支点位于两蹄的不同端。领蹄的固定端在下方,从蹄的固定端在上方,如图 8-2b)所示。每块摩擦片有各自独立的张开装置,且位于固定支点的相对应的一方。

汽车前进制动时,两个蹄都是领蹄,故这种制动器的制动效能相当高,仅次于增力式制动器。当倒车时,由于两摩擦片皆为从蹄,制动效能明显下降。与领从蹄制动器相比,由于多了一个轮缸,结构略显复杂。这种制动器适用于前进制动时前轴动轴荷及附着力大于后轴,而倒车制动时则相反的汽车前轮上。它之所以不用于后轮,还因为两个互相成中心对称的轮缸,难以附加驻车制动驱动机构。

（3）双向双领蹄式。

双向双领蹄式制动器的结构特点是两摩擦片浮动,用各有两个活塞的两轮缸张开摩擦片,如图 8-2c)所示。

无论车轮向任何方向转,制动时,这种制动器的两块摩擦片始终为领蹄,所以制动效果高而且不变。由于制动器内设有两个轮缸,所以适用于双回路驱动系统。另外,双向双领蹄式制动器的两摩擦片上单位压力相等,因而磨损均匀,寿命相同。双向双领蹄式制动器因有两个轮缸,故结构上复杂,且调整摩擦片与制动鼓之间的间隙工作困难是它的缺点,如用于后轮还需另设中央驻车制动器。

（4）双从蹄式。

双从蹄式制动器的两摩擦片各有一个固定支点,而且两固定支点位于两摩擦片的不同端,并用各有一个活塞的两轮缸张开摩擦片,如图 8-2d)所示。

双从蹄式制动器的制动器在汽车前行时,两个蹄都是从蹄。故制动效能稳定性最好,但因制动器效能最低,所以很少采用。

（5）单向增力式。

单向增力式制动器的两摩擦片只有一个固定支点,两蹄下端经推杆相互连接成一体,制动器仅有一个轮缸用来产生推力张开摩擦片,如图 8-2e)所示。

汽车前进制动时,两摩擦片皆为领蹄,次领蹄上不存在轮缸张开力,而且由于领蹄上的摩擦力经推杆作用到次领蹄,使制动器效能很高,居各式制动器之首。与双向增力式制动器比较,这种制动器的结构比较简单。因两块摩擦片都是领蹄,所以制动器效能稳定性相当差。倒车制动时,两蹄又皆为从蹄,结果制动器效能很低。因两摩擦片上单位压力不等,造成摩擦片磨损不均匀,寿命不一样。这种制动器只有一个轮缸,故不适合用于双回路驱动机构;另外由于两摩擦片下部联动,使调整摩擦片间隙工作变得困难。

（6）双向增力式。

双向增力式制动器的两摩擦片端部有一个制动时不同时使用的共用支点,支点下方有一轮缸,内装两个活塞用来同时驱动张开两摩擦片,两摩擦片经推杆连接成一体,如图 8-2f)所示。

与单向增力式不同的是次领蹄上也作用有来自轮缸活塞推压的张开力,尽管这个张开力的作用效果较小,但因次领蹄下端受有来自主领蹄经推杆作用的张开力很大,所以次领蹄的制动力矩能大到主领蹄制动力矩的 2~3 倍。因此，采用这种制动器，即使制动驱动机构中不用伺服装置，也可以借助很小的踏板力得到很大的制动力矩。这种制动器前进与倒车的制动效果不变。

双向增力式制动器因两摩擦片均为领蹄，所以制动器效能稳定性比较差。除此之外，两摩擦片上单位压力不等，故磨损不均匀，寿命不同。调整间隙工作与单向增力式一样比较困难。因只有一个轮缸，故制动器不适合用于有的双回路驱动机构。

2. 鼓式制动器效能因数变化特点

基本尺寸比例相同的各种鼓式制动器效能因数 K 随摩擦系数 f 的增加逐渐增大。在同一摩擦系数 f 的情况下，双向增力式制动器效能最高；双领蹄式次之；领从蹄式又次之；而双从蹄式制动器效能最低。但是，制动器效能稳定性与之相反，即双向增力式制动器效能稳定性最差，而双从蹄式制动器效能稳定性最好。所以，制动器效能与其稳定性是有矛盾的。另外应当指出，鼓式制动器的效能除与结构形式、参数和摩擦因数有关外，还受蹄与鼓接触部位的影响。蹄与鼓仅在蹄的中部接触时，输出制动力矩就小，而在蹄的端部和根部接触时输出制动力矩就较大。制动器的效能因数越高，制动效能受接触情况的影响也越大，故正确的调整对高性能制动器尤为重要。应该指出，双领蹄式和双从蹄式制动器，由于结构的中心对称性，两蹄对制动鼓的法向压力和单位面积摩擦力的分布也是中心对称的，因而两蹄对鼓作用的合力恰好平衡，故这两种都属于平衡式制动器。其余各种鼓式制动器都不能保证这种平衡，因而是非平衡式的。非平衡式制动器将对轮毂轴承造成附加径向载荷，而且领蹄（或次领蹄）摩擦衬片表面单位压力大于从蹄（或主领蹄），磨损较严重。为使磨损均匀，可在设计上采取一些措施，使各蹄的单位压力趋于一致，从而使磨损趋于一致。

二、盘式制动器

1. 盘式制动器的分类

按摩擦副中固定元件的结构，盘式制动器可分为钳盘式和全盘式两大类。

钳盘式制动器的旋转元件是圆盘形（制动盘），固定元件是制动衬块，装在与车轴相连、但不能绕车轴轴线旋转的制动钳中。制动衬块与制动盘接触面较小，这种制动器也称为点盘式制动器。全盘式制动器的摩擦副的固定元件及旋转元件都是圆盘形，制动时各盘摩擦表面全部接触，作用原理如离合器，故又称为离合器式制动器。全盘式中用得较多的是多片全盘式制动器。

钳盘式制动器按制动钳的结构划分，主要有固定钳式、滑动钳式和摆动钳式，其中，滑动钳式和摆动钳式又称为浮动钳式，如图 8-4 所示。

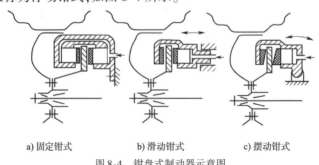

a) 固定钳式　　b) 滑动钳式　　c) 摆动钳式

图 8-4　钳盘式制动器示意图

（1）固定钳式。其特点是制动钳固定不动，制动盘两侧均有油缸。制动时，两油缸中的活塞驱动两侧制动衬块向盘面移动。这种形式也称为对置活塞式或浮动活塞式，如图 8-4a）所示。

（2）浮动钳式。

①滑动钳式。其制动钳可以相对制动盘做轴向移动，只在制动盘的内侧有油缸，而外侧的制动衬块固装在钳体上。制动时，活塞在液压作用下使活动制动衬块压靠到制动盘上，而盘对整个制动钳的反作用力推动钳体连同固定制动衬块压向制动盘的另一侧，直到两制动衬块受力相等为止，如图 8-4b）所示。

②摆动钳式。制动钳体与固定于车轴上的支座铰接，可以绕铰点摆动，如图 8-4c）所示。它也是单油缸结构，为实现制动，钳体不是滑动，而是绕铰点摆动。显然，制动衬块不能全面均匀磨损，为此，需要把衬块预先做成楔形。经过一段时间使用，衬块逐渐磨损到各处残存厚度均匀，就必须更换衬块。

固定钳式的优点是除活塞和制动衬块以外无其他滑动件，易于保证钳的刚度；结构及制造工艺与一般的制动轮缸相差不多，能适应不同回路驱动系统的要求。

固定钳式的缺点是至少有两个液压缸布置在制动盘两侧，因而必须用跨越制动盘的内部油道或外部油管来连通，这一方面使制动器的径向和轴向尺寸增大，增加了在汽车上的布置难度，另一方面增加了受热机会，使制动液温度过高而汽化。

浮动钳式制动器的优点是仅在盘的内侧有液压缸，故轴向尺寸小，制动器能更进一步靠近轮毂；没有跨越制动盘的油道或油管，液压缸冷却条件好，制动液汽化可能性小；成本低；浮动钳的制动衬块可兼用于驻车制动。目前乘用车普遍采用浮动滑动钳式制动器。

2. 盘式制动器的特点

与鼓式制动器相比，盘式制动器有如下优点。

（1）热稳定性好。由于其没有自行增力作用，衬块表面压力分布较鼓式的衬片更均匀。此外，制动鼓在受热以后膨胀，工作半径增大，使其只能与蹄的中部接触，从而降低制动效能，这称为机械衰退。而制动盘在轴向的热膨胀极小，几乎没有机械衰退。因此，前轮采用盘式制动器，汽车制动时不易跑偏。

（2）水稳定性好。制动衬块对盘的单位压力高，易于把水挤出，因而浸水后性能降低不多。又由于离心力的作用，出水后只需经一两次制动即能恢复正常。而鼓式制动器则需经十余次制动才能恢复正常。

（3）制动力矩与汽车行驶方向无关。一些鼓式制动器的制动力矩与行驶方向有关，例如双领蹄式制动器，当汽车倒行时，其两个蹄都变成了从蹄，使制动力矩碱小。

（4）易于构成双回路制动系统，使系统有较高的可靠性和安全性。

（5）制动盘的热膨胀不会造成制动踏板的行程损失。而当制动鼓受热膨胀时，会引起制动踏板行程的损失，为补偿这种损失，需要采用比较复杂的间隙自动调整机构。

（6）衬块比制动蹄摩擦片更容易更换，一般保养作业比较简单。

（7）衬块与制动盘之间的间隙小（0.05~0.15mm），有助于缩短制动协调时间。

（8）易于实现间隙自动调整。

盘式制动器的缺点如下。

（1）难以完全防止尘污和锈蚀。

(2) 兼作驻车制动器时,所需要的手驱动机构比较复杂。
(3) 在制动驱动机构中必须装用助力器。
(4) 因衬块工作面积小,所以磨损快,使用寿命低,需用高材质的衬块。

第四节　制动器的设计计算

一、鼓式制动器设计计算

1. 主要参数的确定

(1) 制动鼓直径。

鼓式制动器主要结构参数如图 8-5 所示。输入力 F_0 一定时,制动鼓直径越大,制动力矩也越大,而且散热能力也越强。但是,直径 D 的大小要受到轮辋内径限制。而且,制动鼓与轮辋之间应该保持足够的间隙,否则制动鼓散热不良,温度过高,将导致摩擦系数降低。

制动鼓内径尺寸应参照专业标准《汽车制动鼓》(GB/T 37336—2019) 选取。

(2) 摩擦片宽度 b 和包角 θ。

制动鼓直径 D 确定以后,摩擦衬片的宽度 b 和包角 θ 便决定了衬片的摩擦面积 A_p,即:

$$A_p = R\theta b \quad (8-11)$$

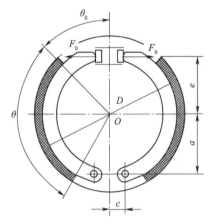

图 8-5　鼓式制动器主要结构参数

制动器各制动蹄摩擦片总的摩擦面积 ΣA_p 越大,则制动时所受单位面积的正压力和能量负荷越小,抗磨损特性越好。试验表明,摩擦片包角 $\theta = 90° \sim 100°$ 时,磨损最小,制动鼓温度最低,且制动效能最高。θ 角减小有利于散热,但单位压力过高导致摩擦片磨损加速。实际上过分延伸摩擦片的两端以加大包角,对减小单位压力的作用不大,而且将使制动作用不平顺,容易使制动器发生自锁。因此,包角一般不大于 120°。

摩擦片宽度 b 较大可以减少磨损,但是过大将不宜保证与制动鼓全面接触。一般 b/D 取值范围在 0.16 ~ 0.26,设计时应尽量按照专业标准《汽车制动鼓》(GB/T 37336—2019) 选取。

(3) 摩擦片起始角 θ_0。

一般将摩擦片布置在制动蹄的中央,即 $\theta_0 = 90° - \theta/2$。有时,为适应单位压力的分布,将衬片相对于最大压力点对称布置,以改善磨损均匀性和制动性能。

(4) 制动器中心到张开力 F_0 作用线的距离 e。

在保证制动鼓内轮缸和制动凸轮能够布置的条件下,应使距离 e 尽可能大,以提高制动效能。初步设计时,可初选 $e \approx 0.4D$。

(5) 制动蹄支承点位置坐标 a 和 c。在保证两蹄支承端毛面不致互相干涉的条件下,使 a 尽可能大,c 尽可能小。初步设计时,可初选 $a \approx 0.4D$。

(6) 摩擦片的摩擦系数 f。摩擦系数 f 对制动器制动力矩影响很大,通常取 $f = 0.3 \sim 0.45$。

2. 制动器制动力矩的计算

(1) 压力沿摩擦片长度方向的分布规律。

计算法向压力在摩擦片上的分布规律是比较困难的，因为它与许多因素有关，为了研究问题的方便，一般只考虑摩擦片的径向变形影响，而忽略其他影响较小的因素。

制动蹄有一个自由度和两个自由度之分。

① 计算有两个自由度的紧蹄（增势蹄）摩擦片的径向变形规律，如图8-6a)所示。

将坐标原点选在制动鼓中心 O 点。y_1 坐标轴线通过制动蹄摩擦片的瞬时转动中心 A_1 点，x_1 轴线垂直于 y_1 轴线。

制动时，由于摩擦片变形，制动蹄摩擦片一面绕瞬时转动中心 A_1 转动，同时还顺着摩擦力作用的方向沿支承面移动。结果，制动蹄摩擦片中心位于 O_1 点，因而未变形的摩擦片的表面轮廓 $E_1'E_1$ 线就沿 OO_1 方向移动进入制动鼓内。显然表面上所有点在这个方向上的变形都是一样的，为 OO_1。位于半径 OB_1 上的任意点 B_1 的变形就是 B_1B_1' 线段，所以该处的径向变形 δ_1 为：

$$\delta_1 = B_1C_1 \approx B_1'B_1\cos\Phi_1 \tag{8-12}$$

其中，近似认为 B_1C_1 垂直于 C_1B_1'，而且有下述关系：

$$\Phi_1 = (\varphi_1 + \alpha_1) - 90° \tag{8-13}$$

$$B_1'B_1 = OO_1 = \delta_{1\max} \tag{8-14}$$

因此对紧蹄，其径向变形为：

$$\delta_1 \approx \delta_{1\max}\cos\Phi_1 = \delta_{1\max}\sin(\varphi_1 + \alpha_1) \tag{8-15}$$

$$p_1 = k\delta_1 = p_{\max}\sin(\varphi_1 + \alpha_1) \tag{8-16}$$

式中：α_1——任意半径 OB_1 与 y_1 轴之间的夹角；

Φ_1——半径 OB_1 和 B_1B_1' 之间的夹角；

φ_1——x_1 轴和最大压力线之间的夹角；

k——摩擦片刚度。

② 计算有一个自由度的紧蹄摩擦片的径向变形规律，如图8-6b)所示。

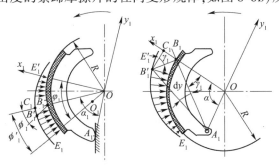

a) 有两个自由度的紧蹄　　b) 有一个自由度的紧蹄

图8-6　计算摩擦片径向变形简图

制动蹄摩擦片在张开力和摩擦力作用下，绕支承点 A_1 转动 $d\gamma$ 角。未变形的衬片表面轮廓为 $E_1'E_1$ 线。摩擦片表面任意点 B_1 沿蹄片转动的切线方向的变形就是线段 B_1B_1'，其径向分量是 B_1B_1' 在半径 OB_1 延长线上的投影 B_1C_1。由于 $d\gamma$ 很小，可以认为：

$$B_1B_1' \approx A_1B_1 d\gamma \tag{8-17}$$

所以，B_1 点的衬片径向变形为：
$$\delta_1 = B_1C_1 = B_1B_1'\sin\gamma_1 \approx A_1B_1\sin\gamma_1 \mathrm{d}\gamma \tag{8-18}$$

另外，可以近似认为 $OA_1 \approx OB_1 = R$，所以，衬片表面的径向变形和压力为：
$$\frac{A_1B_1}{\sin\alpha} = \frac{OA_1}{\sin\gamma_1} \approx \frac{R}{\sin\gamma_1} \tag{8-19}$$

$$A_1B_1\sin\gamma_1 \approx R\sin\alpha \tag{8-20}$$

$$\delta_1 = R\sin\alpha \mathrm{d}\gamma \tag{8-21}$$

$$p_1 = k\delta_1 \approx kR\sin\alpha \mathrm{d}\gamma = (kR\mathrm{d}\gamma)\sin\alpha = p_{\max}\sin\alpha \tag{8-22}$$

综上所述，紧蹄摩擦片压力沿摩擦片长度的分布符合正弦曲线规律，可用式(8-16)和式(8-22)计算。沿摩擦片长度方向，压力分布的不均匀性，可用不均匀系数 Δ 评价：

$$\Delta = \frac{p_{\max}}{p_f} \tag{8-23}$$

式中：p_f——在同一制动力矩作用下，假想压力分布均匀时的平均压力；

$p_{\max}$——压力分布不均匀时蹄片上的最大压力。

(2) 计算制动蹄摩擦片上的制动力矩。

在这里，分析一下具有一个自由度的制动蹄摩擦片上的制动力矩，如图 8-7 所示。

在摩擦片表面取一横向微元面积 $bR\mathrm{d}\alpha$，制动鼓在这一微元面积上的法向力为：

$$\mathrm{d}F_1 = p(bR\mathrm{d}\alpha) = p_{\max}\sin\alpha bR\mathrm{d}\alpha \tag{8-24}$$

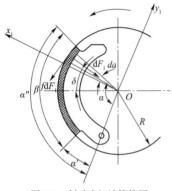

图 8-7 制动力矩计算简图

同时摩擦力产生的制动力矩为：

$$M_{\mu t1} = \int_{\alpha'}^{\alpha''} \mathrm{d}F_1 fR = \int_{\alpha'}^{\alpha''} p_{\max}\sin\alpha bR\mathrm{d}\alpha fR = p_{\max}bR^2 f(\cos\alpha' - \cos\alpha'') \tag{8-25}$$

$$p_{\max} = \frac{M_{\mu t1}}{bR^2 f(\cos\alpha' - \cos\alpha'')} \tag{8-26}$$

当法向压力分布均匀时：

$$M_{\mu t1} = \int_{\alpha'}^{\alpha''} \mathrm{d}F_1 fR = \int_{\alpha'}^{\alpha''} p_f bR\mathrm{d}\alpha fR = p_f bR^2 f(\alpha'' - \alpha') \tag{8-27}$$

从而

$$p_f = \frac{M_{\mu t1}}{bR^2 f(\alpha'' - \alpha')} \tag{8-28}$$

则不均匀系数：

$$\Delta = \frac{p_{\max}}{p_f} = \frac{\alpha'' - \alpha'}{\cos\alpha' - \cos\alpha''} \tag{8-29}$$

(3) 制动力矩与张开力的关系。

紧蹄制动力矩可用式(8-30)表达：

$$M_{\mu t1} = fF_1 R_1 \tag{8-30}$$

式中：F_1——紧蹄法向合力；

R_1——摩擦力 fF_1 的作用半径，如图 8-8 所示。

列出蹄的力平衡方程。

沿 x_1 轴：
$$F_{01}\cos\alpha_0 + F_x - F_1\cos\delta_1 - fF_1\sin\delta_1 = 0 \quad (8\text{-}31)$$

对 O 点取矩：
$$F_{01}a - F_x c' + fF_1 R_1 = 0 \quad (8\text{-}32)$$

式中：δ_1——X_1 轴和 F_1 的夹角；

F_x——支承反力在 X_1 轴上的投影。联立式(8-31)和式(8-32)求解，得：

$$F_1 = \frac{F_{01}(a + c'\cos\alpha_0)}{c'(\cos\delta_1 + f\sin\delta_1) - fR_1} \approx \frac{F_{01}h}{c'(\cos\delta_1 + f\sin\delta_1) - fR_1} \quad (8\text{-}33)$$

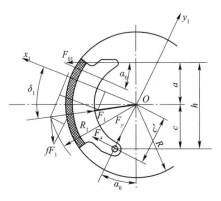

图 8-8 张开力计算简图

紧蹄上：
$$M_{\mu t1} = fF_1 R_1 = \frac{F_{01}hfR_1}{c'(\cos\delta_1 + f\sin\delta_1) - fR_1} = F_{01}D_1 \quad (8\text{-}34)$$

对于松蹄，用类似方法可以得到：
$$M_{\mu t2} = \frac{F_{02}hfR_2}{c'(\cos\delta_2 - f\sin\delta_2) + fR_2} = F_{02}D_2 \quad (8\text{-}35)$$

为计算 δ_1、δ_2、R_1、R_2 的值，必须求出法向力 F 及其分量。如图 8-7 所示，在微元面积上作用着微元法向力 dF，而法向合力 F 的分量为：

$$F_x = \int_{\alpha'}^{\alpha''} dF\cos(\alpha - 90°) = \int_{\alpha'}^{\alpha''} dF\sin\alpha = \int_{\alpha'}^{\alpha''} p_{\max}bR\sin^2\alpha d\alpha$$
$$= \frac{p_{\max}bR[2(\alpha'' - \alpha') - \sin2\alpha'' + \sin2\alpha']}{4} \quad (8\text{-}36)$$

$$F_y = \int_{\alpha'}^{\alpha''} dF\sin(\alpha - 90°) = \int_{\alpha'}^{\alpha''} dF\cos\alpha = \int_{\alpha'}^{\alpha''} p_{\max}bR\sin\alpha\cos\alpha d\alpha$$
$$= \frac{p_{\max}bR(\cos2\alpha' - \cos2\alpha'')}{4} \quad (8\text{-}37)$$

由图 8-8 可得：
$$\delta = \arctan\left(\frac{F_y}{F_x}\right) = \arctan\left(\frac{\cos2\alpha' - \cos2\alpha''}{2(\alpha'' - \alpha') - \sin2\alpha'' + \sin2\alpha'}\right) \quad (8\text{-}38)$$

δ 是法向合力 F 与 x 轴的夹角，而
$$F = \sqrt{F_x^2 + F_y^2} \quad (8\text{-}39)$$

对紧蹄：
$$F_1 = \frac{p_{\max}bR}{4}\sqrt{[2(\alpha'' - \alpha') - \sin2\alpha'' + \sin2\alpha']^2 + (\cos2\alpha' - \cos2\alpha'')^2} \quad (8\text{-}40)$$

由
$$M_{\mu t1} = fF_1 R_1 = p_{\max}bR^2 f(\cos\alpha' - \cos\alpha'')$$

得：
$$R_1 = \frac{p_{\max}bR^2 f(\cos\alpha' - \cos\alpha'')}{fF_1}$$
$$= \frac{4R(\cos\alpha' - \cos\alpha'')}{\sqrt{[2(\alpha'' - \alpha') - \sin2\alpha'' + \sin2\alpha']^2 + (\cos2\alpha' - \cos2\alpha'')^2}} \quad (8\text{-}41)$$

如果紧蹄和松蹄的 α' 和 α'' 角度不同,则紧蹄和松蹄的 δ 和 R 值也不相同。制动器有两块摩擦片,鼓上的制动力矩等于它们的摩擦力矩之和:

$$M_\mu = M_{\mu 1} + M_{\mu 2} = F_{01} D_1 + F_{02} D_2 \tag{8-42}$$

在用液力驱动时,$F_{01} = F_{02}$,所需要的张力为:

$$F_0 = F_{01} = F_{02} = \frac{M_\mu}{D_1 + D_2} \tag{8-43}$$

用凸轮张开机构时:

$$F_{01} = \frac{0.5 M_\mu}{D_1} \tag{8-44}$$

$$F_{02} = \frac{0.5 M_\mu}{D_2} \tag{8-45}$$

在计算鼓式制动器时,必须检查蹄有无自锁的可能。从式(8-32)可以看出,蹄自锁的条件是:

$$c'(\cos\delta_1 + f\sin\delta_1) - f R_1 = 0 \tag{8-46}$$

即不用施加力 F_{01}(张力),便可以产生制动力矩,如果 $f < \dfrac{c'\cos\delta_1}{R_1 - c'\sin\delta_1}$ 就不会自锁。

二、盘式制动器设计计算

1. 主要参数的确定

(1) 制动盘直径 D。制动盘直径 D 应尽可能取大些,这时制动器的有效半径得到增加,可以降低制动钳的夹紧力,减少衬块的单位压力和工作温度。受轮辋直径的限制,制动盘的直径通常选择为轮辋直径的 70%~79%。总质量大于 2t 的汽车应取上限。

(2) 制动盘厚度。制动盘厚度对制动盘质量和工作时的温升有影响。为使质量小些,制动盘厚度不宜取得很大;为了减少温升,制动盘厚度又不宜取得过小。制动盘可以做成实心的,或者为了散热通风的需要在制动盘中间铸出通风孔道。一般实心制动盘厚度可取为 10~20mm。通风式制动盘厚度取为 20~50mm,采用较多的是 20~30mm。

(3) 摩擦衬块外半径 R_2 与内半径 R_1。推荐摩擦衬块外半径 R_2 与内半径 R_1 的比值不大于 1.5。若此比值偏大,工作时衬块的外缘与内侧圆周速度相差较多,磨损不均匀,接触面积减少,最终导致制动力矩变化大。

(4) 制动衬块工作面积 A。对于盘式制动器衬块工作面积 A,推荐根据制动衬块单位面积占有的汽车质量在 1.6~3.5kg/cm² 的范围内选取。

2. 制动器制动力矩的计算

设衬块与制动盘之间的单位压力为 p,则在任意微元面积 $R\mathrm{d}R\mathrm{d}\varphi$ 上的摩擦力对制动盘中心的力矩为 $fpR^2\mathrm{d}R\mathrm{d}\varphi$,而单侧制动块加于制动盘的制动力矩应为:

$$\frac{M_\mu}{2} = \int_{-\theta}^{\theta}\int_{R_1}^{R_2} pR\mathrm{d}\phi\mathrm{d}R fR = pf \int_{-\theta}^{\theta}\int_{R_1}^{R_2} R^2 \mathrm{d}\phi\mathrm{d}R = -\theta \frac{2}{3} fp(R_2^3 - R_1^3)\theta \tag{8-47}$$

假定衬块的摩擦表面全部与制动盘接触,且各处单位压力分布均匀,则制动器的制动力矩也可以定义为:

$$M_\mu = 2 f F_0 R \tag{8-48}$$

式中：f——摩擦系数；
F_0——单侧制动块对制动盘的压紧力；
R——作用半径。

其中

$$F_0 = \int_{-\theta}^{\theta}\int_{R_1}^{R_2} pR\mathrm{d}\phi\mathrm{d}R = 2p\theta\frac{R_2^2 - R_1^2}{2} = p\theta R_2^2 - R_1^2 \tag{8-49}$$

对于常见的具有扇形摩擦表面的衬块，若其径向宽度不很大，取 R 等于平均半径 R_m 或有效半径 R_e，在实际上已经足够精确。

如图 8-9 所示，平均半径为：

$$R_m = \frac{R_1 + R_2}{2} \tag{8-50}$$

式中：R_1、R_2——摩擦衬块扇形表面的内半径和外半径。

有效半径 R_e 是扇形表面的面积中心至制动盘中心的距离，如式(8-51)所示：

$$R_e = \frac{2(R_2^3 - R_1^3)}{3(R_2^2 - R_1^2)} = \left[1 - \frac{m}{(1+m)^2}\right]R_m \tag{8-51}$$

式中，$m = R_1/R_2$。

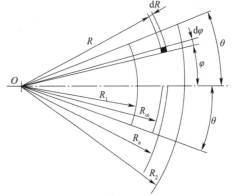

图 8-9　盘式制动器制动力矩的计算

因为 $m < 1$，$\frac{m}{(1+m)^2} < \frac{1}{4}$，故 $R_e > R_m$，且 m 越小，则两者差距越大。

应当指出，若 m 仍过小，即扇形的径向宽度过大，衬块摩擦面上各不同半径处的滑磨速度相差太远，磨损将不均匀，因而单位压力分布均匀这一假设条件不能成立，则上述计算方法也就不适用。m 值一般不小于0.65。

第五节　制动驱动机构形式及设计计算

一、制动驱动机构形式

制动驱动机构将来自驾驶人或其他力源的力传给制动器，使之产生制动力矩。根据制动力源的不同，制动驱动机构一般可分为简单制动、动力制动和伺服制动三大类。

1. 简单制动

简单制动单靠驾驶人施加的踏板力或手柄力作为制动力源，故亦称人力制动。其中又有机械式和液压式两种。机械式完全靠杆系传力，由于其机械效率低等缺点在汽车的行车制动装置中已被淘汰。但因其结构简单，造价低廉，工作可靠(故障少)，还广泛地应用于中、小型汽车的驻车制动装置中。

液压式简单制动(通常简称为液压制动)用于行车制动装置。液压制动的优点是：作用滞后时间较短(0.1~0.3s)；工作压力高(可达 10~20MPa)，因而轮缸尺寸小，可以安装在制动器内部，直接作为制动蹄的张开机构(或制动块的压紧机构)，而不需要制动臂等传动件，使之结构简单，质量小；机械效率较高(液压系统有自我润滑作用)。液压制动的主要缺点是:过度受热后,部分制动液汽化,在管路中形成气泡,严重影响液压传输,使制动系统效能降低,甚至完全失效。液压制动曾广泛应用在轿车等乘用车、轻型商用车及一部分中型商用车上。

2. 动力制动

动力制动即利用发动机的动力转化而成,并表现为气压或液压形式的势能作为汽车制动的全部力源。驾驶人施加于踏板或手柄上的力,仅用于回路中控制元件的操纵。因此,简单制动中的踏板力和踏板行程之间的反比例关系,在动力制动中便不复存在,从而可使踏板力较小,同时又有适当的踏板行程。

气动制动是应用最多的动力制动之一。其主要优点是:操纵简便、工作可靠、不易出故障、维修保养方便;此外,其气源除供制动用外,还可以供其他装置使用。其主要缺点是:必须有空气压缩机、储气筒、制动阀等装置,使结构复杂、笨重、成本高;管路中压力的建立和撤除都较慢,即作用滞后时间较长(0.3~0.9s),因而增加了空驶距离和停车距离,为此,在制动阀到制动气室和储气筒的距离过远的情况下,有必要加设气动的第二级元件——继动阀(亦称加速阀)以及快放阀;管路工作压力低,一般为0.5~0.7MPa,因而制动气室的直径必须设计得大些,且只能置于制动器外部,再通过杆件和凸轮或楔块驱动制动蹄,这就增加了非簧载质量;制动气室排气时有很大噪声。尽管如此,气压制动在总质量8t以上的商用车与乘用车上得到广泛应用。由于主、挂车的摘和挂都很方便,所以汽车列车也多用气压制动。

3. 伺服制动

伺服制动的制动能源是人力和发动机并用。正常情况下,其输出工作压力主要由动力伺服系统产生;在伺服系统失效时,还可以全靠人力驱动液压系统,以产生一定程度的制动力。因此,从排量1.6L以上的乘用车到各种商用车,都广泛采用伺服制动。

按伺服力源不同,伺服制动有真空伺服制动、空气伺服制动和液压伺服制动三类。

真空伺服制动与空气伺服制动的工作原理基本一致,但伺服动力源的相对压力不同。真空伺服制动的伺服用真空度(负压)一般可达0.05~0.07MPa,空气伺服制动的伺服气压一般能达到0.6~0.7MPa,故在输出力相同的条件下,空气伺服气室直径比真空伺服气室的小得多。但是,空气伺服系统其他组成部分却较真空伺服系统复杂得多。真空伺服制动多用于总质量在1.1t以上的乘用车和载质量在6t以下的商用车,空气伺服制动则广泛用于载质量为6~12t的商用车,以及少数几种排量在4.0L以上的高级乘用车上。

二、分路系统

为了提高制动工作的可靠性,应采用分路系统,即全车的所有行车制动器的液压或气压管路分为两个或更多的互相独立的回路,其中一个回路失效后,仍可利用其他完好的回路起制动作用。双轴汽车的双回路制动系统有以下常见的五种分路形式,如图8-10所示。

(1)一轴对一轴(Ⅱ)型,如图8-10a)所示,前轴制动器与后轴制动器各用一个回路("Ⅱ型"是其形象的简称,下同)。

(2)交叉(X)型,如图8-10b)所示,前轴的一侧车轮制动器与后轴的对侧车轮制动器同属一个回路。

(3)一轴半对半轴(HI)型,如图8-10c)所示,两侧前制动器的半数轮缸和全部后制动器轮缸属于一个回路,其余的前轮缸则属于另一回路。

(4)半轴—轮对半轴—轮(LL)型,如图8-10d)所示,两个回路分别对两侧前轮制动器的半数轮缸和一个后轮制动器起作用。

(5)双半轴对双半轴(HH)型,如图8-10e)所示,每个回路均只对每个前、后制动器的半数轮缸起作用。

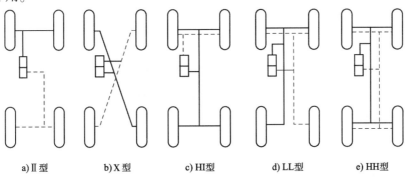

a) Ⅱ型　　b) X型　　c) HI型　　d) LL型　　e) HH型

图 8-10　分路系统

Ⅱ型的管路布置较为简单,可与传统的单轮缸(或单制动气室)鼓式制动器配合使用,成本较低,目前在各类汽车特别是商用车上用得最广泛。对于这种形式,若后制动回路失效,则一旦前轮抱死极易丧失转弯制动能力。对于采用前轮驱动因而前制动器强于后制动器的乘用车,当前制动回路失效而单用后轴制动器时,制动力将严重不足(小于正常情况下的一半),并且,若后桥负荷小于前轴负荷,则踏板力过大时易使后桥车轮抱死发生汽车侧滑。

X型结构也很简单。直行制动时任意回路失效,剩余的总制动力都能保持正常值的50%。但是,一旦某一管路损坏造成制动力不对称,此时前轮将朝制动力大的一边绕主销转动,使汽车丧失稳定性。因此,这种方案适用于主销偏移距为负值(达20mm)的汽车上。这时,不平衡的制动力使车轮反向转动,改善了汽车稳定性。

HI、HH、LL 型结构都比较复杂。LL 型和 HH 型在任一回路失效时,前、后制动力比值均与正常情况下相同,剩余总制动力可达正常值的50%左右。HI 型单用一轴半回路时剩余制动力较大,但此时与 LL 型一样,紧急制动情况下后轮很容易先抱死。

三、液压制动驱动机构的设计计算

1. 制动轮缸 d 的确定

制动轮缸对制动蹄(块)施加的张开力 F_0 与轮缸直径 d 和制动管路压力 p 的关系为:

$$d = \sqrt{4F_0/(\pi p)} \tag{8-52}$$

制动管路压力一般不超过 10~12MPa,对盘式制动器可更高。压力越高,对管路(首先是制动软管及管接头)的密封性要求越严格,但驱动机构越紧凑。轮缸直径 d 应在标准规定的尺寸系列中选取《用于非石油基液压制动液的汽车液压制动缸用的弹性体皮碗和密封圈》(GB 29334—2012)。

2. 制动主缸直径 d_0 的确定

第 i 个轮缸的工作容积为:

$$V_i = \frac{\pi}{4}\sum_{i=1}^{n} d_i^2 \delta_i \tag{8-53}$$

式中:d_i——第 i 个轮缸活塞的直径;

n——轮缸中活塞的数目;

δ_i——第 i 个轮缸活塞在完全制动时的行程,初步设计时,对鼓式制动器可取 $\delta_i = 2.0 \sim 2.5$mm。

所有轮缸的总工作容积为:

$$V = \sum_{i=1}^{m} V_i \qquad (8\text{-}54)$$

式中:m——轮缸数目。

制动主缸应有的工作容积为 $V_0 = V + V'$,式中,V' 为制动软管的变形容积。在初步设计时,制动主缸的工作容积可取为:乘用车 $V_0 = 1.1V$;对于商用车 $V_0 = 1.3V$。

主缸活塞行程 S_0 和活塞直径 d_0 为:

$$V_0 = \frac{\pi}{4} d_0^2 S_0 \qquad (8\text{-}55)$$

一般 $S_0 = (0.8 \sim 1.2) d_0$。主缸的直径 d_0 应符合《用于非石油基液压制动液的汽车液压制动缸用的弹性体皮碗和密封圈》(GB 29334—2012)中规定的尺寸系列。

3. 制动踏板力 F_p

制动踏板力 F_p 为:

$$F_p = \frac{\pi}{4} d_0^2 p \frac{1}{i_p} \left(\frac{1}{\eta}\right) \qquad (8\text{-}56)$$

式中:i_p——踏板机构的传动比;

η——踏板机构及液压主缸的机械效率,可取 $\eta = 0.82 \sim 0.86$。

制动踏板力应满足以下要求:最大踏板力一般为 500N(乘用车)或 700N(商用车)。设计时,制动踏板力可在 200~350N 的范围内选取。

4. 制动踏板工作行程 S_p

$$S_p = i_p (S_0 + \delta_{01} + \delta_{02}) \qquad (8\text{-}57)$$

式中:δ_{01}——主缸中推杆与活塞间的间隙,一般取 $\delta_{01} = 1.5 \sim 2$mm;

δ_{02}——主缸活塞的空行程,即从不工作的极限位置到使其皮碗完全封堵主缸上的旁通孔所经过的行程。

第六节 新能源汽车制动系统

新能源汽车制动系统与传统汽车制动系统的区别不大,主要不同方面是新能源汽车在传统汽车液压制动系统基础上增加了电动真空助力系统,以及采用制动能量回收模式。

一、制动电控真空助力系统

1. 纯电动汽车制动系统

纯电动汽车采用的液压制动系统与传统汽车基本结构区别不大,但是在液压制动系统的真空辅助助力系统和制动主缸两个部件上存在较大的差异。

绝大多数的汽车采用真空助力伺服制动系统，人力和助力并用。真空助力器利用前后腔的压差提供助力。传统汽车真空助力装置的真空源来自发动机进气歧管，真空度负压一般可达到 0.05~0.07MPa。对于纯电动汽车由于没有发动机总成即没有了传统的真空源，仅由人力所产生的制动力无法满足行车制动的需要，通常需要单独设计一个电动真空泵来为真空助力器提供真空源。这个助力系统就是电动真空助力系统（Electric Vacuum Pump），即 EVP 系统。

如图 8-11 所示，电动真空助力系统由真空泵、真空罐、真空泵控制器（后期集成到 VCU 整车控制器里）以及与传统汽车相同的真空助力器、12V 电源组成。

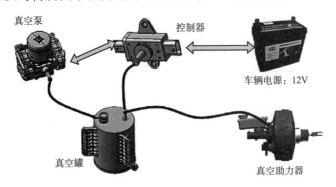

图 8-11　电动真空助力系统总成

电动真空助力系统的工作过程为：当驾驶人起动汽车时，车辆电源接通，控制器开始进行系统自检，如果真空罐内的真空度小于设定值，真空罐内的真空压力传感器输出相应电压信号至控制器，此时控制器控制电动真空泵开始工作，当真空度达到设定值后，真空压力传感器输出相应电压信号至控制器，此时控制器控制真空泵停止工作。当真空罐内的真空度因制动消耗，真空度小于设定值时，电动真空泵再次开始工作，如此循环。

2. 混合动力汽车制动系统

(1) 混合动力汽车电子制动控制系统的主要组成元件。以典型的丰田普锐斯混合动力汽车的第二代再生制动（THS-Ⅱ）制动系统为例。THS-Ⅱ制动系统属于电子控制制动（ECB）系统。ECB 系统的主要部件有：制动踏板行程传感器、制动灯开关、行程模拟器、制动防滑控制 ECU、制动执行器、制动主缸、备用电源。

THS-Ⅱ制动系统可根据驾驶人踩制动踏板的程度和所施加的力计算所需的制动力。然后，此系统施加需要的制动力（包括再生制动力和液压制动系统产生的制动力）并有效地吸收能量。

THS-Ⅱ制动系统的组成包括制动信号输入、电源和液压控制部分，取消了传统的真空助力器。正常制动时，主缸产生的液压力换成液压信号，通过调整作用于轮缸的制动执行器上液压源的液压获得实际控制压力。THS-Ⅱ制动系统组成，如图 8-12 所示。

(2) 混合动力汽车制动系统的工作原理。电源开关（电源信号）打开后，蓄电池向控制器供电，控制器开始工作，此时 EMB 信号灯显示系统应正常工作。驾驶人进行制动操作时，首先由电子制动踏板行程传感器探知驾驶人的制动意图（踏板速度和行程），把这一信息传给 ECU。ECU 汇集轮速传感器、制动踏板行程传感器等各路信号。根据车辆行驶状态计算出每个车轮的最大制动力。再发出指令给执行器(电机),让其执行各车轮的制动。电动机械制动器能快速而精确地提供车轮所需制动力,从而保证最佳的整车减速度和车辆制动效果。

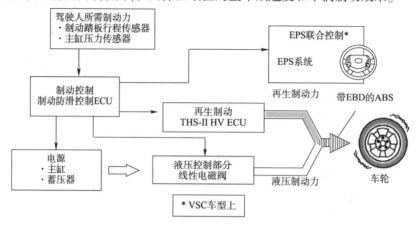

图 8-12　THS-Ⅱ制动系统总成

二、制动能量再生系统

再生制动又称再生回馈制动,其原理是在制动时将汽车行驶的惯性能量通过传动系统传递给电机,电机以发电方式工作,为动力蓄电池充电,实现制动能量的再生利用。与此同时,产生的电机制动力矩又可通过传动系对驱动轮施加制动,产生制动力。

1. 制动能量回馈的基本原理

电动汽车的制动方式可分为机械制动(液压或气压)和电力制动两大类。其制动系统实质上是一种混合制动系统。有两种典型的混合制动系统:一是并联式的混合制动系统,其结构和控制简单,且保留了所有常规制动系统的主要部件;另一种是全可控的混合制动系统,其特点是各个车轮制动力能独立控制,因此极大地增强了车辆在各种路面上的制动性能。

电动汽车制动工况大致可分为三种,在不同工况下制动系统应采用不同的制动策略。

(1) 紧急制动:指紧急制动时对应的制动减速度绝对值大于 $2m/s^2$ 的工况。出于安全性方面的考虑,在这种情况下应以机械制动为主,电力制动同时作用。

(2) 中轻度制动:指汽车在正常行驶工况下的制动过程,可分为减速过程与停车过程,通常由电力制动完成减速过程,机械制动完成停车过程。两种制动的过渡点由发电机发电特性确定,应避免充电电流过大或充电时间过长。

(3) 下长坡时制动:此种工况下对制动力的要求不大,可完全由电力制动提供,在制动过程中回馈电流小,充电时间长。

制动能量回馈的控制原理如图 8-13 所示。制动踏板提供制动信号,并将信号传递到整车控制器。整车控制器根据车辆运行状况及其他控制模块的状态,决定是否进行制动能量再回馈,并分配能量回馈制动力矩的大小。在能量回馈制动过程中,电动机控制器在对电动机实施回馈制动控制的同时,需要与能量管理系统实时进行双向信息交流,在保证蓄电池安全充电的同时,实现最大的制动能量回馈效果。

电动汽车上的能量回馈制动给其制动系统的设计带来两个基本问题:①如何在回馈制动和摩擦制动之间分配所需的制动力,以尽可能多地回收制动能量;②如何在前后轴上分配总制动力,以实现稳定的制动性能。通常,再生制动仅对驱动轴有效。为尽可能多地回馈制动能量,必须控制电动机产生特定量的制动力。同时,为满足来自驾驶人的车辆减速指令,必须有足够的总制动力。

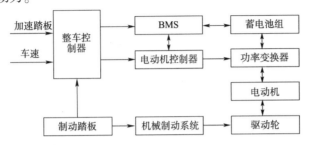

图 8-13　制动能量回馈的控制原理

2. 直流电动机回馈制动方式

电动汽车的驱动电动机有多种类型,而不同类型的驱动电动机回馈制动的控制方式是不一样的。这里以直流电动机为例,介绍驱动电动机再生制动的工作原理。图 8-14 所示为他励直流电动机回馈制动原理。在回馈制动过程中,将电动机电枢驱动电流断开,在电枢两端接入一个开关电路,并使其处于高频通断状态。电动机具有电感特性,感应电动势 E 与感应电流 I 的关系为:

$$E = -L \frac{dI}{dt} \tag{8-58}$$

式中:L——电动机电枢的电感量。

当开关闭合时,由电动机感应电动势引起的感应电流经开关形成回路,感应电流 I_b 为制动电流,即:

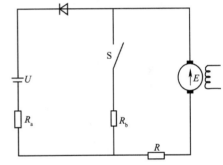

图 8-14　他励直流电动机回馈制动原理

$$I_b = -\frac{E}{R_b + R} \tag{8-59}$$

式中:R——电枢电阻;

R_b——制动限流电阻。

在制动电流 I_b 的作用下,直流电动机产生一制动转矩作用于驱动轮,形成电力制动。根据他励直流电动机的机械特性,电力制动力矩为:

$$T_b = -\frac{C_e C_m \phi^2 n}{R_b + R} \tag{8-60}$$

式中:C_e——制动限流电阻;

C_m——电动机转矩常数;

ϕ——磁场磁通量;

n——电动机转速。

当开关断开时,感应电动势迅速上升,直至感应电动势大于电源电动势时,形成反馈电流,从而把机械能转化为电能并回馈到蓄电池。回馈电流 I_a 为:

$$I_a = -\frac{E - U}{R_a + R} \tag{8-61}$$

式中:R_a——电动机转矩常数。

第七节 设 计 实 例

一、题目及要求

对汽车制动系统进行设计。

二、首先研究确定设计的前提条件

(1)汽车的参数。汽车的满载质量、自重以及满载和空载时的前、后轴负荷及重心高度、轴距和轮胎尺寸。

(2)法规适合性。决定适合指定的法规要求的制动系统、构造和参数。

三、确定制动操纵方式和制动系统的构成

(1)研究、确定制动控制采用气压方式还是液压(真空助力、真空增压或油气混合)方式。

(2)研究、确定制动系统的构成。

①行车制动系统所采用双回路或多回路,应由哪些部件构成,这些部件是现有的还是需要选购或新设计,设计制动系统示意图。

②驻车制动采用中央制动器还是后轮制动。

③应急制动的操纵是与行车制动或驻车制动结合,还是独立操纵。

④是否需要有辅助制动。

四、汽车必需制动力及其前后轴分配的确定

前提条件一经确定,与前项的系统的研究、确定的同时,研究汽车必需的制动力并把它们适当地分配到前后轴上,确定每个车轮制动器必需的制动力。此外,还应研究、确定汽车必需的驻车制动力和应急制动力。

1. 确定制动器制动力、摩擦片寿命及构造、参数

制动器必需制动力求出后,要考虑摩擦片寿命和由轮胎尺寸等所限制的空间,来选定制动器的形式、构造和参数,绘制布置图,进行制动力制动力矩计算、摩擦磨损、汽车制动性能计算。

2. 制动器零件设计

零件设计、材料、强度、耐久性及装配性等的研究确定,进行工作图设计。

3. 制动操纵系统设计

制动系统操纵部件的研究、选定或设计,操纵机构设计。

本章小结

汽车制动系统是用以强制行驶中的汽车减速或制动、使下坡行驶的汽车的车速保持稳

定以及使已停驶的汽车在原地或斜坡上驻留不动的机构。随着高速公路的迅速发展和车速的提高以及车流密度的日益增大，为了保证行车安全，汽车制动系统的工作可靠性显得日益重要。也只有制动性能良好、制动系统工作可靠的汽车，才能充分发挥其动力性能。

在本章的学习中需要了解制动系统设计的要求；掌握制动器的结构分类及方案设计；熟练掌握制动器的设计计算、制动器的性能计算；重点掌握制动系统设计的一般流程。鼓式及盘式制动器制动力矩的计算是本章的难点。

 思考与练习

8-1 设计制动器时应该满足哪些基本要求？
8-2 某型号汽车采用领从蹄式鼓式制动器，由于轮胎直径减小，轮辋直径也减小，若仍然采用鼓式制动器，欲保持制动效能不变，问可供采取的措施有哪些？
8-3 何谓制动器效能及制动器效能因数？
8-4 什么是制动效能稳定性，影响制动效能稳定性因素是什么？
8-5 鼓式和盘式制动器各有哪几种形式？
8-6 盘式、鼓式制动器的制动力矩如何计算？
8-7 试述有哪几种制动驱动机构形式，各应用在什么范围内？
8-8 鼓式和盘式制动器的主要参数各有哪些？设计时是如何确定的？
8-9 某盘式制动器摩擦衬片的内径为110mm，外径为125mm，求制动器有效作用半径。

参 考 文 献

[1] 闵海涛,王建华.汽车设计[M].5版.北京:机械工业出版社,2021.
[2] 张洪,汽车设计[M].北京:机械工业出版社,1989.
[3] 邹政耀,王若平,赵伟军,等.新能源汽车技术基础[M].北京:清华大学出版社,2020.
[4] 刘涛.汽车设计[M].北京:北京大学出版社,2008.
[5] 徐石安,肖德炳,刘惟信.离合器[M].北京:人民交通出版社,1981.
[6] 王望予.汽车设计[M].4版.北京:机械工业出版社,2007.
[7] 刘惟信.汽车设计[M].北京:清华大学出版社,2001.
[8] 陈家瑞.汽车构造(下册)[M].北京:机械工业出版社,2000.
[9] 过学迅,邓亚东.汽车设计[M].北京:人民交通出版社,2005.
[10] 吴克坚,于晓红.机械设计[M].北京:高等教育出版社,2003.
[11] 张洪欣.汽车设计[M].北京:机械工业出版社,1989.
[12] 羊拯民.传动轴和万向节[M].北京:人民交通出版社,1986.
[13] 朱日莹.电动汽车技术[M].北京:机械工业出版社,2020.
[14] 何洪文.电动汽车原理与构造[M].北京:机械工业出版社,2018.